JN032854

2025年度版

三重県の国語科

過去問

協同教育研究会 編

協同出版

本書には，三重県の教員採用試験の過去問題を収録しています。各問題ごとに，以下のように5段階表記で，難易度，頻出度を示しています。

難　易　度

非常に難しい	☆☆☆☆☆
やや難しい	☆☆☆☆
普通の難易度	☆☆☆
やや易しい	☆☆
非常に易しい	☆

頻　出　度

◎	ほとんど出題されない
◎◎	あまり出題されない
◎◎◎	普通の頻出度
◎◎◎◎	よく出題される
◎◎◎◎◎	非常によく出題される

※本書の過去問題における資料，法令文等の取り扱いについて

本書の過去問題で使用されている資料や法令文の表記や基準は，出題された当時の内容に準拠しているため，解答・解説も当時のものを使用しています。ご了承ください。

はじめに～「過去問」シリーズ利用に際して～

教育を取り巻く環境は変化しつつあり、日本の公教育そのものも、教員免許更新制の廃止やＧＩＧＡスクール構想の実現などの改革が進められています。また、現行の学習指導要領では「主体的・対話的で深い学び」を実現するため、指導方法や指導体制の工夫改善により、「個に応じた指導」の充実を図るとともに、コンピュータや情報通信ネットワーク等の情報手段を活用するために必要な環境を整えることが示されています。

一方で、いじめや体罰、不登校、暴力行為など、教育現場の問題もあいかわらず取り沙汰されており、教員に求められるスキルは、今後さらに高いものになっていくことが予想されます。

本書の基本構成としては、出題傾向と対策、過去５年間の出題傾向分析表、過去問題、解答および解説を掲載しています。各自治体や教科によって掲載年数をはじめ、「チェックテスト」や「問題演習」を掲載するなど、内容が異なります。

また原則的には一般受験を対象としております。特別選考等については対応していない場合があります。なお、実際に配布された問題の順番や構成を、編集の都合上、変更している場合があります。あらかじめご了承ください。

最後に、この「過去問」シリーズは、「参考書」シリーズとの併用を前提に編集されております。参考書で要点整理を行い、過去問で実力試しを行う、セットでの活用をおすすめいたします。

みなさまが、この書籍を徹底的に活用し、教員採用試験の合格を勝ち取って、教壇に立っていただければ、それはわたくしたちにとって最上の喜びです。

協同教育研究会

CONTENTS

第１部

三重県の
国語科
出題傾向分析

三重県の国語科　傾向と対策

出題分野は、現代文(評論・小説)、古典(古文・漢文)である。問題は中高共通であり、解答形式はすべて記号式となっている。

評論は、上田紀行『生きる意味』からの出題。漢字、空欄補充、内容把握などが問われている。難易度は標準程度。

評論は、論理的文章である。そのため語句の検討・文の組立て(主述関係修飾・被修飾関係)・文と文のつながり・段落相互の関係を考え、大意や要旨を把握し主題に迫る。

小説は、阿部昭『三月の風』からの出題。漢字、慣用句、内容把握、心情把握などが問われている。難易度は標準程度。

小説は文芸的文章である。評論のように論理中心でなく情緒的である。そのため、人物の言動の変化、また場面の描写に着目することで、登場人物の心情を読み取ることが大切である。

古文は、『和泉式部日記』からの出題。敬意の対象、口語訳、古語の読み、内容把握、古典文学史、和歌などが問われている。難易度は標準以上。

古文の学習では、古語の意味、文法(動詞・助動詞の意味、活用)、敬語、口語訳などの基礎的な知識への理解を深めることが大切である。和歌に関しては修辞法(掛詞・縁語・区切れなど)について学習しておくこと。基礎をしっかりと固め、古文読解力を身につけ、内容把握・理由把握の力を身につけることが大切である。

漢文は、『幽明録』からの出題。漢字の読み、文中の語の意と同じ熟語、現代語訳、内容把握、中国思想史などが問われている。難易度は標準程度。

漢文の学習においても古文の学習と同様に基礎的な知識の定着が重要になる。漢字の読み・意味、句形、返り点、書き下し、現代語訳の学習に反復的に取り組み、読解力を身につけることが大切である。

全体的な対策としては、各分野の学習を進め、基礎知識の習得の徹底を図り、三重県の過去問での演習を繰り返し、その出題傾向・問題形式を把握しておくことが大切である。

過去5年間の出題傾向分析

●：中高共通

分類	主な出題事項	2020年度	2021年度	2022年度	2023年度	2024年度
現代文	評論・論説	●	●	●	●	●
	小説	●	●	●	●	●
	随筆					
	韻文（詩・俳句・短歌）					
	近代・文学史	●		●		
古文	物語				●	●
	説話					
	随筆			●		
	日記		●			
	和歌・俳句	●	●			
	俳論					
	歌論	●				
	能楽論					
	古典文学史		●			●
漢文	思想・政治			●		
	漢詩文					
	漢詩					
	歴史	●	●			
	説話				●	●
	中国古典文学史				●	
	学習指導要領					
	学習指導法					
	その他					

第2部

三重県の
教員採用試験
実施問題

二〇二四年度 実施問題

【中高共通】

表記について
問題文中に、「障害」という言葉が単語あるいは熟語として用いられ、前後の文脈から人や人の状況を表す場合に「障がい」という表記を使用しています。
ただし、法令や固有名称、引用文についてはそのまま表記しています。

【一】次の文章を読んで、以下の問いに答えなさい。

私たちは、この社会の中で様々なレベルで生きている。まず一人一人の個人として生き、家族の一員として生きている。それは私たちにとって最も「近い」世界であり、近い風景という意味で「近景」とも言うべきものだ。他方で私たちは日本という国家の一員として生きている。これは「遠景」と言ってもいい。その「近景」と「遠景」の中間に、いわば「中景」としてコミュニティーは存在してきた。それは村や町のような地域社会であり、子どもたちが集まる学校であり、仕事の場としての会社などだ。しかし、そうやって挙げてみると、A現在の日本で力を失ってきているのがこの「中間社会」だということは明白だろう。かつて地域社会や村が私たちを支えてきた時代があった。しかし、今地域社会に支えられて生きていると思っている人がどのくらいいるだろう。かつては学校もコミュニティーの中心だった。かつての会社も私たちの面倒を何から何までみてくれるものだった。仕事、お金、福祉、そして希望。しかし、現在の会社は［ア］そうではない。会社と私たちのあの揺るぎない信頼関係は［イ］そこにはないのだ。

こうした「中間社会」の凋落は、新自由主義的なグローバリズムによってますます激しいものとなっていく。会社で隣に座っている同僚と私は生き残りをかけて争うライバルどうしだ。社長も会社の業績が一番いいときに会社を売って、億万長者となって逃走してしまう。その会社にいる間にできるだけ効率的に利益を引き出し、それができなくなれば報酬の高い会社に移ればいい。学校という場も、生徒一人一人の効率性を高める場として考えなければいけない。そして地域社会もその中で崩壊していく。［ウ］昔のムラのような、一人一人の自由を許さないような地域社会は私たちにとって抑圧にしか思えない。しかしそこから解放された都会の地域社会も既に地域社会とは呼べないような、隣に誰が住んでいるかも分からないような社会となってしまった。

そのように、私たちは今かつてのコミュニティーの、「中間社会」の崩壊の時代を生きている。それは、コミュニティーに支えられることなく、私たち一人一人の「個」がむき出しにされている社会だと言ってもいい。それは非常にリスクの高い社会でもある。今までならば、会社の専門家がお金を動かし、投資を行っていた。これからは一人一人が投資家だ。そしてそこで利益が得られれば私のものになるが、大損しても誰も守ってくれない。しかし、冷静になってよく考えてみれば、私たち一人一人は投資の専門家ではないから、そのような素人に投資を任せれば、専門家の思うつぼになることは目に見えている。しかしそれが私たちの社会における「自由」である。「個」は中間社会から解放される代わりに、すべての責任を負わせられるのである。

人間は［エ］「支え」のない社会には生きていけない存在だ。しかし、そこに支えるべき「中間社会」は

［オ］ない。ならばどうしたらいいのか。グローバリズムを論ずるときに、グローバリズムと^{B}ナショナリズムや宗教的原理主義が^{C}コインの表裏だと言われるのは、そうした時代状況によるものだ。中間社会に支えを求められない私たちは、「遠い」レベルであった国家意識に支えを見出(みいだ)そうとする。コミュニティーへの帰属意識が失われ、むき出しになった「個」は、国家や宗教への帰属意識で何とか帰属感を満たそうとし、そこにナショナリズムや宗教的原理主義が生まれてくるのだ。

グローバリズムとナショナリズムや原理主義とはそもそもは全く正反対のものである。国家の国境を越えていこうとするグローバリズムは、国家という一つのまとまりを解体していく方向性を持っている。しかし、グローバリズムが進展すればするほど、皮肉なことに、現実にはナショナリズムや原理主義の意識が各国で高まっていく。

しかし、世界におけるこのグローバリズムとナショナリズム・原理主義の併存は極めて重大な問題を含んでいる。

それは一つにはナショナリズムや原理主義が常に暴力性へと展開しやすいという構造を持っていることであり、それに関しては多くを指摘する必要はないだろう。しかしそれ以上にここで注目しておきたいのは、グローバリズムもナショナリズムも「多様な意味」の圧殺の上に成り立っているということだ。報酬という「数字」の上に立脚しているグローバリズムは私たちが多様な意味を生きていることを［X］するシステムだ。そしてそれと同様に「私たちは○○人だ。」といった同一性の意識のみを強調するナショナリズムや、一つの宗教的な立場のみを至高のものとする原理主義もまた、私たちが多様な意味を生きていることを忘れさせるシステムなのである。

「数字信仰」とは〈「生きる意味」を［X］して、横断的に通用する「数字」で物事を解決しようとする〉

ことである。この「数字」のところを「日本人」と入れ替え、〈「生きる意味」を X して、横断的に通用する「日本人」の意識で物事を解決しようとする〉とすればそれはナショナリズムとなる。つまり、私たちの今向かっている社会は、〈「生きる意味」を X して、自分の頭も感性も使わずに、「数字」や「日本人」といったレベルで物事を解決しようとする〉ような社会なのである。

　私たち一人一人が固有の「生きる意味」を持っているということは、一人一人の「ワクワクすること」と「苦悩」を生きているということである。他者を尊厳あるものとして見るということは、他者の「ワクワクすること」と「苦悩」に対して鋭敏な感受性を持つということだ。そういった他者の「生きる世界」への内的感受性を育てる方向性ではなく、「数字」や「日本人」といった、頭も心も使わなくていいレベルで何とか社会の統合をはかろうとする、社会の活性化をもたらそうとする。「このごろの社会は思いやりを欠いていますねえ。」とか「最近の子どもたちは人の痛みが分からない。」とか嘆く声が多く聞こえてくるが、そういった、「内的成長」の次元を無視し、私たち一人一人の尊厳、かけがえのなさへの配慮を欠いた哲学で成り立っている社会が、「人の痛みが分からず」「思いやりを欠く」人々を生み出し、様々な深刻な問題を引き起こしているのはあまりに当然のことなのである。

　とすれば、私たちの社会に今必要なことは、私たちの「生きる意味」をめぐるコミュニケーションの豊かさを取り戻し、「内的成長」を促す社会を再構成することだ。それは、個人のレベルで言えば、私たち一人一人が自分自身の「内的成長」への感受性を高めるとともに、他者の「生きる意味」への配慮ができる人間となることであろう。そして、社会的には、そうした個人レベルの意識に支えられながら、私たちの「生きる意味」を育むような中間世界、コミュニティーを再創造することである。

　第二次世界大戦の敗戦は、「異なる意味を生きる人」への配慮を基軸にする社会への転換のコウキ[a]だったと言える。しかし、実際はその後の経済成長時代における破竹の「勝利」によって、誰もが右肩上がりを求めて生きるべきだという、同質的な「生きる意味」を疑わない社会が温存されてしまった。そして、その社会のあり方は、日本国内の異質なもの、固有の「生きる意味」を生きようとする人たちを抑圧し続けてきたのである。

私たちが今目指すべきは、かつてのコミュニティーの回復ではない。過去の美質を受け継ぎながらも、その抑圧構造をいったん破壊しそれをリメイクすること、再創造することが必要なのだ。

それは「私たちの生きる意味を育むコミュニティー」である。「ワクワクすること」を発見し、他の人の「ワクワクすること」と刺激し合って、bソウジョウ的に実現していくようなコミュニティー。そして、「苦悩」が受けとめられ、深い実存的なコミュニケーションの中から自分の「生きる意味」を発見していけるようなコミュニティー。そうした「内的成長」をもたらすコミュニティーの再創造が今こそ求められているのである。

（上田紀行『生きる意味』より）

1　空欄ア～オには、副詞「もはや」「そもそも」のいずれかが当てはまる。「そもそも」が当てはまる箇所として最も適切なものを、①～⑤の中から一つ選びなさい。

①　ア　②　イ　③　ウ　④　エ　⑤　オ

2　二重傍線部a・bのカタカナを漢字で書いたとき、それぞれに共通する漢字を用いた熟語の組合わせとして最も適切なものを、①～⑤の中から一つ選びなさい。

①　a　人情のキビに触れる。　b　時代のジッソウに触れる。
②　a　ショキの目的を達する。　b　麒麟はソウゾウ上の動物だ。
③　a　ネンキの入った熟練の技。　b　山中で熊とソウグウした。

④　a　商品のノウキが迫る。　b　ケッソウを変えて駆けつけた。
⑤　a　先生のキチに富む発言。　b　ソウイ工夫を凝らす。

3　傍線部A「現在の日本で力を失ってきているのがこの「中間社会」だ」とあるが、「力を失ってきている」と同様の意味で用いられている本文中の語句の組合わせとして最も適切なものを、①～⑤の中から一つ選びなさい。

①　凋落・逃走　②　逃走・抑圧　③　崩壊・解放　④　抑圧・解放　⑤　凋落・崩壊

4　傍線部B「ナショナリズムや宗教的原理主義」の説明として最も適切なものを、①～⑤の中から一つ選びなさい。

①　ナショナリズムや宗教的原理主義は、遠いレベルの社会を支えて維持し続けていくことができなかった人々にとって救済の手段となっている。
②　ナショナリズムや宗教的原理主義は、根強く続く個人の尊厳を抑圧する地域社会から逃れた人々の緊急避難的な帰属先として機能している。
③　ナショナリズムや宗教的原理主義は、横断的に通用する大きな概念で物事を解決しようとする考え方で、多様な生きる意味を切り捨てるような考え方である。
④　ナショナリズムや宗教的原理主義は、グローバリズムの進展に対する抵抗として各地で勃興するものの、内包する暴力性が遠因で国家間の連帯を生むまでには至っていない。
⑤　ナショナリズムや宗教的原理主義は、国家や宗教の内的成長の次元を無視して社会の活性化を図ろうとするため、様々な深刻な問題を引き起こしている。

5　傍線部C「コインの表裏」と同様の意味で用いられている本文中の言葉として最も適切なものを、①～⑤

の中から一つ選びなさい。
① 帰属　② 正反対　③ 皮肉　④ 併存　⑤ 展開

6 空欄Xに文脈上当てはまる言葉として最も適切なものを、①～⑤の中から一つ選びなさい。
① 捨象　② 事象　③ 現象　④ 具象　⑤ 表象

7 本文の内容として最も適切なものを、①～⑤の中から一つ選びなさい。
① 同質的な「生きる意味」を疑わない社会では、異質な固有の「生きる意味」を生きようとする人たちを抑圧するため、「中間社会」の崩壊を招いてしまった。
② かつての学校や会社は私たちの面倒を何から何まで見てくれるものだったが、そのような社会はすでに失われてしまったため、一刻も早く取り戻すべきだ。
③ 私たちは一人一人の「個」がむき出しにされている非常にリスクの高い社会を生きているが、一方で抑圧された「中間社会」からは解放され、かけがえのない自由を手に入れた。
④ かつての「中間社会」は個人の自由を許さない抑圧的な社会でもあったため、「内的成長」を促す社会を再び新たに作り直す必要がある。
⑤ グローバリズムの進展により、学校や会社のような「近景」とも言うべきコミュニティーを失ってしまい、「人の痛みが分からない」人々を生み出してきた。

(☆☆☆◎◎◎)

【二】次の文章を読んで、以下の問いに答えなさい。

March winds and April showers bring May flowers.

事が起こるきざしは、すでに家の中にいくつもあった。第一に、父親の心の中にあった。息子のほうにもあったろう。冬の終わりごろ、二月とか三月とかいう月は、とかく人間の心が固くむすぼれて面白くないことになりがちだ。

もうすぐ春だというのに、息子の場合はひとつも好いことがなかった。つぎつぎといくつもの大学を受けてきたが、案のじょうどこも駄目だった。藁をも摑む気持ちで最後の一つに期待をつないだが、A それも空振りに終わった。馬鹿者め。やっぱりこのざまだ。父親のほうではさっさと結論をつけていた。恰好のいいことばかり考えてるからだ。自分の実力と相談もなしに、見えを張って東京の一流だの有名だのと名のつくところばかり狙ったって、入れるはずはない。宝くじでも引くようなものだ。そもそも今どきの大学というのは何だ。どうせ遊びに行くだけじゃないか、この連中は。だから息子にもとうに言いわたしてあった。浪人だけはするなと。いま地方で勉強しているこれの兄が一年浪人生活を余儀なくされたときも、父親はいい顔はしなかった。それ以来父親は妙に疑り深くなっているのだ。このごろの子供はどうも自立したがらぬ傾向がある。親がかりでいられる期間を一日でも引き延ばそうとたくらんでいるように見える。一年や二年浪人するのがあたりまえなんだ、せいぜいのんびりやらしてくれ。

それでも長男はよくやった。だいたいあいつは真面目だった。それにひきかえ次男ときたら。もちろん、出来ない子供の努力も認めてやらなきゃならぬ。それくらいは父親にもわかっている。が、こいつはどこかちゃらんぽらんだ。一事が万事、適当だ。肝腎のところで手を抜く。しょっちゅう小学生みたいに大きな声を出して暗記物をやっているが、ちっとも頭に入らない。時間をくうばかりで。その非能率なやり方を兄貴がよく笑っていたが、いまでは中学生の弟にも笑われている。それから、これの書きちらかしたぞんざいな字。そこにあらわれたいやな癖に、父親はわが子ながら嫌悪の感じを持つ。ところが当人は、人一倍頑張っているつもりなのだ。長所？　そう、長所もないわけじゃない。本が好きで兄弟三人の中でこれだけが早くに目を悪くしたくらいだ。口は達者だ。人あしらいにもたけている。そういう時の頭の回転はけっして悪くない。だからクラスの人気者だった。もう理屈では母親なんか太刀打ちできやしまい。学科は駄目なくせに、新聞は隅から隅まで読む。世の中のことを、生かじりにしろよく知っている。息子が見たあとの、くしゃくしゃにたたんだ新聞紙のことでは父親はいつも文句を言っている。

勉強には向かないこういう子は、さっさと社会へ出たほうがいいだろう。その点では父親はこの息子を大いに買っている面もあるのだ。ところが世の中はそうは出来ていない。息子のほうだって例の一流だの有名だのへの憧れを、おいそれと引っこめはしない。言われなくたって出て行ってやるさ。大学ぐらい自分の力で行く。住み込みの新聞配達をしてでも行く。口にしなくてもそう顔に書いてある。なるほどその証拠には、ときどき新聞屋のそんなパンフレットが郵便受けに舞いこむ。息子がひそかに取り寄せているのだ。働きながら大学を卒業できるとか、個室も完備しているとか、学資の他に月々小遣いも支給するとか、いいことが並べてある。年に三十万くれるか四十万くれるか知らないが、只ほど高いものはあるまい。一年三百六十五日、人が寝ているうちに起きて朝刊を配り、午後は夕刊をやってから夜学へ行く。行っても居眠りするだけだろう。第一、それで身体がもつと思うのか。あんな身体じゃないか。

だからあいつは無考えだというんだ。B父親はその申し込み書類とやらを握りつぶす。こんなものに身元引受人の実印をおすわけにはいかない。遅かれ早かれ病気になって帰されるにきまっている。でなきゃ仕事の必要上バイクの免許でも取って、交通事故にあうくらいが関の山だ。あいつの病気、あれには手こずらされた。去年の六月だった。高校三年という大事なときに、自分の馬鹿とむちゃがもとで肺に穴をあけやがった。二時間もかかる手術をして、一と月以上も学校を休み、治ったときはもう夏休みだった。で、その原因というのがまた父親としては我慢のならぬ、ばかげたものだった。社会科の研究発表の調べものを朝までやって、一睡もしないでその日クラス対抗のラグビーの試合に出た。なにしろ息子はクラスの人気者だ。研究発表でもラグビーでも女の子にいいとこを見せたい。どっちもうまくいった。そして喝采を浴びたまでは上出来だったが、体力の限界だった。パチン。風船ガムがわれるみたいに肺がやぶけた。突然の入院騒ぎであちこち電話をかけるやら走り回るやら。母親は夏の毎日の病院がよいでくたくたにさせられた。金もかかった。が、それはまあ仕方がない。許せぬのはあいつのはた迷惑な跳ね上がりだ。ええかっこがしたさに、無理押しごり押しをやって自分の身体をキズものにしてしまった。そういうやつなんだ、あいつは。せいぜいよく言ったところで、おっちょこちょいのピエロ役なんだ。息子がどこの大学も受からなかったと報告に行くと、担任の若い女の先生だけが泣いてくれた。

　だが父親としては、なんだか(C)息子にしてやられたような気がしてならぬ。病気も困りものだが、それが浪人する口実を与えたのはもっとまずかった。あいつは病院のベッドで自分に都合のいい作戦を立てたにちがいない。どうせこの遅れはかんたんに取り戻せやしない。兄貴だって一年浪人したんだ。それならおれにだって一年ぐらい遊ぶ権利はある。いかにもあれの考えそうなことだ。要するに、息子の思惑ではことしの受験は小手だめしぐらいのとこ、初めっからどこにも入る気なんかなかったんだ。入れそうもないところばっかり受けたのも、落ちた場合の世間体があるからだろう。そうだとするとこれは親をあざむいたようなものではないか。それで当人はといえば、大してがっかりしているわけでもない。すべて予定の行動とばかり、けろっとしている。何日後かには、これも浪人ときまったクラスメートと運送会社の引っ越しのアルバイトを始めると言っている。一日十時間、最低五千円にはなる。べつに学費をかせぐためじゃない。四月からの予備校の金ならもう払いこんでやってある。これは小遣い稼ぎなんだ。着るもの、履くものを揃えるのに何万か要る。それに女の子とデートする金だって要る。浪人生には浪人生のおしゃれっていうものがちゃんとあるんだよ。

ざっとこんないきさつで、息子は堂々と浪人することになった。しょうがない。こらえるのも父親のつとめだ。こらえたばかりじゃない、父親自身が言い出して、二階の息子の勉強部屋の配置がえ模様がえまでしてやることになった。これまで北側の冷たい板敷きの小部屋にくすぶっていた息子を、南向きの明るい大きな和室に移して、一年間勉強に集中できるようにしてやろうというのだ。それできょうは朝早くからがたがたやっている。母親が先頭に立って、本人は弟を指図して、あれこれ家具を動かしたり、本棚の中身を入れかえたりしているのだ。掃除機の音、畳や廊下を踏み鳴らす音、三人がてんでに発する掛け声なんかを、父親は階下で聞くともなく聞いている。雑音が雑音であるうちはよかった。が、そのうちに息子と母親がどなり合いをおっぱじめた。何をやってるんだかわからない。母親の悲鳴がだんだんヒステリーじみてくる。またこれだ。言葉は聞こえぬながら、そんなふうに年がら年じゅう母親に大きな声を出させる息子の態度が父親の心に刺さる。

やっぱりそうか。父親には息子の魂胆が読めてくる。少しばかり甘い顔を見せたのがいけなかったか。あいつはきのうまで弟と仲よく使っていたその大きな部屋を、一人占めしようとしているんだ。弟を締め出し、弟の学習具や持ち物などもはしから廊下に投げ出して、完全に自分の城にしようとしているんだ。それはまあいい、勉強のためならば。が、それだけじゃない。あいつは自分のベッドまでそこへ入れようとしている。そのために以前から置いてある整理ダンスや座敷用の座卓もどこかへ持って行こうというのだ。父親には目に見えるようだ。そうやって自分に用のないものは全部放り出したあと、壁にも天井にも好きなタレントの女の子のポスターをべたべた貼って、頭からイヤホンをかけて、ベッドにひっくり返って、ちょっと下宿暮らしでも始めた気分を愉しもうとしている息子の姿が。馬鹿なやつだ。その自由が欲しければ、まずこの家を出ることを考えるべきなんだ。父親はそこでまたいやな連想におそわれた。死んだおふくろが言っていた恨みごとを思い出した。古い家に兄の息子夫婦が入ってきたとき、自分の持ち物を孫の嫁に何の断りもなしに捨てられてしまった。大事にしていた客蒲団まで二階の窓から投げ捨てられた。今の若い人は物の値打ちを知らない。昔の瀬戸物でも塗りものでも、古いものはみんな汚いとかボロだとか思ってる。その通りだ。連中は安ぴかのプラスチック製品がお気に入りなんだ。綿でも本物の綿より今どきの(注1)化繊綿のほうが上等だと思うのだ。それで何でも粗大ゴミにしてしまうのだ。

息子も［　　］だ。母親が必死に制止するのも聞かずに、いまも二階から何か大きなものを引きずり下ろそうとしている。そいつをあちこちへ手荒くぶっつけながら、口ぎたなくどなり返しながら階段をおりてくる。邪魔だから片づけるんだ、だっておれの部屋にしていいっておやじも言ったじゃねえか。でも困るじゃないのよ、そんなに何でもかんでも小屋にほうりこんだら。知るかよ、そんなこと、あれはもうおれの部屋なんだ。息子が厄介払いしようとしているのは、E<u>古い桜の円テーブル</u>のようだ。

この野郎。図にのるんじゃないぞ。去年病気でさんざん苦労をかけた母親に、その言いざまは何だ。親不孝者め。父親はこらえなきゃいかんと頭では思うが、腹の虫がおさまらない。さっと立って縁側へ出て、もうそこにあったゴムぞうりを突っかけている。天気はいいが、風はまだ薄ら寒い。小屋は庭の隅にある。車庫兼温室兼物置といった感じで、中はうすぐらい。裏から入ると、道路側の戸を開けっぱなしで息子と母親がさかんに言い争っている最中だ。入口に弟が突っ立っている。おい、何をしてるんだ。何をって、片づけてるんじゃねえか。息子は父親の登場を半ば予期していたか、こっちを見向きもしない。おい、何を勘違いしてるんだ、うちは下宿屋じゃないぞ、お前一人に勝手な真似はさせないぞ。すると息子は初めて向き直って、父親の顔を見た。

（阿部昭『三月の風』）

（注1）化繊綿……天然ではなく、人工的に作られた化学繊維の綿。

1　本文中の［　］に入る言葉として、最も適切なものを、①～⑤の中から一つ選びなさい。
①　井の中の蛙　②　覆水盆に返らず　③　後は野となれ山となれ　④　御多分に洩れず
⑤　願ったり叶ったり

2　傍線部A「それも空振りに終わった」とあるが、受験に失敗した息子を、父親はどのように見ているか。最も適切なものを、①～④の中から一つ選びなさい。
①　体裁ばかりを意識した人間と見ている。
②　家計のことを考えない親不孝者と見ている。
③　受験も賭け事の一種ととらえる遊び人と見ている。
④　果敢に挑戦する素直な人間と見ている。

3　傍線部B「父親はその申し込み書類とやらを握りつぶす」という記述からは、父親のどのような気持ちがうかがえるか。最も適切なものを、①～⑤の中から一つ選びなさい。
①　いつまでも自身の能力と体力の限界に気づかない息子に苛立ちを感じている。
②　自己管理のできない息子に怒りを感じつつもその体を思いやっている。
③　世間知らずで未熟な息子にまずは勉強に集中してほしいと願っている。
④　息子の甘い考えや、そこに付け入ろうとする業者に怒りを感じている。
⑤　夢や希望はそんな簡単にかなうものではないということを息子に気づかせようとしている。

4　傍線部C「息子にしてやられた」とあるが、息子が父親にしたこととして最も適切なものを、①～⑤の中から一つ選びなさい。
① クラスの人気者だから浪人も仕方がないと思わせたこと。
② 実力以上の大学に挑戦させようと思わせたこと。
③ 浪人には浪人のおしゃれがあると思わせたこと。
④ 兄と同じように浪人する方がいいと思わせたこと。
⑤ 病気入院で浪人するのは仕方がないと思わせたこと。

5 傍線部E「古い桜の円テーブル」は何を象徴していると考えられるか。最も適切なものを、①～⑤の中から一つ選びなさい。
① 弟とともに勉強をしてきた努力を証明するもの。
② 常に暖かく見守ってくれた母親の愛情。
③ 息子の頭から消し去れない父親の威厳。
④ 長年築いてきた家族の絆。
⑤ 受験に失敗した息子よりも、実体的価値のあるもの。

（☆☆☆◎◎◎）

【三】次の文章を読んで、以下の問いに答えなさい。

夢よりもはかなき世の中を[A]、嘆きわびつつ明かし暮らすほどに、四月[注1]十余日にもなりぬれば、木の下くらがりもてゆく。築地の上の草あをやかなるも、人はことに目もとどめぬを、あはれとながむるほどに、近き透垣[B]のもとに人のけはひすれば、たれならむと思ふほどに、故宮[注2]にさぶらひし小舎人童なりけり。

あはれにもののおぼゆるほどに来たれば、「などか久しく見えざりつる。遠ざかる昔のなごりにも思ふを。」など言はすれば、「そのこととさぶらはでは、なれなれしきさまにやと、つつましうさぶらふうちに、日ごろは山寺にまかりありきてなむ。いとたよりなく、つれづれに思ひたまうらるれば、御代はりにも見たてまつらむとてなむ、(注3)帥宮に参りてさぶらふ。」と語る。「いとよきことにこそあなれ。その宮は、いとあてにけけしうおはしますなるは。(注4)昔のやうにはえしもあらじ。」など言へば、「しかおはしませど、いとけ近くおはしまして、『常に参るや。』と問はせおはしまして、『参りはべり。』と申しさぶらひつれば、『これもて参りて、いかが見たまふとて奉らせよ。』とのたまはせつる。」とて、橘の花を取り出でたれば、「昔の人の」と言はれて、「さらば参りなむ。いかが聞こえさすべき。」と言へば、ことばにて聞こえさせむもかたはらいたくて、「なにかは。あだあだしくもまだ聞こえたまはぬを。はかなき言をも。」と思ひて、

薫る香によそふるよりはほととぎす聞かばやおなじ声やしたると

と聞こえさせたり。

まだ端におはしましけるに、この童、隠れのかたに気色ばみけるけはひを御覧じつけて、「いかに。」と問はせたまふに、御文をさし出でたれば、御覧じて、

おなじ枝に鳴きつつをりしほととぎす声は変はらぬものと知らずや

と書かせたまひて、賜ふとて、「かかること、ゆめ人に言ふな。すきがましきやうなり。」とて、入らせたまひぬ。もて来たれば、をかしと見れど、常はとて御返り聞こえさせず。

（和泉式部『和泉式部日記』）

（注1）四月十余日……長保五年(一〇〇三)の四月。
（注2）故宮……冷泉天皇の第三皇子である為尊親王のこと。為尊親王は前年六月に亡くなっている。

（注3）　帥宮……太宰府の長官をつとめる親王。ここでは、冷泉天皇の第四皇子敦道親王をさす。
（注4）　昔……為尊親王をさす。

1　二重傍線部 i ～ iii に含まれる敬語が示す敬意の対象の組合わせとして最も適切なものを、①～⑤の中から一つ選びなさい。
①　i　帥宮　ii　帥宮　iii　帥宮
②　i　作者　ii　作者　iii　作者
③　i　帥宮　ii　帥宮　iii　作者
④　i　作者　ii　作者　iii　帥宮
⑤　i　帥宮　ii　作者　iii　帥宮

2　傍線部A「世の中」は、本文においてはどのような意味か。最も適切なものを、①～⑤の中から一つ選びなさい。
①　世間の評判、名声　②　現世、この世　③　帝の治める世　④　世の常、世間一般
⑤　男女の仲

3　傍線部B「透垣」の読みとして最も適切なものを、①～④の中から一つ選びなさい。
①　すがき　②　すいがい　③　とおしかき　④　とうかい

4　傍線部C「などか久しく見えざりつる」に対する小舎人童の返事として最も適切なものを、①～⑤の中から一つ選びなさい。
①　来るつもりがなかったわけではないが、なにかと他にも親しくする人がいたし、最近は各地の山寺へもその人と参拝していたから。

② 特にこれという用事があるわけではないが、なれない生活であったので質素に暮らしているうえに、近頃は山寺を歩き回っていたから。
③ 昔のことを忘れたわけではないが、私の衣服が古くなっているのではと気恥ずかしく思い、近頃は山寺でお祈りすることに専念していたから。
④ これという用事がないと、ぶしつけではないかと遠慮していたし、最近は山寺詣でに出歩いていたから。
⑤ お仕えできなかったのは、成長した姿を見てほしいとひそかに考えた結果、ふだんは山寺で修行する生活をしていたから。

5 傍線部D「御代はり」は、誰の「代はり」なのか。最も適切なものを、①～⑤の中から一つ選びなさい。
① 故宮　② 小舎人童　③ 帥宮　④ 山寺の仏　⑤ 作者

6 傍線部E「昔の人の」は『古今和歌集』にある有名な古歌の第四句である。この歌の上の句を、①～⑤の中から一つ選びなさい。
① 人はいさ心も知らずふるさとは
② ほととぎす鳴きつる方を眺むれば
③ さつき待つ花橘の香をかげば
④ ほととぎす鳴くや五月のあやめ草
⑤ 夜をこめて鳥の空音ははかるとも

7 本文の内容を説明したものとして最も適切なものを、①～⑤の中から一つ選びなさい。
① 主人公の女が築地のあたりを眺めていたところ、たまたま通りかかった童と出会う。童は慰みに橘の

花を贈り、故宮のことを思い出した女は、弟宮に兄宮の思い出として歌を贈った。

② 作者が嘆きわずらう日々を過ごしていたころ、弟宮からの命を受けて橘の花を持参した童に再会する。作者は、兄宮を思い出すようすがとして、弟宮をほととぎすに見立てた歌を贈った。

③ 主人公の女が今は亡き為尊親王をしのんでいたところ、故宮に仕えていた童から橘の花を受け取る。女は、花を贈ってくれた弟宮に、童をほととぎすになぞらえた歌を返した。

④ 四月中旬のころ、作者は透垣のもとに人の気配を感じ、童と出会う。童が持っていた橘の花を見て古歌を思い浮かべた作者は、故宮が飼っていたほととぎすの声をもう一度聞きたいと弟宮に歌で訴えた。

⑤ 主人公の女が故宮をしのび、もの思いにふけって築地をながめていたとき、弟宮からの使いの童に出会う。弟宮からの橘の花を受け取った女は、兄弟で飼っていたほととぎすが今もかつてと同じように鳴いているか、歌で質問した。

8 日記文学の作品を成立年代順に並べると、どの順序が正しいか。最も適切なものを、①～⑤の中から一つ選びなさい。

① 蜻蛉日記 ― 土佐日記 ― 十六夜日記 ― 更級日記
② 蜻蛉日記 ― 土佐日記 ― 更級日記 ― 十六夜日記
③ 蜻蛉日記 ― 十六夜日記 ― 土佐日記 ― 更級日記
④ 土佐日記 ― 蜻蛉日記 ― 更級日記 ― 十六夜日記
⑤ 土佐日記 ― 更級日記 ― 蜻蛉日記 ― 十六夜日記

（☆☆☆◎◎◎）

【四】次の漢文を読んで、以下の問いに答えなさい。（ただし、設問の都合で訓点を省略した部分がある。）

有(注1)新死鬼。形疲(注2)瘦頓。忽見
生時友人。死及二十年、肥健。
相問訊。曰、「A卿那爾。」曰、「吾飢餓
殆不自任。卿知諸方便。故当
以法見教。」友鬼云、「此甚(a)易耳。
但為人作怪。人必大怖、当与
卿食。」
新鬼往入(注3)大墟東頭。有一
家、奉(注4)仏精進。屋西廂有(注5)磨。鬼
就推此磨、如人推法。此家主

語子弟曰、「仏憐吾家貧、令鬼推磨。」乃輦麦与之。至夕磨数(注6)斛。疲頓乃去。遂罵友鬼、「卿那誑我。」又曰、「但復去。自当得也。」

復従墟西頭入一家。家奉(注7)道。門傍有(注8)碓。此鬼便上碓、如人舂状。此人言、「昨日鬼助(注9)某甲。今復来助吾。可輦穀与之。」又給(注10)婢(注11)簸篩、至夕力疲甚、不与鬼食。鬼暮帰、大怒曰、「吾自

(b)与卿為二(注12)婚姻一、非二他比一。(c)如何見

欺。」二日、助レ人、不レ得二一(注13)甌飲食一。」

友鬼曰、「卿自不レ(注14)偶耳。此二家、

奉レ仏B事道。C情自難レ動。今去、可下

覓二百姓家一作上レ怪。則無レ不レ得。」

鬼復去、得二一家一。門首有二竹

竿一。従レ門入、見下有二一群女子一、窓

前共食上。至二庭中一、D有二一白狗一、便

抱令二空中行一。其家見レ之大驚

言、「自来、未レ有二此怪一。」占云、「有二(注15)客

鬼ノ索ムルレ食ヲ。可シレ殺スレ狗ヲ。並ビニ甘果・酒飯モテ于イテ二庭中ニ一祀ラバレ之ヲ、可シトレ得レ無キヲレ他。」其ノ家如クス二師ノ言ノ一。鬼果タシテ大イニ得タリレ食ヲ。自リレ此レ後、恒ニ作スハレ怪ヲ、友ノ鬼之教ヘ也。

（『幽明録』）

（注1）新死鬼……死んだばかりの幽霊。
（注2）痩頓……痩せ衰えている。
（注3）大墟東頭……大きな村ざとの東の端。
（注4）仏……仏教。
（注5）磨……ひきうす。
（注6）斛……容量の単位。一斛は一〇斗で、約二〇リットル。
（注7）道……道教。
（注8）碓……つきうす。
（注9）某甲……誰それ。

（注10）婢……家の手伝いをする女性。
（注11）簸篩……みとふるい。殻と実とを分ける道具。
（注12）婚姻……縁戚関係。
（注13）甌……小さいかめ。
（注14）偶……出くわす。「遇」に同じ。
（注15）客鬼……まつってくれる人のいない幽霊。

1　波線部（a）「易耳」、（b）「与卿」、（c）「如何見欺」の本文中の読み方の組合わせとして、最も適切なものを、①～⑤の中から一つ選びなさい。
①（a）やすきのみ　（b）けいより　（c）みてあざむくをいかんせん
②（a）やすきのみ　（b）けいと　（c）いかんぞあざむかるるか
③（a）きくにやすし　（b）けいと　（c）あざむかるるをいかんせん
④（a）きくにやすし　（b）けいより　（c）みてあざむくをいかんすべき
⑤（a）やすきのみ　（b）けいより　（c）いかんぞあざむかざらんや

2　傍線部Ａ「卿那爾。」の解釈として最も適切なものを、①～⑤の中から一つ選びなさい。
①おまえはどうして痩せているのだ。
②おまえはどうして肥えているのだ。
③おまえはどうして死んでしまったのだ。
④おまえはどうして飢えているのだ。

⑤　おまえはどうして知りたいのだ。

3　傍線部B「事道」の「事」と同じ意味の「事」を含む熟語として最も適切なものを、①～④の中から一つ選びなさい。

①　事業　②　事故　③　師事　④　事典

4　傍線部C「情自難動」とはどういうことか。最も適切なものを、①～⑤の中から一つ選びなさい。

①　気の毒な鬼に対し情け深いということ。
②　怪異を素直に受け入れないということ。
③　神仏の加護を信じていないということ。
④　鬼に仲違いを仕向けているということ。
⑤　鬼の助けをあてにしているということ。

5　傍線部D「有一白狗、便抱令空中行。」とあるが、「新死鬼」がそのようにした理由として最も適切なものを、①～⑤の中から一つ選びなさい。

①　占い師がいいかげんなことを言うので、自分が本当にいることを示すため。
②　友人の鬼の言葉通り、怪異を見せて驚かせば、酒食をもらえると思ったため。
③　友人の鬼が自分を欺いたことを恨み、白狗に憑依して復讐するため。
④　窓辺で食事をしている女子の気を引いて、席に招待してもらうため。
⑤　人間を手助けしても食料を得られないので、白狗を奪い殺して食べるため。

6　本文の内容から、人々にとって「鬼」とはどのような存在だと読み取れるか。最も適切なものを①～⑤の中から一つ選びなさい。

① 人に悪さをしたり驚かしたりするが、それは受け止める側の問題であり、全く恐ろしいだけのものではないという存在。
② 戦争や飢饉などにより悲惨な死に方をして、死後の世界でもずっと食を求めてさまようような可哀想で憐れむべき存在。
③ 普段は人を脅したり怖がらせたりするが、人を楽しませるためにいたずらをするなどユニークな面を併せ持つ愛すべき存在。
④ 生前の仏教や道教への信仰心が薄かったことで死後の世界に行けず、生と死の境目を何十年もさまよい続ける迷惑な存在。
⑤ 食にありつけず苦しい生活をしながらも貧しい人々を見て見ぬふりができず、嫌々ながらだが手を差し伸べる心優しい存在。

7 二重傍線部「家奉道」の「道」に多大な影響を与えた「老子」の思想を表した語句として最も適切なものを、①～⑤の中から一つ選びなさい。

(☆☆☆◎◎◎)

※「老子」…春秋戦国時代の思想家。道家思想の祖。

① 性悪説　② 王道論　③ 無為自然　④ 徳治主義　⑤ 法家思想

解答・解説

【中高共通】

【一】 1 ④　2 ①　3 ⑤　4 ③　5 ④　6 ①　7 ④

〈解説〉 1　空欄を含む各文の末尾の「ない」に着目する。「もはや」は否定表現を伴い（過去の事象を受けて）「今となっては…ない」「すでに…ない」を表す。「そもそも」は「事象の始まりの部分や原点」を表し、発端について語る時に用いられる。　2　二重傍線部aは「（好）機」、bは「相（乗）」であり、①はa「機（微）」、b「（実）相」、②はa「（初）期」、b「想（像）」、③はa「（年）季」、bは「遭（遇）」、④はa「（納）期」、bは「（血）相」、⑤はa「機（知）」、b「創（意）」である。　3　「現在の日本で力を失ってきているのがこの『中間社会』だ」については、空欄ウを含む段落とその次の段落で説明されている。各段落の第一文目に「『中間社会』の凋落」「『中間社会』の崩壊」とあり、それぞれについての説明が段落内でなされている。　4　「ナショナリズムや宗教的原理主義」については、空欄Xを含む二つの段落に着目する。「報酬という『数字』の上に立脚しているグローバリズム」は「私たちが多様な意味を生きていることを忘れさせるシステム」、「『数字信仰』とは…横断的に通用する『数字』で物事を解決しようとする」とあることから考える。　5　「コインの表裏」は、一つの事物が持つ二つの側面という意味合いがあることを踏まえて考えると、④「併存（二つ以上のものが同時に存在すること）」が適切である。　6　各選択肢の意味をおさえること。①「捨象」は事物からある内容を抽象する際に、他の内容を捨て去ること、②「事象」は物事の内容など、③「現象」は直接知覚することのできる、自然界、人間界のできごと、④「具象」は具体的な形をもつことやその形態、⑤「表象」はシンボル、象徴を指す。　7　④は最後の四つの段落の内容と合致する。①は「『中間社会』の崩壊を招いて」、②は「一刻も早く取り戻すべきだ」、③は「抑圧された『中間社会』から解放され」、「かけがえのない自由を手に入れた」、⑤は「学校や会社のような『近景』」が、それぞれ不適である。

【二】1 ④ 2 ① 3 ② 4 ⑤ 5 ④

〈解説〉1 「御多分に洩れず」は、「世間の人と同じように」といった意味で、想定される事柄やありふれた事柄に対して使用する。空欄の前段落で「兄の息子夫婦」が入ってきたときに「大事にしていた客蒲団まで二階の窓から投げ捨てられた」とあり、空欄後では息子も母親の制止をきかず、「邪魔だから片づける」と、古い桜の円テーブルを二階から引きずり下ろそうとしていた。 2 受験に失敗した息子に対する父親の捉え方は、傍線部Aの後にある。「恰好のいいことばかり考えているからだ…名のつくところばかり狙ったって」から考える。 3 父親の心情は、傍線部Bの前後に着目する。後文で「高校三年という大事なときに、自分の馬鹿とむちゃがもとで肺に穴をあけ」とある。一方、前文では自己管理できない息子が「新聞屋」のパンフレットを「ひそかに取り寄せて」、新聞配達の仕事をしながら大学に通うことを考えている様に、怒りを覚えながらも心配していることが読み取れる。 4 傍線部Cの前の段階で、肺に穴をあけて入院した息子に対して「突然の入院騒ぎであちこち…金もかかった。が、それはまあ仕方がない」とあることをまずおさえる。それを踏まえて「病気も困りものだが、それが浪人する口実を与えたのはもっとまずかった」「息子は堂々と浪人することになった。しょうがない」という流れを踏まえて考える。 5 「古い桜の円テーブル」は、長く使用してきた食台であろうことが推察できる。つまり、家族で囲む食卓は家族愛や絆の象徴と言える。

【三】1 ④ 2 ⑤ 3 ② 4 ④ 5 ① 6 ③ 7 ② 8 ④

〈解説〉1 i 「常に参るや」は、童に対する帥宮の問いかけで、和泉式部のところに「いつもうかがうのか」

と言っている。　ii「これもて参りて、『いかが見たまふ』とて奉らせよ」も童に対する帥宮の言葉で、「これを持って(和泉式部のところに)伺い、『どのようにご覧になりますか』と言って(侍女を介して)差し上げさせよ」といった意味になる。　iii「さらば参りなむ。いかが聞こえさすべき」は、童の和泉式部とのやり取りの中の発言で「では(帥宮のところに)参ります。(帥宮に)どう返事いたしましょう」と話している。　2「世の中」には、人の一生、この世、人の世、男女の仲など様々な意味があるが、話の内容を考えると、ここでは和泉式部と故宮の恋愛と捉えるべきである。　3「すきがき」のイ音便で、「板か竹で間隔を取って作られた垣」のことである。　4　童の返事は、傍線部Cを含む発言の直後「そのことをさぶらはでは…山寺にまかりありきてなむ」であることをおさえる。「これといった用事もないのでは、(和泉式部の所に)伺うことも馴れ馴れしいようだと(訪問を)遠慮しておりますうちに、近頃は山寺詣でにに出歩き申し上げておりました」という。　5　元々は故宮に仕えていた童が主人の死により、帥宮に仕えるようになったことが童の発言「いとたよりなく、つれづれに…参りてさぶらふ」から読み取れる。　6「さつき待つ花橘の香をかげば昔の人の袖の香ぞする(読み人知らず)」が、元歌である。　7　①は「たまたま通りかかった童」「童は慰みに橘の花を贈り」、③は「童をほととぎすになぞらえた歌」、④は「故宮が飼っていたほととぎすの声を…訴えた」、⑤は「兄弟で飼っていた…歌で質問した」がそれぞれ文意に合わない。　8　成立年は、『土佐日記』は九三四年ごろ、『蜻蛉日記』は九七四年ごろ、『更級日記』は一〇六〇年ごろ、『十六夜日記』は一二八二年ごろとされている。

【四】1　②　2　①　3　③　4　②　5　②　6　①　7　③

〈解説〉1　(a)「易耳」の「耳」(のみ)は、ここでは強調を表す。　(b)「与卿」の「与(と)」は、ここでは「～と」という意味である。　(c)「如何見欺」の「如何(疑問・反語の用法で「どうして～か」)」は「いかんぞ」、「見(受身)」は「る／らる」と読む。「どうして(私が)だまされるのか」という意味である。 2 「卿那爾」は、「卿は那ぞ爾るや(あなたはなぜ、そのようであるのか)」と書き下す。「爾」の内容は、文脈から考えて「痩頓」だと分かる。 3 ここでの「事」は「つかふ」とよみ「仕える」という意味がある。 4 「情自難動(情自づから動かし難し)」は、「鬼が人間を怖がらせようと怪異を見せても、(人間の)感情が動くことは難しい」と意味である。 5 友人の鬼による会話文中で傍線部Bの後に「今去、可…則無不得(一般庶民の家に行って怪異を行えば、(酒食を)得ないことはないだろう)」とあることから考えるとよい。 6 ②は「戦争や飢餓などにより悲惨な死に方をして」、③は「人を楽しませるためにいたずらをするなどユニークな面を持つ愛すべき存在」、④は全て、⑤は「貧しい人々を見て見ぬふりができず」「嫌々ながら手を差し伸べる心優しい」がそれぞれ、文意に合わない。 7 老子の思想である「無為自然」は、「自然のまま、ありのままに生きる」という考え方である。「性悪説」は荀子、「王道論」は孟子、「徳治主義」は孔子、「法家思想」は韓非子とそれぞれ深く関係がある。

二〇二三年度　実施問題

【中高共通】

表記について
問題文中に、「障害」という言葉が単語あるいは熟語として用いられ、前後の文脈から人や人の状況を表す場合に「障がい」という表記を使用しています。
ただし、法令や固有名称、引用文については、そのまま表記しています。

【二】次の文章を読んで、以下の問いに答えなさい。（一部表記を改めたところがある。）

二十一世紀はデジタル・テクノロジーによる(注1)パノプティコン（　Q　）の時代であると考えることができる。それは〈意識する私〉〈主体的に判断する私〉〈私の思惑〉を超えて、第三者的に見られた私の行為、私のあらゆる行動が電脳空間に記憶・蓄積されることによって成立していく。

電話の通話記録、クレジットカードやATM使用、街中の監視カメラなど、〈私〉の行動は今日、電脳空間に記録され蓄積されている。デジタル時代は匿名性を許さず、むしろ管理・監視こそ、その特徴である。(注2)

M・フーコーは『監獄の誕生』において、完全な監獄の建築モデル「パノプティコン」に言及している。それは囚人を一望できるように設計された円形の監獄で、看守は施設の中央塔から囚人を常に見ることができるが、逆に、囚人は自分がいつ看守から監視されているのかを知ることができない。誰かにいつも見られているかもしれない、という意識は、その視線を内面化させ、囚人のうちに第二の看守が生まれ、結局、囚人は自ら従順な「主体」に変容する。このパノプティコンは、近代的な権力の「監視」様態を象徴するものであるが、社会学者(注3)M・ポスターは『情報様式論』で、夢想にすぎなかったパノプティコンの機能は、今日、情報通信テクノロジーによって完全に現実化するとして、それを「超パノプティコン」と呼んだのである。

この場合、最も重要な点は、監視が現在形の監視から、蓄積された情報に〈遡る〉監視へと変化した点であろう。〈私〉のあらゆる行動、行為が電脳空間のここかしこにデータベースとして遍在していく。ほとんどは沈殿したまま沈黙しているが、なんらかの意図でそれらを寄せ集めれば、〈私〉についての驚くほど膨大で詳細な情報が、瞬時に組み上がる。

デジタル世界において私とは何か。それは、電脳記録を集大成した、その蓄積としての私が私であって、私が主体的にどう考えているかとか、私の意思といったこととは別な〈私〉が成立している。それは行為することが観察された私、であって、そこでは私の意識よりは身体性のほうがフォーカスされている。このような変化は確実に起こってくるだろう。

(注4)バイオメトリックス認証においても特徴的だが、パノプティコン問題においても、モノとしての身体の私が、意識としての私よりはるかに雄弁であり、確固としたものであるということが示されてくるだろう。

もし二十世紀的な発想の枠内にとどまることができるならば、それは次のような発言になる。疎外してきた身体の言うことに耳を傾けよう。神経系拡張のネット時代にあって、身体を置き去りにしてはならない。生命としての身体をないがしろにすることで、仕返しされるのだ。心身二元論を超えて、失われた身体と私との調和が図られなければいけない。云々、云々。これがおそらく二十世紀的な、私と身体をめぐる発想の枠であった(これはこれでもちろん達成・実現されているわけではないし、これは引き続き充実されていかなければならない)。

しかし、二十一世紀の現在、私と身体をめぐる問題は、これだけにとどまってはいない。むしろ今述べてきたような、身体による私の疎外という、思いもよらなかったような時代が進行し始めているのである。

（　Ｉ　）、これまで私を私として決定づけてきた(注5)デカルト以来の二十世紀後半の生命倫理にいたる私の内面、主体的に行動する私、自分に責任をもつ私は、もしかしたら二十一世紀においては、Cデジタルの眼を通して見られた私の身体によって裏切られ続けることになるのかもしれない。

誰が身体に聞くのか。私なのか、デジタルの眼なのか。いずれにしても二十一世紀は、「私と身体」が思いもよらなかった相貌で立ち現れ始めていることだけは確かなことなのである。

「身体の疎外」というとき、普通は意識や心が「身体を疎外」するわけである。意識中心のデカルト的な「私」においては私の意思のほうが重要で、それが身体を疎外してきたから、身体を回復しようということだ。しかし「身体〈の〉疎外」という〈の〉は、主体を表す「の」だ、と考えれば、これは身体が私を疎外していくという意味にとれる。デジタルの眼と合体した私の身体は、私を結果的に疎外していくという構造になっているのである。

例えば、脳科学の進展にはすさまじいものがある。今、脳科学が目ざしているのは、私の意識内容や判断内容を外側から脳反応として見ることである。さまざまなテクノロジーを使って、リアルタイムで私の脳の状態を見ることによって私の意識を測ろうという方向へ急激に進んでいる。

脳は物質、身体の一部であり、脳という身体を見ることによって、私を測ろうとするということである。だから、本当に逆転なのである。私が身体を支配し、疎外する、そんな「私」が主語なのではなく、デジタルの眼を通した「身体」が主語になり、身体がデジタルの眼とX結タクして主導権を握っていく。そういう時代に入りつつあるのかもしれない。

　このように考えてくると、従来の身体をめぐる諸問題とは全く別の位相のものが現れてきているといってもよい。もちろんそれはそれとして、とりあえずは、失われていく私、二十一世紀的な意味での身体との対話、復活を徹底的に行っていかなければならない。（　Ⅱ　）、問題はそこだけにはとどまらない。興味深いといえば興味深い、考えもしなかったような次元が登場しつつある。

　それは科学テクノロジーの完全な勝利への道なのか、全てD一人称を三人称に還元しつくすという近代思想のハイパー延長なのか、そもそも全く次元が違うことなのか、なんともまだ命名しがたいが、恐ろしくも興味深い事態が起こっていることだけは確かである。

　そこにおいては、私が行う拒否、私の否定はなんの意味もなさないことを、我々はもう知っている。それはパノプティコン、見えざる機械が全て我々をアイデンティファイし、拒否し、許していくような、見えない権力装置、見えないシステムである。私の思いや判断内容は、私の身体の一部である脳反応を計測することと同値になり、私とは何かは、パノプティコンの眼によって記録され蓄積された私のデータベースのことである、といったように。

（　Ⅲ　）そこで決定的なのは、ある特定の人間がその支配者になっているのではないということである。あらゆるエリート、あらゆるトップの人間さえも、デジタルの眼から逃れることはできない。かつての権力なら、テクノロジーを握る者が人々を支配した。その支配する主体は人間だった。しかし、今はあらゆる人間がデジタル・テクノロジーのYサン下、配下にある。そういう意味では、パノプティコンとは、誰も支配者がいないのに全てが支配される、特権的に誰かが管理するわけではないのに全てが管理されている、ということを意味しているのである。

従来の発想では、管理するものは人間だった。しかし、管理していると思っている人間白身も強烈な管理の中に置かれているというところが今日的状況である。例えば政治的トップであれ、法曹的トップであれ、メディア的トップであれ、身体をもった存在であるかぎり、常にあらゆるチェックに遭グウする。そういう意味で、従来型の権力者という構造はなかなか成り立ちにくい。こういうことがすでに進行しているのは確かである。

それにしてもかつての構造では、隠れた権力、闇の権力がありえたはずだが、それさえも全てデジタルの眼によって監視される、そういう構造の中にいるのだということである。

「監視するもの」対「されるもの」という二項図式が、どうも崩れゆきつつあるようだ。パノプティコンといえば、あたかも権力者がテクノロジーを使って人々を支配するというイメージになりがちだが、これは違うのだと思う。支配していると思っている存在も、実はパノプティコンの下にいるのである。

いずれにしても、今日、デジタルの眼は、私の意識や意思を置き去りにしたまま、私の身体と交通し、関係を結んで、「主体的な私」をないがしろにしつつ、「身体＝モノとしての私」こそ〈私〉とみなすような、そんな流れを着々と形づくっているのである。

（黒崎政男『身体にきく哲学』）

（注1）パノプティコン……十八世紀末にイギリスの哲学者ベンサムが、刑務所などの施設の設計図として構想した。

（注2）M・フーコー……フランスの哲学者。

（注3）M・ポスター……アメリカの歴史学者、社会学者。

（注4） バイオメトリックス認証……指紋や目の虹彩といった個人の身体的特徴を用いて、本人であることを確認する技術。

（注5） デカルト……フランスの哲学者、数学者。『方法序説』で、「我思う、ゆえに我あり」として、世界の一切の存在を疑っても、疑っている自分の意識だけは確実に存在すると説いた。

1 傍線部X～Zのカタカナを漢字で書いたとき、共通する漢字を用いる熟語の組合わせとして最も適切なものを、①～⑤の中から一つ選びなさい。

① X 土地を開タクする　Y サン橋に接岸する　Z 一グウを照らす
② X 御タクを並べる　Y 八十歳のサン寿を祝う　Z 処グウを決める
③ X 上司に忖タクする　Y 落下サン部隊の訓練　Z グウ発的な事故
④ X 銅タクを発掘する　Y サン否を問う　Z 恵まれた境グウ
⑤ X 屈タクのない意見　Y 日夜研サンを積む　Z イソップのグウ話

2 空欄Qには「パノプティコン」の訳語が入る。文脈上最も適切なものを、①～⑤の中から一つ選びなさい。

① 仮想現実世界　② 衆目一致社会　③ 一望監視装置　④ 身体回復施設
⑤ 匿名通信技術

3 空欄Ⅰ～Ⅲに当てはまる語の組合せとして最も適切なものを、①～⑤の中から一つ選びなさい。

① Ⅰ つまり　Ⅱ しかし　Ⅲ しかも
② Ⅰ 一方　Ⅱ 例えば　Ⅲ かえって
③ Ⅰ 結局　Ⅱ たしかに　Ⅲ 逆に

④　Ⅰ　要するに　　Ⅱ　むろん　　Ⅲ　じつは
⑤　Ⅰ　かたや　　Ⅱ　むしろ　　Ⅲ　結局

4　傍線部A「第二の看守が生まれ」とあるが、その説明として最も適切なものを、①～⑤の中から一つ選びなさい。

①　誰かから見られていると常に意識しているうちに、囚人の心中には自分で自分を見張る視線が形成され、自己の行動を規制するようになるということ。
②　常に看守から見られているという意識が、見る見られるという主客の認識を麻痺させ、囚人が看守を見張っているかのような錯覚をもたらすということ。
③　いつ看守から監視されているかがわからないことで、囚人が自らすすんで従順な態度を取るようになり、本人の意思や思惑とは異なった人物像が構成されるということ。
④　監視カメラによって囚人の行動履歴がすべて電脳空間に蓄積されることで、看守の仕事が囚人の監視からデータ管理へと移行するということ。
⑤　誰かの視線を常に意識させられる環境は、囚人が自分に看守と同等の視線を向けるだけでなく、囚人どうしが相互監視するようになるということ。

5　傍線部B「二十世紀的な発想」とあるが、その説明として最も適切なものを、①～⑤の中から一つ選びなさい。

①　デカルト以来の心身二元論の影響は依然根強く、人間の身体は意志や精神に優越するものと考えること。
②　ネット時代の行き過ぎた神経系拡張によって、身体の疎外がデカルト的心身二元論よりもますます顕

著になると考えること。

③ デカルト的心身二元論によって疎外された身体が、ネットによる神経系拡張を契機に復権すると考えること。

④ 私による身体の疎外、ないがしろにされた身体からの仕返しを経て、私と身体の調和が達成されたと考えること。

⑤ デカルト的心身二元論とその延長線上にある神経系拡張の時代を越えて、身体と私とは調和すべきものと考えること。

6 傍線部C「デジタルの眼を通して見られた私の身体によって裏切られ続けることになる」とあるがどういうことか。その説明として最も適切なものを、①～⑤の中から一つ選びなさい。

① 現代では、デジタル・テクノロジーによって人間の神経系拡張のネット時代を招き、誰もがデジタルの眼から逃れることはできず、支配者がいないにもかかわらずすべてが支配されるという皮肉な状態が生じつつあるということ。

② 現代では、デジタル・テクノロジーによって私のあらゆる行動や意識が観察されているが、その〈私〉においては、私の意識こそが私を支配しており、身体は置き去りにされていくようになるということ。

③ 現代では、デジタル・テクノロジーによって人間の行為を観察し、その記録・蓄積されたデータを集大成することで管理・監視が強化され、その結果、意識する主体から従順な主体への変容を迫られていくようになるということ。

④ 現代では、デジタル・テクノロジーによって私の行動や行為が観察され電脳空間に蓄積されるが、その身体情報こそが〈私〉を構成する重要な要素であり、私の意識や意思はないがしろにされていくよう

になるということ。

⑤　現代では、デジタル・テクノロジーによって私と身体をめぐる二十世紀的な発想の枠が破壊され、これまで主体的に判断する私の下位にあった身体性の回復を引き続き充実させていく必要があるということ。

7　傍線部D「一人称を三人称に還元」とあるが、これを説明した次の一文(＊)の空欄(a)～(d)に当てはまる語句として最も適切なものを、①～⑥の中からそれぞれ一つ選びなさい。

＊人間の意識や意志までも、(a)の反応を通して(b)的に測定しうるという考えに代表されるように、(c)的なものを(d)に帰して解明しようとすること。

①　物質　②　精神　③　私　④　脳　⑤　楽観　⑥　客観

(☆☆☆◎◎◎)

【二】次の文章を読んで、以下の問いに答えなさい。

「そんな端を歩くと危ないぞ。」

ケン坊がうしろから言った。川幅は、このあたりで少し広くなる。あと何キロか下ると海だ。河口から飛んできたカモメが向こう岸の工場の屋根にとまっている。ケン坊はわたしのみつあみの片方を軽く引っぱった。

「いたいよ。」とわたしが言うと、ケン坊はかすかに笑った。家に帰ってきてから、ケン坊はかすかにしか笑わなくなってしまった。昔はあんなにふわっと大きく笑ったのに。

「犬の紐がわりだ。」そう言いながら、ケン坊はもう一度みつあみを引っぱった。カモメが高く鳴いた。平たい石をひろって、わたしは水面に投げた。石は一つだけ水を切って飛び、すぐに沈んだ。

「少し、できるようになったな。」言いながら、ケン坊はわたしの横に来て並んだ。わたしがおもいきり背伸びをしても、ケン坊の胸までしか届かない。ケン坊はその大きなてのひらにちょうどいい大きさの石をのせて、ぐっと肩を落とした。そのままアいと石を投げる。石は水面を何回も切って、向こう岸に近いところまで飛んだ。

「すごいね。」わたしは言ったが、ケン坊は少しまばたきをしただけで、無言のまま岸に腰をおろした。わたしもケン坊の隣に座った。ケン坊は、しばらく川の流れを見ていた。わたしもまねして川の流れを見た。ずいぶん長い間、ケン坊は川を見ていた。

ケン坊はとっくに成人しているが、近所の人たちはみんな今も「ケン坊」と呼ぶ。賢太郎という本名でケン坊のことを呼ぶのは、よその人だけだ。何年か前に母が切り抜いた新聞には、「進藤賢太郎一位指名」という文字があった。

「それなに。」と母に聞くと、「ケン坊のことが新聞に載ってるんだよ。」と母は答えた。

「何か悪いことでもしたの。」わたしが驚いて聞くと、母は笑った。

ケン坊は、高校在学中にプロ野球の投手として球団に指名されたのだ。指名だのプロだのという言葉の意味が、そのころのわたしにはわからなかった。入団の四年後、ケン坊は練習中にキき腕を怪我した。数か月後に新聞に載った「進藤、自由契約に」という言葉の意味を、もうわたしは理解できるようになっていた。「キャンプ」だの「遠征」だので家に居つかなかったケン坊が家に戻ってきたのは、それからしばらくしてからである。

帰ってきたケン坊は、めったに家から出なかった。ケン坊のところのおばさんは、わたしの家に来ては母に何かと相談した。ときおり、おばさんが話の途中で泣きだしてしまうこともあった。そういうとき母は台所から厚く切ったようかんの皿を持ってきて、おばさんに勧めた。甘いもの食べると、気が落ちつくよ。A人間万事塞翁が馬。そんなことを母は言いながら、ようかんをしきりに勧めた。

ケン坊のおばさんは、そのうちにあまり泣かなくなり、ケン坊もときどき川の土手を散歩したりするようになった。ケン坊ががらり戸を開ける音をききつけると、わたしはいそいで玄関に走り、サンダルをひっかけて、ケン坊の後を追いかける。大きなケン坊ががらり戸を開ける音は、ケン坊のところの小柄なおばさんがたてるぴしゃぴしゃした音よりも、よっぽどやさしく響いた。

「なあ、春子。」ケン坊が言った。ケン坊に、春子、と呼びかけられると、いつもわたしのおなかのあたりは、とくんとくんとなる。温水プールの水みたいになまあたたかい何かが、おなかの中に満ちてくる。

「なに。」わたしは（　X　）答えた。ケン坊にわたしのおなかの中に満ちてくるものの存在を、決して知られたくなかった。ケン坊だけではない、母にもケン坊のおばさんにも担任の雅代先生にも親友のキョウコちゃんにも、誰にも知られたくなかった。知られたとたんに、それはわたしの体のどこかにある見えない栓からしゅうっと流れ出て、あとかたもなく消えてしまうような気がした。

「たい焼きでも食うか、それともアイスにするか。」

アイス、ときっぱり答えて、わたしはケン坊の先に立った。アイスならば、「稲や」のおぐらアイスだろう。ケン坊はゆったりとした大股で、わたしの後をついてくる。川と平行する道ぞいに「稲や」はある。町工場や文房具の問屋や小さな商店がぽつぽつと並ぶ、狭い通りである。「村山紙工」という字を横腹に書いたトラックが、わたしの目の前をぶうんと通りすぎた。このところ雨が降っていなくて、道は少しほこりっぽい。角のお稲荷さんに、緋寒桜が咲いていた。

「春子、あぶないな、もっと端を歩け。」ケン坊が言った。

「さっきは、端を歩くなって言った。」わたしが答えると、ケン坊はわたしの頭のてっぺんをてのひらではたいた。


頭たたかないでよ、ばかになるから、と言いながらわたしはケン坊の腕につかまった。そのままケン坊の腕にぶらさがるようにして、通りを歩いた。わたしはいちいちどの店の前でも立ち止まった。ケン坊もしばらくわたしにつきあって止まるが、すぐに歩きはじめる。早く来い、といいながら、わたしのセーターを引っぱる。

「ほんとに犬の散歩だな、春子と歩くのは。」ケン坊は言って、空を見上げた。見上げるケン坊の頬のあたりが、削げている。ケン坊、とわたしは呼びかけようとしたが、ケン坊のまなざしがあんまり静かすぎて、[B]呼びかけられなかった。


通りのはずれに釣り餌屋があった。「いい[注1]赤虫あります」だの「ぶどう虫分けます」だのと書いた手書きの札が窓ガラスに貼りつけてある。わたしが札を読んでいると、ケン坊は「おっ。」と声を出した。

「[注2]水かまきりがいるよ。」


店の前にたらいが置いてあって、中に肢の長い昆虫がいた。何種類かの藻が漂う水の面に、ふわりと浮いている。

「水かまきりっていうの、これ。」

「今どき珍しいなあ。」


そのままケン坊はじっと水かまきりに見入った。水かまきりは、ぜんぜん動かなかった。たらいを手で揺らしても、ただじっと浮いているばかりだ。

「死んでるのかな。」わたしが聞くと、ケン坊は「死んでるのかもな。」とゆっくり答えた。

ケン坊のまなざしが、さっき空を見上げていたときと同じように、いやに静かだ。たらいはいくつかあって、ほかのたらいには、透き通った小さなえびや小魚が何匹かずつ泳いでいる。

「ケン坊。」わたしは小さな声で言った。わたしのすぐ横でしゃがんでいるケン坊の体温が、隣のわたしに伝わってくる。ケン坊はいつも大きくてあたたかい。ケン坊は、じっと水かまきりのたらいを見つめていた。

「ケン坊、アイス食べに行こう。」わたしが言うと、ケン坊は立ち上がった。もう一度空を見上げ、少しため息をついて、歩きはじめようとした。

「あ、水かまきりが。」

わたしは声をあげた。水かまきりが、水面から水中に沈もうとしていた。長い肢を静かに動かし、尻からつき出た棒のようなものを水面にたてて、水かまきりはゆらゆらと水の中を泳ぎはじめた。

「お。」ケン坊も声をあげた。

「生きてるなあ。」

「生きてるねえ。」

ケン坊とわたしは顔を見あわせた。水かまきりはゆっくりと底まで沈み、それからふたたび水面に上がってきた。風が吹いて、たらいの水をかすかに揺らした。よし、とケン坊は小さくつぶやいた。よしよし、生きてたんだな。小さく強く、ケン坊はつぶやいた。

「春子、行くぞ。」そう言って、C<u>ケン坊はどんどん歩きはじめた</u>。わたしはケン坊のあとをあわてて追った。春の暖かな風が、ケン坊の短い髪をそよがせる。稲やの前まで、ケン坊はひといきで歩いた。

「おぐらアイス、二個ずつ食うか。」ケン坊は言って、笑った。久しぶりに聞く、ケン坊の（　Y　）大きな笑いだった。うん、二個ずつだね。なんだかわからないけれどわたしも嬉しくなって笑いながら、答えた。ケン坊は店の奥に向かって、おぐら四本ね、と大きな声で言った。風が、稲やの前に植えてあるおもとの葉を、揺らした。

（川上弘美『水かまきり』）

（注1）赤虫……「ぶどう虫」とともに、釣り餌となる昆虫。
（注2）水かまきり……前脚が長くカマキリのような姿をしている水生昆虫。

1　二重傍線部「キき腕」の「キ」と同じ漢字を含むものを、①～⑤の中から一つ選びなさい。

①　薬のコウノウ書きを読む。
②　ミョウリに尽きる。
③　根も葉もない噂をフイチョウする。
④　カブンにして存じません。
⑤　不審者をジンモンする。

2　傍線部A「人間万事塞翁が馬」の意味として最も適切なものを、①～⑤の中から一つ選びなさい。

①　人間何よりも命が大切だ。
②　着実な方法をとる方が目標に早く到達する。
③　人間の幸・不幸は変化が多くて予測できない。
④　事前に心配するよりも、実際にやってみると案外やさしい。
⑤　苦しみも、そのときが過ぎればすぐに忘れてしまう。

3　空欄Xに入る言葉として最も適切なものを、①～④の中から一つ選びなさい。

①　照れくさそうに　②　なげやりに　③　懸命に　④　ぶっきらぼうに

4　傍線部B「呼びかけられなかった」とあるが、その理由として最も適切なものを、①～⑤の中から一つ選びなさい。

①　それまでふざけていたケン坊が急に豹変してしまい、怖くなったから。

②　ケン坊が空を見上げた表情が、静かに怒りをこらえているように見えて辟易したから。

③　ケン坊の憔悴して深く思い詰めている様子に、軽々しく声をかけることが躊躇されたから。

④　いつになく大人っぽい表情のケン坊に対して、自分は幼稚で恥ずかしく思われたから。

⑤　ケン坊があまりにも真剣に雲を観察しているので、邪魔をしてはいけないと思ったから。

5　傍線部C「ケン坊はどんどん歩きはじめた」とあるが、ケン坊の心情の説明として最も適切なものを、①～⑤の中から一つ選びなさい。

①　死んだように見えた水かまきりが、ただなりをひそめていただけで生きていたことが分かり嬉しくなり、無意識のうちに身体が動いてしまうほど、挫折してから沈んでいた気持ちが軽くなっている。

②　たらいを手で揺らしても動かなかった水かまきりが、ゆっくりと動きだした様子を見て、自分も周りの人に応援してもらっていたのに動こうとしていなかったことに気づき、応援してくれる人の気持ちに応えようとしている。

③　死んでいたように見えた水かまきりが生きていたことに気付いたが、その動きはあまりにもゆっくりであったので、自分も挫折をして水かまきりと同じような状況であったが、自分は水かまきりとは違い、勢いよく元気に進んでいこうとしている。

④ たらいを手で揺らしても水底で動かなかった水かまきりが、自力でゆっくりと水面に上がってきた様子を見て、自分も夢破れてどん底の状態にいたけれど、そろそろ自力で這い上がっていかなければならないと決意している。

⑤ 死んだように見えた水かまきりが、ただなりをひそめていただけで生きていたことを知り、夢破れて以来、自分も同様になりをひそめていたが、そろそろ元気を出して動き始めてみようと自分を励ましている。

6 空欄Yに入る言葉として最も適切なものを、①～⑤の中から一つ選びなさい。

① 豪快な　② のびのびとした　③ 力強い　④ ふわっとした　⑤ 冗談めかした

7 この作品の表現上の特徴を述べたものとして最も適切なものを、①～⑤の中から一つ選びなさい。

① 会話文を敬体で表現し、それ以外を常体で表現することによって、穏やかで親しみやすい文体となっている。

② 他の物事に直接たとえる直喩が多く用いられているため、登場人物の心情や場面の状況が直感的に伝わりやすくなっている。

③ 「わたし」の視点で語られるところとケン坊の視点で語られるところがあるため、両者の心情が分かりやすい構成になっている。

④ 回想の場面を途中に挟むことで、人物の置かれている状況が後から明らかになるように構成されている。

⑤ 季節を真夏に設定することで、厳しい季節を乗り越え再生する登場人物の姿を象徴的に表現している。

(☆☆☆◎◎◎)

【三】次の文章を読んで、以下の問いに答えなさい。

光源氏三十一歳の秋、二条の東院が完成した。明石の君は東の対に入るように促されるが、ためらうばかりであった。明石の入道は大堰川(おおいがわ)のあたりにある邸を改修し、そこに母子と尼君(明石の君の母)を移り住まわせた。源氏は大堰を訪れて明石の君と再会し、三歳になる姫君とも初めて対面する。源氏は、姫君の将来のために二条院に引き取ることとした。

雪かきくらし降り積もる朝、来し方行く末のこと、残らず思ひ続けて、例はことに端近なる出でゐなどもせぬを、汀の氷など見やりて、白き衣どものなよよかなるあまた着て、ながめゐたる様体、頭つき、(注1)後ろ手など、限りなき人と聞こゆとも、かうこそはおはすらめと、人々も見る。落つる涙をかき払ひて、「Aかやうならむ日、ましていかにiおぼつかなからむ。」と、らうたげにうち嘆きて、

W　雪深み深山の道は晴れずともなほふみ通へ跡絶えずして

とのたまへば、乳母うち泣きて、

X　雪間なき古野の山をたづねても心の通ふ跡絶えめやは

と言ひ慰む。

この雪少しとけて、[I]渡り給へり。例は[II]待ち聞こゆるに、[ii]さならむとおぼゆることにより、胸うちつぶれて、[B]人やりならずおぼゆ。「わが心にこそあらめ。いなび聞こえむを、強ひてやは。あぢきな。」とおぼゆれど、軽々しきやうなりと、せめて思ひ返す。

いとうつくしげにて前に[III]ゐ給へるを見給ふに、おろかには思ひがたかりける人の宿世かなと思ほす。この春より生ほす御髪、(注2)尼のほどにて、ゆらゆらとめでたく、つらつき、まみのかをれるほどなど、言へばさらなり。よそのものに[iii]思ひやらむほどの心の闇、おしはかり給ふに、いと心苦しければ、うち返しのたまひ明かす。「何か。[C]かくくちをしき身のほどならずだに、もてなし給はば。」と聞こゆるものから、念じあへずうち泣くけはひ、あはれなり。

姫君は、何心もなく、御車に[iv]乗らむことを急ぎ給ふ。寄せたる所に、母君みづから抱きて出で給へり。片言の、声はいとうつくしうて、袖をとらへて[D]「乗り給へ。」と引くも、いみじうおぼえて、

Y　末遠き二葉の松に引き別れいつか木高きかげを見るべき

[イ]えも言ひやらず、いみじう泣けば、さりや、あな苦しとおぼして、

「Z　生ひそめし根も深ければ(注3)武隈の松に小松の千代を並べむ

のどかにを。」と、慰め給ふ。さることとは思ひしづむれど、[ロ]えなむ堪へざりける。乳母、少将とてあてやかなる人ばかり、(注4)御佩刀（みはかし）、(注5)天児（あまがつ）やうのもの取りて乗る。(注6)副車（ひとだまひ）に、よろしき若人、童など乗せて、御

送りに参らす。道すがら、とまりつる人の心苦しさを、いかに、罪や得らむとおぼす。

（紫式部『源氏物語』）

（注1）後ろ手……後ろ姿。縁近くにいる明石の君の後ろ姿を、室内から見ている女房の視点で描く。
（注2）尼のほど……尼削ぎぐらいで。「尼削ぎ」は尼のように肩のあたりで切りそろえた、女児の髪型。
（注3）武隈の松……今の宮城県岩沼市にあったという相生の松。
（注4）御佩刀……姫君の守り刀。誕生時に源氏が贈ったもの。
（注5）天児……幼児の厄除けのための人形。
（注6）副車……お供の者の乗る車。

1　傍線部Ⅰ～Ⅲに含まれる敬語が示す敬意の対象の組合せとして最も適切なものを、①～⑤の中から一つ選びなさい。

①　Ⅰ　源氏　　Ⅱ　姫君　　Ⅲ　姫君
②　Ⅰ　源氏　　Ⅱ　源氏　　Ⅲ　姫君
③　Ⅰ　明石の君　　Ⅱ　源氏　　Ⅲ　明石の君
④　Ⅰ　明石の君　　Ⅱ　姫君　　Ⅲ　源氏
⑤　Ⅰ　姫君　　Ⅱ　明石の君　　Ⅲ　源氏

2　傍線部イ・ロに含まれる副詞「え」の用法として最も適切なものを、①～⑤の中から一つ選びなさい。

①　不可能　　②　禁止　　③　反語　　④　願望　　⑤　確述

3　二重傍線部ⅰ～ⅴのうち、助動詞「らむ」を含むものを、①～⑤の中から一つ選びなさい。
①　ⅰ　②　ⅱ　③　ⅲ　④　ⅳ　⑤　ⅴ

4　傍線部A「かやうならむ日」とはどのような日か。最も適切なものを、①～⑤の中から一つ選びなさい。
①　源氏がお越しになる日。
②　我が子と別れる日。
③　二条院を訪ねる日。
④　歌を詠みかわす日。
⑤　雪が降り積もる日。

5　傍線部B「人やりならず」から読み取れる、明石の君の心情として最も適切なものを、①～⑤の中から一つ選びなさい。
①　安心　②　嫉妬　③　嫌悪　④　自責　⑤　期待

6　傍線部C「かくくちをしき身のほどならずだに、もてなし給はば。」の解釈として最も適切なものを、①～⑤の中から一つ選びなさい。
①　せめて今の姫君のように不本意な身の上となってしまう前に、私を寵愛してくださるならよかったのに。
②　あなた様のようにつまらない身の上でないお方でさえ、儀式を執り行っていらっしゃいますならご安泰でしょう。
③　せめて私のようにとるに足りない身分でないように、姫君をお扱いくださいますならうれしゅうございます。

④　せめて世の人々のような低い身分ではないように、私たち母子を大切になさってくださるなら申し上げることはありません。
⑤　我が明石の入道家のような落ちぶれたとまでは言えない家柄でさえ、源氏の君を饗応し申し上げるのだから考え直してくださらないだろうか。

7　傍線部D「乗り給へ。」の説明として最も適切なものを、①～⑤の中から一つ選びなさい。
①　源氏が、姫君を抱いて離れようとしない明石の君から強引に姫君の着物の袖を引き放ち、急いで車に乗せようとしている。
②　源氏が、明石の君が姫君を抱いて出てきたのを好機とみて、姫君だけでなく明石の君も二条院に連れ帰ろうとしている。
③　明石の君が、源氏のもとで養育されるほうが姫君のためと無理に納得し、車にお乗りなさいと姫君をあえて冷たく突き放している。
④　姫君が、自分一人が源氏に引き取られる事情も理解できず、一緒に車に乗ろうと無邪気に母の袖を引いている。
⑤　乳母が、別れの歌も最後まで詠みかねて泣く明石の君を慰めては、それでも源氏をお待たせ申し上げることもできないと、姫君に乗車を促している。

8　本文に出てくるW～Zの和歌の説明として最も適切なものを、①～④の中から一つ選びなさい。
①　Wの「雪深み」は、形容詞の語幹に接尾語「み」を接続して原因・理由を表す語法である。「ふみ」は、「踏み」と「文」の掛詞で、明石の君は、雪道を踏み分けて大堰邸から二条院まで便りを届けて欲しいと願っている。

② Xの「吉野の山」は古来より雪深い地として和歌に詠まれた歌枕である。便りを届けて欲しいと願うWの歌を受けて、雪のやむ間がないので、心の通う跡は途絶える(便りを届けることはできない)でしょうと乳母は暗い将来を案じて泣いている。

③ Yの「末遠き二葉の松」は、この先の親子の関係が疎遠になることを暗示している。成長した姫君を「木高きかげ」にたとえて、いつ我が子に会うことができるのだろうかと、明石の君は娘の姿をもう見ることが望めないと嘆いている。

④ Zの「武隈の松」は二本の松に源氏と明石の君をなぞらえた表現。「小松」は二人の間に生まれた姫君のこと。「根も深ければ」(明石の君との宿縁が深いので)、姫君と三人で千代に末永く暮らそうと、源氏は明石の君を慰めている。

(☆☆☆☆◎◎◎)

【四】次の漢文を読んで、以下の問いに答えなさい。

周(注1)処年少キ時、凶(注2)彊侠(注3)気ニシテ、A為郷里所患。又義(注4)興ノ水中ニ有リレ蛟(注5)(みづち)、山中ニ有リ二邅(注6)(てん)跡(せきノ)虎一。並ビニ皆暴二犯スヲ百姓一。義興ノ人謂ヒテ為シ二三B横ト一、而シテ

処尤劇。或説処殺虎斬蛟。実冀三横唯余其一。処即刺殺虎、又入水撃蛟。蛟或浮或没、行数十里、処与之倶、経三日三夜。郷里皆謂已死、更相慶。竟殺蛟而出、聞里人相慶、始知為人情所患、C有自改意。乃入呉尋二陸(注7)。平原不在、正見清河、i具以情告、并云、「欲自修改、而年已蹉跎(注8)、終無所成。」清河曰、

「古人貴ブ二朝ニ聞キテ夕ニ死スルヲ一。況ンヤ君ノ前途尚ホ可ヲヤ。且ツ人ハ患フ二志之不ルヲレ立タ、亦何ゾ憂ヘン二令名ノ不ルヲレ彰レ邪ト。」処遂ニ自ラ改励シ、終ニ為ル二忠臣孝子一ト。

（D：朝聞夕死）

（『世説新語』）

（注1）周処…西晋の政治家。字は子隠。
（注2）凶彊…人を殺傷することも厭わない手荒さ。
（注3）侠気……ここは、自分の生死も気にかけず、世にたてつく性格の意。
（注4）義興……地名。現在の江蘇省宜興市。
（注5）蛟………竜の一種で、蛇に似て四足を具えたものとも、角のない竜とも言う。
（注6）邅跡……あちこちに出没する。
（注7）二陸……陸機と陸雲の兄弟のこと。兄・陸機は「陸平原」と呼ばれ、弟・陸雲は「陸清河」と呼ばれる。両者ともに、西晋を代表する教養人。
（注8）蹉跎……時機を失う。

1　傍線部A「為郷里所患」の解釈として最も適切なものを、①～⑤の中から一つ選びなさい。
①　周処は、郷里の人々に悩まされている。
②　周処は、郷里の人々のために心配をしている。
③　周処は、郷里の人々の悩みぐさとなって憎まれている。
④　周処は、郷里の人々を病に冒された人々だと思っている。
⑤　周処は、郷里の人々のせいでこのような性格になってしまった。

2　傍線部B「横」の意味とは異なる意味で使われている「横」の字を含む熟語として最も適切なものを、①～⑤の中から一つ選びなさい。
①　横暴　②　横行　③　横臥　④　専横　⑤　横柄

3　二重傍線部ⅰ「具」について、本文中での意味として最も適切なものを、①～⑤の中から一つ選びなさい。
①　かわるがわる
②　備えて
③　互いに
④　とうとう
⑤　詳しく

4　傍線部C「有自改意」のようになった理由として最も適切なものを、①～⑤の中から一つ選びなさい。
①　自分が死んだと思って郷里の人々が喜び合っているのを聞き、自分が人々に嫌われていることを知ったから。
②　虎と蛟が死んだと思って郷里の人々が喜び合っているのを聞き、退治した自分の評価が上がったこと

を知ったから。

③ 虎と蛟が死んだと思って郷里の人々が喜び合っているのを聞き、自分が変わらなければ功績をあげても評価してもらえないと思ったから。

④ 自分が死んだと思って郷里の人々が喜び合っているのを聞き、本当の自分の人柄を皆に知ってもらいたいと思ったから。

⑤ 三横が全て死んだと思って郷里の人々が喜び合っているのを聞き、自分が無事でいることを知らせたいと思ったから。

5 傍線部D「朝聞夕死」は、「朝に道を聞かば、夕に死すとも可なり」という表現を踏まえたものである。この表現が記載されている書物の名として最も適切なものを、①~④の中から一つ選びなさい。

① 『論語』　② 『孟子』　③ 『老子』　④ 『韓非子』

6 清河の周処に対する助言の内容として最も適切なものを、①~⑤の中から一つ選びなさい。

① 昔から人は生きるべき正しい道を学ぶことを何よりも重んじていたが、あなたの人生はまだ前途が長いのだから、もっと広い視野を持つべきだということ。

② あなたが自己の行いを改めようとするならば年齢は関係なく、また、世に名声が立たないことを嘆く必要もないということ。

③ 古人は高い理想を掲げていても長く生きることはできなかったが、あなたは前途があるのだから理想を実現することができるはずだということ。

④ あなたが古人の教えを守り生きるべき正しい道を極めたならば、その名声はきっと心配しなくても世間に知れ渡るだろうということ。

⑤　あなたが自分の今までの行いのために立身出世できないことを心配しているならば、当面の世間の評価は気にする必要はないということ。

（☆☆☆◎◎◎）

解答・解説

【中高共通】

【一】1　②　2　③　3　①　4　①　5　⑤　6　④　7　a　④　b　⑥　c　②　d　①

〈解説〉1　Xは、「結託」。①開拓、②御託、③忖度、④銅鐸、⑤屈託。Yは、「傘下」。①桟橋、②傘寿、③落下傘、④賛否、⑤研鑽。Zは、「遭遇」。①一隅、②処遇、③偶発、④境遇、⑤寓話。　2　「パノプティコン」については、(注1)で、「刑務所などの施設の設計図」とあり第二段落で説明されている。ドーナツ状の独房とその真ん中に監視塔があり、円周のすべての独房を監視することのできる「一望監視」の監獄である。
3　Ⅰの前の文は、電脳空間での「私の意思といったこととは別な〈私〉」(身体による私の疎外)の時代の到来が述べられている。後の文は、これを受けて自分の未来像を推測している。Ⅱの前の文は、身体との対話・復活を行って行く必要性を述べており、後の文は、逆の内容になっている。Ⅲの前の文は、デジタル世界での

「私」(電脳記録を集大成したその蓄積としての私)を述べており、後の文は、累加的内容である。 4 「第二の看守」とは、囚人を監視する第一の看守に対するもので、囚人たちは、看守から自分がいつ監視されているか知ることができないために、つねに監視されている意識が植えつけられ、監視されていなくても、自分で自分のことを監視する状態に置かれることをいう。 5 デカルトの心身二元論は、真理の第一原理としての「自己」を見いだし、そこから「思惟する精神」と「延長ある物体」を相互に独立した実体と考える理論である。筆者は、心(精神)を重視し、身体をないがしろにする心身二元論を超えて、失われた身体と私との調和が図られなければならない、と述べている。 6 「デジタルの眼を通して見られた私」とは、クレジットカードやATM使用、街中の監視カメラなどのデジタル・テクノロジーによって〈私〉のあらゆる行動が電脳空間に記憶・蓄積されてデジタルの眼と合体した私である。自分の主体的な思考や意思とは別のこの〈私〉について、筆者は「デジタルの眼と合体した私の身体は、私を結果的に疎外していくという構造になっているのである。」と述べている。 7 「一人称を三人称に還元」の「一人称」とは、文中の〈意識する私〉等の私の「思惟する精神」、三人称とは、「科学テクノロジー」を指す。脳科学は多様なテクノロジーで、「脳反応」により脳の状態を見ることで人間の意識を測り、第三者的(客観的)にその精神の内面を簡単に探る方向に進んでいる。つまり、精神的なものを物的に解明することが現実になろうとしている、というのである。

【二】 1 ② 2 ③ 3 ④ 4 ③ 5 ⑤ 6 ④ 7 ④

〈解説〉1 二重傍線部は「利き腕」。①効能、②冥利、③吹聴、④寡聞、⑤尋問。 2 「人間万事塞翁が馬」は、故事成語で、「淮南子・人間訓」の寓話に基づく。「人間の幸不幸、人の世の禍福は定めがたい」たとえ。「禍福は糾(あざな)える縄のごとし」の慣用句がある。 3 春子もケン坊も友だち関係にあるが、春子はケン坊に特別な意識があり、それを知られたくないために、わざと愛想のない返事をする。 4 空を見上げたケン坊の頬のあたりの、げっそりとした削げ方に、春子は、ケン坊が野球界から離脱したことによる苦悩に憔悴しきっていることを感じ、気軽に声をかけることができなかったのである。5　死んでいるように見えた水かまきりが生きていたことへのケン坊の気づきは、自分の生き方にも共鳴し、挫折から復帰への心境の変化が生じている。6　水かまきりに生きる力を授けてもらったケン坊の、自分の未来を見据えた心安らぐ笑いである。7　①「会話文を敬体で表現し」、②「他の物事に直接たとえる直喩が多く用いられているため」、③「ケン坊の視点で語られるところがあるため」、⑤は全文の内容がそれぞれ不適切。

【三】1　②　2　①　3　⑤　4　⑤　5　④　6　③　7　④　8　④

〈解説〉1　Ⅰは「渡り給へり」の「給へ」は、尊敬の補助動詞「給ふ」（ハ行四段活用）の已然形。作者から源氏への敬意。Ⅱの「待ち聞こゆる」の「聞こゆる」は、謙譲の補助動詞「聞こゆ」（ヤ行下二段活用）の連体形で、作者から源氏への敬意。Ⅲは、Ⅰと同じく「給ふ」の已然形で、作者から姫君への敬意。2　傍線部イ・ロの「え」は、下に打消の語を伴って不可能の意を表す。3　i「おぼつかなから＋む」、ii「さなら＋む」、iii「思ひやら＋む」、iv「乗ら＋む」、v「得＋らむ」。4「かやうならむ日」とは、「このような日」と訳す。そのあとの「ましていかにおぼつかならむ」（今まで以上にどんなに不安なことでしょう）という女君の心情を表した和歌から判別する。5「人やりならず」とは、「他人に強制されるのではなく、自分の心からすること」をいう。「胸うちつぶれて」（悲しみに沈む様子）を踏まえて女君の心情として適切な語を選ぶ。6「くちをしき身のほどならず」とは、「（私のように）取るに足らない身分のほどでなく」の意。「もてなし給はば」の「もてなし」は、「もてなす」（サ行四段活用）の連用形で「待遇する」の意。「給はば」は、尊敬の補助動詞「給ふ」（ハ行四段活用）の未然形。「ば」は、仮定条件の接続助詞。「（姫君を）待遇してくださいますならば」と訳す。下文に「うれしかるべし」が省略された形。7「乗り給へ」は、姫君が母親の明石の君の袖をとらえての言葉である。その前の文に「母君みずから抱きて出で給へり」とある。また、姫君のこの仕草に明石の君は「いみじうおぼえて」(悲しく思えて)「末遠き二葉の松〜」と姫君(二葉の松)との別れを詠んでいる。 8 ①は「大堰邸から二条院」は逆。②は、和歌の「心の通ふ跡絶えめやは」の「やは」は、反語の係助詞。「心を通わせる跡が絶えることがありましょうか。そんなはずはありません」と訳す。選択肢の後半の記述は誤り。③は、成長した姫君の姿を見ることができるか不安はあっても、絶望ではない。④は、和歌の「武隈の松」は、「相生」(あいおい)の松といわれ、同じ根から木が二本に分かれて成長すること。また同じ種類の二本の木が途中から一緒に成長することをいう。源氏と明石の君の二人を指す。私たち二人と「小松」の姫君と三人で末永く一緒に住むことになるでしょう、という源氏の明石の君への温かな慰めの歌である。

【四】 1 ③ 2 ③ 3 ⑤ 4 ① 5 ① 6 ②

〈解説〉 1 「為郷里所患」は「郷里の患う所となる」と書き下す。「患」(わずらう)は、「思い悩む」こと。郷里の人々の悩みの種をいう。 2 「横」(オウ)は、ア「邪悪。かって気まま。」。イ「横たわる」の意がある。③のみイの意。 3 「具」は、「つぶさに」と読む。 4 「有自改意」は、「自ら改むるの意有り」と書き下す。「改意」は、「改心」と同義。傍線部Cの前の「郷里皆謂已死、更相慶〜聞里人相慶、始知為人情所患」から適切な理由を選ぶ。 5 「朝聞夕死」は、「論語・里仁」の「朝聞道、夕死可矣」(朝に道を聞かば、夕べに死すとも可なり)による。「人生の目的は、道を修めてそれを実践することにある。したがって朝、道を聞くことができたら、仮にその夕方に死んでも、満足すべきであろう。」ということを述べている。 6 清河は、周処に孔子の言葉を述べたあと、「況君前途尚可」と周処の前途は洋々であり、「人患志之不立、亦何憂令名不彰邪」と述べ、立身出世して名声があがらないことなど嘆く必要はないことをアドバイスしている。

二〇二二年度　実施問題

【中高共通】

表記について
問題文中に、「障害」という言葉が単語あるいは熟語として用いられ、前後の文脈から人や人の状況を表す場合に「障がい」という表記を使用しています。
ただし、法令や固有名称、引用文については、そのまま表記しています。

【一】次の文章を読んで、以下の問いに答えなさい。

人が哲学に焦がれるのは、今の自分の道具立てでは自分が今直面している問題がうまく解けない時である。何かこれまでとは違う問い方をしなければ、それももっとAホウカツ的な問いの中に座を移さないと、らちが明かないと感じる時である。そのために、哲学の書き物を手引きに、(注1)レーヴィットも言うように「全てのものを取って押さえて質問し、懐疑し、探究」しようとする。けれどもこのような思考には、言ってみれば大きな肺活量が要る。自分にとってあたりまえのことに疑いを向け、他者の意見によって自らのそれを揉みながら、ああでもない、こうでもないと、あくまで論理的に問いを問い続けるそのプロセスを歩み抜くには、ちょうど無呼吸のまま潜水をし続ける時のような肺活量が要るのである。あるいは、思考のためと言ってもいい。

（ ア ）

というのも、個人生活にあっても社会生活にあっても、だいじなことほどすぐには答えが出ないからである。いや（ X ）答えの出ないことだってある。だから、人生の、あるいは社会の複雑な現実を前にして私たちが紡ぐべき思考というのは、分からないけれどもこれはだいじということを見いだし、そしてそのことに、分からないまま正確に対処することだと言ってもいい。（ イ ）このことを、三つの全く異なる場面を例に取って考えてみたい。

まず、政治的な思考について。政治的な判断は極めて流動的で不確定な状況の中で成される。外交政策であれば、それぞれの思わくを測り、いくつかの可能性を想定して、それぞれに手を打つ。しかし、そうした対処自体が関係国の思わくを刺激し、事態はいっそう複雑になってくる。国内政策であれば、（ Y ）不可欠の政策AとBがあるとして―例えば景気刺激と構造改革という、相反する政策―、いずれを先にするかでAとBのそれぞれの政策としての有効性は大きく変じる。政策が置かれる状況自体が大きく変化してしまうからである。だからAに先に手を付けるのか、Bを先に実行するのか、それを手遅れになることなく決定しなければならない。けれどもいずれが有効か、誰も見通せているわけではない。見通せないけれども決断しなければならないのだ。（ Z ）、結果が分からないまま、分からないことに正確に対応するということ、それが政治的思考には求められる。政治的な思考とは、政略的な駆け引きである以前に、まずは最善の工夫であり、最悪の回避であり、優先度の決定(価値の優先／後置の判断)なのであって、人はそこで、最終的な「正解」が見えないままに、しかも最上の「確かさ」を求めて考え続けなければならないのだ。（ ウ ）

次に、甲の思考である。病院で、ある患者が非常に深刻な病に陥った時、そしてどういう治療と看護の方針を採るかという時に、考えは立場によって大きく異なる。医師の立場、看護師の立場、病院のスタッフの立場、患者の家族の立場、そして何より患者本人の思いと、さまざまな思いや考えが錯綜する。そのうち誰かの意見を採れば、別の誰かが納得しない。つまりここには正解はない。正解がないままスタッフたちは、猶予もなしに治療と看護の方針を決めなければならない。

最後に、Bアートにおける思考。例えば、制作中の画家には、自分が表現しようと思っているものが実は何かよく分からない。描きたい、表現したいという衝迫だけは明確にあるが、描きたいそれが何であるかは自分でもつかめていない。けれども、ここはこの色でなくてはならない、そこはこういう線でなければならないという必然性は紛れもなくある。だから、描きかけの画面の中のある色を別の色に置き換えたら全体をそっくり描き直さないといけないことになってしまう。そしてこれしかありえないという必然性を追う中で絵はやっと描き終わる。しかしその画業の意味を問われても答えようがない。画家の(注2)元永定正は自分の作品について「これは何ですか？」と問われるといつも、「これはこれです。」と答えるのだと言う。そういう意味では、曖昧なものを曖昧なままに正確に表現する、一か所もゆるがせにしないで、正確に、これしかないという表現へともたらすこと、これが画家の力量である。

このように、政治、［甲］、描画のいずれにおいても最もだいじなことは、分からないもの、正解がないものに、分からないまま、正解がないまま、いかに正確に処するかということである。そういう頭の使い方をしなければならないのが私たちのリアルな社会であるのに、多くの人はそれとは反対方向に殺到する。分かりやすい言葉、分かりやすい説明を求めるのだ。（エ）だが本当にだいじなことは、困難な問題に直面した時に、すぐに結論を出さないで、C問題が自分の中で立体的に見えてくるまでいわば潜水し続けるということである。知性に肺活量を付けるというのはそういうことである。目の前にある二者択一、あるいは二項対立にさらされ続けること、対立を前にして考え込み、考えに考えてやがてその外へ出ること、それが思考の原型なのに、そうした対立をあらかじめ削除しておく、ならしておくというのが、現代、人々の思考の趨勢であるように思えてしかたがない。哲学はこういう趨勢にあらがって、知性のそういう肺活量を鍛えるものである。

人は、思いどおりにならないもの、理由が分からないものに取り囲まれて、いらだちや焦り、不満や違和感で息が詰まりそうになると、その鬱ぎを突破するために、自分が置かれている状況を分かりやすい論理にくるんでしまおうとする。その論理に立て籠もろうとする。分からないものを分からないまま放置していることに耐えられないからだ。だから、分かりやすい物語にすぐに飛び付く。（ オ ）

だが、本当にだいじなことは、ある事態に直面して、これは絶対手放してはならないものなのか、なくてもよいものなのか、あるいは絶対にあってはいけないものなのか、そういうことをきちっと見極めるような視力である。そのためには、例えば目下の自分の関心とはさしあたって接点のないような思考や表現にも触れることがだいじだ。自分のこれまでの関心にはなかった別の補助線を立てることで、より客観的なD価値の遠近法を自分の中に組み込むことがだいじなのである。

（鷲田清一『哲学の使い方』）

（注1） レーヴィット …ドイツの哲学者。
（注2） 元永定正 …洋画家、絵本作家。

1 傍線部Aを漢字で書いたとき、共通する漢字を用いる熟語の組み合わせとして最も適切なものを、①～⑤の中から一つ選びなさい。

① 引越しの荷物を梱ポウする。 ／ カッ弧の中から答えを選ぶ。
② 職員にホウ給を支払う。 ／ 彼はカッ殺自在の権力を持っている。

③　巨匠の表現を模ホウする。／学校は文部科学省が管カツしている。
④　民衆が一斉にホウ起する。／委員会の取り組みを総カツする。
⑤　危険を内ホウしている。／「それは正しくない！」とカッ破された。

2　空欄（　X　）～（　Z　）に入る語句の組み合わせとして最も適切なものを、①～⑤の中から一つ選びなさい。
①　X　あくまで　Y　さしあたって　Z　そもそも
②　X　さしあたって　Y　つまり　Z　そもそも
③　X　そもそも　Y　さしあたって　Z　つまり
④　X　あくまで　Y　そもそも　Z　つまり
⑤　X　つまり　Y　あくまで　Z　さしあたって

3　次の一文は、本文より抜粋したものである。挿入するのに最も適切な場所を、本文中の（　ア　）～（　オ　）の中から一つ選びなさい。
＊　更にそれは、すぐには分からないことに分からないまま付き合う思考の体力と言い換えてもいいし、すぐには解消されない葛藤の前でその葛藤にさらされ続ける耐性と言ってもいい。
①　ア　②　イ　③　ウ　④　エ　⑤　オ

4　空欄[甲]に入る語句として最も適切なものを、①～⑤の中から一つ選びなさい。
①　経済　②　教育　③　文化　④　ケア　⑤　テクノロジー

5　傍線部B「アートにおける思考」とあるが、ここでの例が本文に果たしている役割として最も適切なものを、①～⑤の中から一つ選びなさい。

① 自明のものを懐疑し問い続ける態度は、政治家や医療従事者よりもむしろ芸術的インスピレーションに突き動かされた画家の創作姿勢と親和性が高いものであることを理解させる役割。
② がむしゃらな暗中模索ではなく、答えのないまま問い続けるというプロセスを経て、一つ一つの選択に他のものでは代替できない必然性が宿っていることを理解させる役割。
③ すぐに答えが出ない事柄に正確に対処しようとする営みは、作品の完成イメージを正確に再現し、他の配色の可能性を排除した、論理性が底流する創作過程であることを理解させる役割。
④ 答えは分からないけれども「だいじ」な事柄に、分からないなりに正確に対処するためには、曖昧なものを逐一言語化し説明するプロセスが不可欠であることを理解させる役割。
⑤ 画家本人と作品を鑑賞する人それぞれの立場に、作品に対するさまざまな考えがあり、時間的猶予のない中で作品を評価するには、双方が納得いく正解はないことを理解させる役割。

6 傍線部C「問題が自分の中で立体的に見えてくる」とあるが、ここでの意味として最も適切なものを、①～⑤の中から一つ選びなさい。

① 困難な問題と別の問題を比較検討することで、相乗効果に期待するということ。
② 困難な問題の解決をあえて放棄して、自分以外が問題意識を持つよう仕向けるということ。
③ 困難な問題を客観的な視点から検討して、取り急ぎ当座の対処法を見つけようとすること。
④ 困難な問題の持つある一面に着目して、解決の突破口にするということ。
⑤ 困難な問題を多角的に検討して、さまざまな側面を浮かび上がらせるということ。

7 傍線部D「価値の遠近法」とあるが、ここでの意味として最も適切なものを、①～⑤の中から一つ選びなさい。

① 二者択一、二項対立に先回りして、あらかじめ地ならしをしておくために必要な肺活量。
② 思いどおりにならないもの、理由が分からないものを、分かりやすい物語に昇華する感性。
③ 手放してはならないもの、なくてもよいもの、あってはいけないものを見極める力。
④ 自分のこれまでの関心とは接点がない思考や表現に触れるための時間。
⑤ いらだち、焦り、不満などの負の感情の中に、肯定的側面を見出そうとする積極性。

（☆☆☆◎◎◎）

【二】次の文章を読んで、以下の問いに答えなさい。（一部表記を改めたところがある。）

主人公である「彼」は地方の町の消防士であり、つい先日、共に活動していた町の消防団の小頭をしていた彌太(やた)さんを火事場の事故で亡くしてしまった。それ以来、何を見ても聞いても、身近な人のあまりにもあっけない死が頭から離れず、胸の底が抜け落ちたようにただ呆然とする日々を過ごしている。

背後で、柱時計のゼンマイがぶるんと身震いするのが聞こえた。振り向いてみなくても、今八時五分前だと彼にはわかった。この古時計はゼンマイの腰が弱ってきたせいか、ちょっと巻くのを怠っていると、決まって時を打つ五分前ごとに、ほどけたゼンマイが催促でもするように音を立てて身震いする。

友さんが来る前に巻いといてやろう。そう思って立ち上がろうとしたとき、街道に面した車庫のほうから、何か言う女の声が聞こえたような気がした。屯所の戸締まりといっても、消防自動車を出し入れする正面の大扉を閉めておくぐらいのもので、脇のくぐり戸は年中開いているから、入ろうと思えば誰でも入ってこられるが、こんな朝っぱらから屯所へ女が来るのは珍しいことだ。それで、近所の火事でも知らせに来たのかと思ったが、それならそう叫んで奥まで駆け込んでくるはずである。彼は、片膝を立てたままじっとしていたが、それきり、声も足音も聞こえなかった。

　街道から、朝市の女の呼び声が紛れ込んできたのだ。彼はそう思って、柱時計のほうへ立っていったが、爪先立ってゼンマイを巻こうとしていると、今度ははっきり屯所の中だとわかる声で、「ごめんください。」と言うのが聞こえた。振り返ってみると、土間の向こうの車庫との境のガラス戸がいつの間にか細目に開いていて、そこに黄色いカーディガンを着た小柄な女の人が立っていた。彼は、「……はい。」と間の抜けた返事をして、時計の文字盤にゼンマイ巻きを差し込んだまま上がりかまちのほうへ出ていった。

　女の人は、土間へ入ってきて、朝もこんな早い時間に突然訪ねてきた詫びを言ってから、

「実は、お願いがあってうかがったんですけど、ちょっとお邪魔させていただいてよろしいでしょうか。」

ともの柔らかな口調で言った。

　彼はちょっと面食らったが、とりあえず、「どうぞ。」と言っておいて、宿直室から通勤着の黒いナイロンジャンパーを取ってきた。それを丸首シャツの上に着ながら、早く友さんが来ればいいと思った。

　女の人は、手ぶらで、スキーズボンのような細身のスラックスに粗末なビニールのサンダルを履いていた。近所の家の勝手口から小走りにやってきたという格好に見えたが、彼は、その人の色白で頬の引き締まったこぎれいな顔には、見覚えがなかった。町内の人でないとすると、朝市の女の一人だろうか。

　こんな客はどう扱ったものか彼にはわからなかったが、立ち話では済みそうもないので、一年中出しっぱなしのストーブのそばの椅子をすすめた。女の人は礼を言ったが、すぐには腰を下ろさずに、

「やっぱり、こちらだったんですねえ。私のカンが当たってたんだわ。」

と言って裏の出窓のほうへ目をやった。

彼には、何のことかわからなかった。出窓の外の狭苦しい裏庭には、はしごのついた高さ十五メートルの鉄塔の根元の部分と軍鶏（シャモ）の小屋が見えるだけで、いつもと何の変わりもなかった。おかしな客だと思っていると、

「ずいぶんいろんな声が聞こえますね。みんなこちらで飼ってらっしゃるんですか。」

と女の人は言った。それで、小鳥のことを言っているのだと初めてわかった。

「六種類ばかり……。」と彼はうなずいて言った。「やまがら。ひがら。しじゅうから。おおるり。さんこうちょう。それに、べにましこです。」

女の人は、小鳥のことはあんまり知らないと言った。

「じゃ、あれはなんという鳥かしら。」

「あれっていうと……。」

「ほら、今高く鳴いたでしょう。あの鳥です、きれいな声の。」

裏の物置の軒下からは六種類の声が入り乱れて聞こえてくるが、きれいな声で高く鳴く鳥ということになれば、

「おおるりのことかな。」

「おおるりですか。名前はわからなくても、声だけはよく知ってるんです。毎朝、耳を澄まして聞いてますから。……ほら、また鳴いてます。」

女の人はそう言って、ぴっ、ぴっ、ぎち、ぎち、と鳴き声をまねてみせるので、

「やっぱり、おおるりだね。」

と彼は言った。すると、おおるりも野鳥の一種だろうかと女の人は言った。

「そうですね。山にいる鳥ですから。」

「どうりで、珍しい鳥だと思ってました。でも、それが毎朝いい声で鳴くもんですから、初めのうちは不思議でしてね。いったいどんな鳥なのかと思って窓から探したりしたんですけど、いっこうに姿が見えません。そのうちに、そのいい声がいつも同じ方向から聞こえてくることに気がついて、これはどこかに飼われてるんだとわかったんです。」

それ以来、暇を見つけては鳴き声を頼りに、あちこち探し歩いていたが、今朝、朝市へ買い物に来て、ついでに寄った商店の主人に何気なく小鳥のことを話してみると、簡単にわかった。うれしくなって、買い物袋をそこへ預けて、駆けてきた。

女の人は笑いながらそんなことを話したが、彼は聞いているうちに、ふと、その人の執念深さに不安を覚えた。このあたりには、まだ小鳥を金魚と同じように平気で飼育する習慣が残っていて、屯所の小鳥も、溜まり場の常連たちが共同で飼っているのだが、厳しいことを言えば、(注1)今は野鳥をみだりに捕ったり飼ったりしてはいけないことになっている。いつか溜まり場の雑談にも、近ごろ都会のほうでは野鳥を愛護する会の活動がめざましくて、会員たちは、野鳥の声を頼りに飼い主を突き止めては片っ端から摘発しているそうだと、そんな話が出たことがある。それを思い出して、A<u>彼はなにか薄気味悪くなったのだ</u>。

けれども、話の先を聞いてみると、その人はそんな会の会員ではなくて、屯所の裏手にそびえ立っている市民病院の付き添い婦だということがわかった。初めはただ市民病院にいるというから、あまりさえない顔色から推して入院患者が抜け出してきたのかと思ったが、

「いいえ。」とその人は笑って、「こう見えても私は病人の世話をするほうです。付き添いです。」

それで、まだ三十前なのに髪を無造作に後ろへ束ねて、薄化粧もしていない訳がわかった。

五階建ての病院の、三階から上が入院患者の病室だが、毎朝、どこかの窓の下のほうから澄んだ小鳥の鳴き声

が聞こえてくる。入院患者たちはそれを何よりの楽しみにしていて、朝の小鳥がよく鳴いてくれると一日気分がいいと言っている。ただ、欲を言えば、その鳴き声をもう少し近い所で、しみじみと聞きたい。もっと高く鳴かせてもらえないだろうかと、寝たきりの病人たちはそう言っている。それで、その付き添い婦の人はみんなの願いをかなえてやりたくて、朝の小鳥の飼い主を執念深く探し歩いていたのである。

そんな話を聞いて、B<u>彼はちょっと悪くない気がした</u>。そんなことなら、籠ごと貸してやってもいいと思ったが、あいにく、病院で生き物を飼ってはいけないことになっているという。それでは餌に仕掛けをするほかはない。餌に仕掛けをして、鳥籠をできるだけ高い所に置くことだ。

このあたりでは、小鳥はたいがい、干した鮒の粉末と、玄米の粉と黄粉を混ぜ合わせたのに、はこべを入れた擂り餌で飼うが、これにゆで卵の黄身か蜂蜜を少し加えると、声にめっきり艶が出てくる。餌にそんな仕掛けをしておいて、鳥籠は、裏の鉄塔の上に上げることにすればいい。毎朝、鳥籠を持って垂直なはしごを昇り降りするのでは大変だが、上に滑車をつければなんでもない。ぬれたホースを乾かすための鉄塔だから、てっぺんに丸く手すりのようなものがついている。そこに滑車を取りつければいい。ただし、雨降りと風吹きの朝は勘弁してもらいたい。(注2)もずがしきりに鳴く朝も大事をとらせてもらいたい。……

彼は、自分がいつになくおしゃべりになっているのに気がついた。

「ついでに、おおるりの姿を見ていったらどうです。」

などと言って、付き添い婦の人を物置の軒下へ連れていったりした。付き添い婦の人は、雀と同じぐらいのおおるりを、想像していたよりはるかに小さいと言って驚いていた。こんな小さな体から、よくもあんなに高くてきれいな声が出るものですね、そう言ってから、深い瑠璃色の羽毛に見とれて、動かなくなった。

「どうです、ちょっと飼ってみたくなるでしょう。」

彼がそう言うと、付き添い婦の人は何も言わずに、こっくりした。

「こっそり飼う気があるなら、俺が山から捕ってきてあげてもいい。」

付き添い婦の人は、びっくりしたように彼の顔を仰いだが、彼がこぶしで目やにをぬぐいながら、

「ただし、来年の春ですよ。」

と言うと、その人の頬が急に緩んで、五つ六つも老けた顔になった。そのままぼんやりしているので、

「C なに、ひと冬の辛抱ですよ。」

と彼は言った。すると、その人も、

「D ほんと。ひと冬の辛抱ね。」

と言って、顔を力ませるようにして、やっと笑った。

彼は、その日のうちに裏の鉄塔へ滑車を仕掛けて、翌朝からおおるりの鳥籠を塔のてっぺんまで上げる約束を実行した。何かにつけて彌太さんのことばかり思い出したりすることもなくなった。

何日目かの宿直明けに、試しに自分もはしごを昇っていって、塔の上から市民病院を眺めてみた。すると、まだ眠っている病院の、重症患者の病室ばかりだと話に聞いている五階の窓に、ぽつんと一つ、白い人影が見えた。けれども、それがあの付き添い婦の人なのかどうかはわからなかった。だいいち、男か女かわからなかった。半身を包んでいる白い物も、それが割烹着なのか白衣なのか、それとも病人の寝巻なのかわからなかった。彼は、E ちょっと手を振ってみたくなる自分を抑えて、そのままはしごを降りてきた。

ひと月ほどたった。

ある朝、彼が屯所へ出勤していくと、宿直明けの友さんが黙って彼の胸元へ菓子折りを突き出した。友さん

のおごりにしては豪勢すぎる菓子折りだから、

「……どうしたんです。」

ときくと、

「きのう、おおるりの奥さんが来てね。これを君にと言って置いてった。」

と友さんが言った。

「おおるりの奥さんだって。付き添い婦の人ね。」

彼が笑って訂正すると、

「奥さんだよ、入院していた主人が亡くなったと言ってたから。」と友さんは言った。「旦那さんはまだ三十過ぎたばかりで、癌にやられたんだって、気の毒に。冬まで持てばと言われてたそうだが、やっぱりいけなかったって。君におおるりの礼を言ってたよ。毎朝とてもよく聞こえたそうだ。」

彼は、黙って裏庭へ出た。おおるりは相変わらず空にこだまを呼ぶような声で鳴いていた。彼はその声に誘われて、思わず物置の軒下へ歩きかけたが、途中で、そうか、もう籠を鉄塔へ上げることもないわけだと気がついて、引き返した。日課が一つ減ったと思えばいい。彼は自分にそう言い聞かせた。

溜まり場へ戻ると、友さんがお茶をいれる支度をしていた。

「せっかくだから、いただけよ。」

と友さんは言った。けれども、彼は菓子を見る気にもなれなかった。

「俺、甘いものは、どうもね。友さん、勝手にどうぞ。俺は白湯があればいいから。」

「へっ、いっぱしの酒飲みみたいなこと言ってるよ。」

友さんは、そっぽを向いて笑いながら、菓子折りを自分のほうへ引き寄せた。

彼は、自分で湯のみに白湯を注ぐと、おおるりがあんなに鳴いているのに——というつぶやきを喉の奥へ押し戻すようにしながら、少しずつ飲んだ。

（三浦哲郎『おおるり』）

（注1）今、日本に野生するすべての鳥は「鳥獣保護及び狩猟に関する法律」によって保護され、鳥、雛、卵の捕獲や採取が禁じられている。違反者には、懲役あるいは罰金の罰則が適用される。なお、一部の狩猟鳥については、許された枠内での捕獲は認められている。

（注2）もず　…モズ科の鳥。昆虫や小動物を捕食する。

1　二重傍線部「カン」と同じ漢字を含むものを、①～⑤の中から一つ選びなさい。

① 第三者のカンテンに立ってものを見る。
② いろいろな事情をカンアンする。
③ みごとな手並みにカンプクする。
④ 彼のわがままにはカンニンならない。
⑤ カンゼンと敵に立ち向かう。

2　傍線部A「彼はなにか薄気味悪くなったのだ」とあるが、その理由として最も適切なものを、①～⑤の中から一つ選びなさい。

① 野鳥の声だけを頼りにここまで辿り着いた経緯を笑って話す、女の人の執念深さに恐れを抱いたから。
② 野鳥の声だけを頼りにここまで辿り着いた経緯を笑って話す、女の人の能力の高さに敬服したから。
③ 女の人は野鳥を愛護する会の人で、声だけを頼りに野鳥を懸命に探し求める姿勢に狂気を感じたから。

④　女の人は野鳥を愛護する会の人で、自分を摘発するために来たのではないかと不安を感じたから。
⑤　女の人は野鳥を愛護する会の人で、自分が野鳥を飼っていることを常連たちが密告したのではないかと不安を感じたから。

3　傍線部B「彼はちょっと悪くない気がした」とあるが、その理由として最も適切なものを、①〜④の中から一つ選びなさい。
①　入院患者たちと女の人の願いをかなえてやることで、亡くなった彌太さんのことを少しでも忘れられると思ったから。
②　入院患者たちと女の人の願いをかなえてやることが、亡くなった彌太さんへの供養になると思ったから。
③　入院患者たちと女の人の願いをかなえるために、自分が役に立てるかもしれないことが嬉しく誇らしかったから。
④　入院患者たちと女の人の願いをかなえてやることで、小鳥の鳴き声の良さを改めて伝えられるように思ったから。

4　傍線部C、Dに「ひと冬の辛抱」とあるが、その言葉に込められた心情の説明として最も適切なものを、①〜⑤の中から一つ選びなさい。
①　Cにはおおるりが手に入るとしても来年の春であるということを知った女の人の落胆ぶりへの「彼」の軽い驚きが込められているのに対して、Dには落胆した様子を見せてしまったことを恥ずかしく思い、取り繕おうとする「女の人」の心情が込められている。
②　Cにはおおるりが手に入るとしても来年の春であるということを知った女の人の落胆ぶりへの「彼」

の軽く呆れた気持ちが込められているのに対して、Dには自分が落胆した事情など初対面の人には分かるはずはないと諦める「女の人」の心情が込められている。

③　Cにはおおるりが手に入るとしても来年の春であるということを知った女の人の落胆ぶりへの「彼」の軽い慰めの気持ちが込められているのに対して、Dには落胆した気持ちをなんとか引き立てて平静さを保とうとする「女の人」の心情が込められている。

④　Cにはおおるりが手に入るとしても来年の春であるということを知った女の人の落胆ぶりへの「彼」の軽い励ましの気持ちが込められているのに対して、Dには初対面の人に落胆した様子を見せて気を遣わせたことを申し訳なく思う「女の人」の心情が込められている。

⑤　Cにはおおるりが手に入るとしても来年の春であるということを知った女の人の落胆ぶりへの「彼」の軽く揶揄する気持ちが込められているのに対して、Dには落胆した気持ちが相手に分からないようにごまかそうとする「女の人」の心情が込められている。

5　傍線部E「ちょっと手を振ってみたくなる自分」とあるが、その説明として最も適切なものを、①〜⑤の中から一つ選びなさい。

①　付き添い婦に対して、自分の存在を示したい高揚した自分。

②　付き添い婦に対して、彌太さんとの約束を果たしていることを誇示したい自分。

③　付き添い婦に対して、抑えきれない恋心を伝えたい素直な自分。

④　入院患者に対して、病気に負けぬよう応援する気持ちを伝えたい自分。

⑤　入院患者に対して、おおるりの声を届けているのは私だと伝えたい自分。

6　傍線部F「おおるりがあんなに鳴いているのに——というつぶやきを喉の奥へ押し戻すようにしながら、

少しずつ飲んだ」とあるが、次に挙げるのは、この場面について数人で話し合った会話である。Aさんの後に続いた発言①〜⑤を最も適切な順序に並びかえ、4番目の発言を①〜⑤の中から一つ選びなさい。

Aさん「おおるりは変わらず鳴いているのに、その鳴き声を楽しみにしていた人は亡くなってしまった。直接は知らない人だけど、女の人を通して関わっていた人だから、彼のショックの大きさが——のところから伝わってくるね。」

① Bさん「それじゃあ、彼はまた同じような状態になってしまったのかな。あんなに熱心に女の人の願いをかなえてあげようとしていたのに、気の毒だね。」

② Cさん「そうだね。彼はその前に彌太さんの死を経験しているから、人の生命のはかなさを改めて身近に感じたんじゃないかな。」

③ Dさん「いや、私は全く同じではないと思うな。哀しさや無念さはもちろんあると思うけど、前はそれに流されて呆然とするしかなかったのに比べて、今回は感情を喉の奥へ押し戻すようにしているよね。それは自分なりに少しずつ受け止めようとしていることを示しているような気がするな。」

④ Eさん「女の人と出会っておおるりの声を届けようと一生懸命になるまでは、彌太さんが亡くなったあと、何を見ても聞いても彌太さんの死を思い出して、胸の底が落ちたような状態になってしまっていたんだよね。」

⑤ Fさん「そうか。その人は残念ながら亡くなってしまったけど、それまで奥さんは精一杯尽くしていたし、彼自身も出来ることを精一杯したこともあり、全てが虚しく無意味であったわけではないと少しは思えたのかもしれないね。恨み言を喉の奥へ押し戻した——のところには、わ

ずかだけど彼の変化が表れていたんだね。」

（☆☆☆◎◎◎）

【三】次の文章を読んで、以下の問いに答えなさい。（一部表記を改めたところがある。）

すべて田舎には、いにしへの言(こと)の残れること多し。ことに遠き国人(くにびと)の言ふ言(こと)の中には、おもしろきことどもぞまじれる。おのれ年頃心をつけて、遠き国人のとぶらひ来たるには、必ずその国の言葉を問ひ聞きもし、その人の言ふ言をも、心とどめて聞きもするを、A なほ国々の言葉どもをあまねく聞き集めなば、いかにおもしろきこと多からん。

B 近き頃、肥後の国人の来たるが、言ふことを聞けば、世に「見える」「聞こえる」などいふ類ひを、「見ゆる」「聞こゆる」などぞ言ふなる。こは今の世には絶えて聞こえぬ、雅(みや)びたる言葉遣ひなるを、「その国 Ⅰ にては、なべてかく言ふ Ⅱ にや。」と問ひければ、「ひたぶるの賤(しづ)、山がつはみな、『見ゆる』『聞こゆる』『さゆる』『たゆる』などやうに言ふを、少し言葉をもつくろふほどの者は、多くは『見える』『聞こえる』とやうに言ふなり。」とぞ語りける。そはなかなか今の世の卑しき言ひざまなるを、なべて国々の人の言ふから、そをよきことと心得たるなめり。

いづれの国にても、賤、山がつの言ふ言は、よこなまりながらも、多く昔の言を言ひ伝へたるを、人しげくにぎははしき里などは、異国人(ことくにびと)も入りまじり、都の人なども、ことに触れて来通ひなどするほどに、おのづからここかしこの言葉を聞きならひては、おのれも言選(え)りして、C なまさかしき今やうに移りやすくて、昔ざまに遠く、なかなか Ⅲ に卑しくなんなりもてゆくめる。

まことや、同じ肥後の国の、またの人の言へる、「かの国にて、『ひきがへる』といふものを、『たんがく』

と言ふなるは、いにしへの『たにぐく』のよこなまりなるべくおぼゆ。」と語りしは、まことにしかなるべし。この類ひのこと、国々になほ聞けること多かるを、今はふと思ひ出でたることを言ふなり。なほ思ひ出でんままに、またも言ふべし。

（本居宣長『玉勝間』）

1　傍線部A「なほ国々の言葉どもをあまねく聞き集めなば、いかにおもしろきこと多からん」の口語訳として最も適切なものを、①～⑤の中から一つ選びなさい。

① さらに諸国の言葉を、広く聞き集めたならば、どれほど趣深い言葉が多いだろうか。
② まだ諸国の言葉を、広くは聞き集めていないので、それほど珍奇な言葉は多くはないだろう。
③ ふたたび諸国の言葉を、広く聞き集めたところで、どれだけ風流な言葉が多いというのか。
④ 相変わらず諸国の言葉を、広く聞き集めているが、いかにも情趣を誘う言葉が多いことだよ。
⑤ もっと諸国の言葉を、広く聞き集めたならば、どんなにか古い言葉が多く残っていたろうに。

2　傍線部B「近き頃、肥後の国人の来たるが、言ふことを聞けば、世に「見える」「聞こえる」などいふ類ひを、「見ゆる」「聞こゆる」などぞ言ふなる」について説明した次の一文の空欄に当てはまる「活用の種類」として最も適切なものを、①～⑨の中からそれぞれ一つ選びなさい。

＊ 肥後の国の人の言葉遣いには、世の中で〔　a　〕活用をする言葉に、〔　b　〕活用の名残がみられる。

① 四段　② 上一段　③ 下一段　④ 上二段　⑤ 下二段　⑥ カ行変格
⑦ サ行変格　⑧ ナ行変格　⑨ ラ行変格

3　波線部ⅠⅡⅢの「に」の説明として最も適切なものを、①～⑤の中から一つ選びなさい。

① Ⅰ 格助詞の一部　Ⅱ 副詞の一部　Ⅲ 完了の助動詞
② Ⅰ 接続助詞　Ⅱ 完了の助動詞　Ⅲ 形容動詞の活用語尾
③ Ⅰ 接続助詞　Ⅱ 断定の助動詞　Ⅲ 副詞の一部
④ Ⅰ 格助詞の一部　Ⅱ 断定の助動詞　Ⅲ 形容動詞の活用語尾
⑤ Ⅰ 断定の助動詞　Ⅱ 接続助詞　Ⅲ 格助詞

4　傍線部C「なまさかしき」の意味として最も適切なものを、①～⑤の中から一つ選びなさい。
① 新鮮で活気に満ちた　② 本来とは逆の　③ 中途半端に利口ぶった
④ 基本に立ち返った　⑤ なまめかしく優美な

5　本文中に出てくる次の三語について、本文の論旨にのっとって語を古い順番に並べた場合、最も適切なものを、①～⑤の中から一つ選びなさい。
① たにぐく　→ ひきがへる　→ たんがく
② ひきがへる　→ たにぐく　→ たんがく
③ たんがく　→ たにぐく　→ ひきがへる
④ たんがく　→ ひきがへる　→ たにぐく
⑤ たにぐく　→ たんがく　→ ひきがへる

6　本文の説明として最も適切なものを、①～⑤の中から一つ選びなさい。
① 異国の人が行き交うにぎやかな町では、都風の優美な言葉を使うものだが、山に住む身分の低い者は田舎じみた野卑な言葉遣いをするようだ。
② 肥後の国では、現在では聞くことのなくなった「見ゆる」「聞こゆる」などの言い方をまだするようだ

が、他国の人との交流がないためにいつまでも卑しい言葉のままなのだ。

③　肥後の国では、山に住む身分の低い者も今風の「見える」「聞こえる」などの言い方をするが、異国の人々との交際によってみやびやかな言葉に洗練されていくのはよいことである。

④　山に住む身分の低い者の言葉に昔の上品な言い方が残っていることがあるが、他国の人や都の人が往来する町では今風の下品な言葉遣いに変わってしまうようだ。

⑤　都の人が肥後の国に来ると、自然と耳に入る田舎の人々の古い言葉遣いに感化されて、今の時代の卑しい言葉を忘れてしまうようだ。

7　言葉が近畿を中心に周辺伝播し、古い語ほど遠い地域に分布するという現象を論考して「方言周圏論」を提唱した人物とその著作物の組み合わせとして最も適切なものを、①～⑤の中から一つ選びなさい。

①　谷川士清「和訓栞」　②　柳田国男「蝸牛考」　③　折口信夫「死者の書」
④　鈴木孝夫「ことばと文化」　⑤　金田一春彦「日本語の特質」

（☆☆☆◎◎◎）

【四】　次の漢文を読んで、以下の問いに答えなさい。（ただし、設問の都合で訓点を省略した部分がある。）

斉ニ有リ二南北ノ官(注1)道一。洿(注2)ヲ下(かナル)者(こと)里(注3)余、雨フレバ

多シ二(注4)行(かう)潦(らう)一。行ク者不レ a便(トセ)。則チ傍(そヒ)レ西ニ踏ミテ二人ノ

田一行。行数日而b成路。田(注5)家苦之、断以横(注6)牆。十歩一(注7)堵(注8)、堵数十焉。行者避牆更西、踏田愈広。数日c又成路。田家無計。乃蹲田辺、且罵且泣、欲止欲訟、而A無如多人何也。

或告之曰、「牆之所断、已成棄地矣。B胡不仆牆而使之通。猶得省於牆之更西者乎。」予笑曰、「更有奇法。以築牆之土塾(注9)道、則道平矣。道平、人皆由道。又不省於道之西者乎。

安クンゾ用キルヲレ牆ヲ為サント。」

越エテ二数日ヲ一道成リ、而シテC道ノ傍ラニ無シ二一人ノ跡一矣。

（呂坤『呻吟語』）

（注1）官道　…公道。
（注2）洿下　…土地が低くじめじめしている。
（注3）里　　…長さの単位。当時の一里は約五六〇メートル。
（注4）行潦　…路上のたまり水。
（注5）田家　…農家。
（注6）横牆　…進路を横断する土塀。
（注7）歩　　…長さの単位。当時の一歩は約一・五六メートル。
（注8）堵　　…土塀。
（注9）墊　　…「敷」と同義。

1　波線部a「便」と同じ意味の「便」を含む熟語として最も適切なものを、①～⑤の中から一つ選びなさい。

①　便乗　②　先便　③　便言　④　便箋　⑤　便座

2　波線部b「成路」と波線部c「又成路」の位置関係の説明として最も適切なものを、①～⑤の中から一つ選びなさい。

① 官道の西にbがあり、官道の東にcがある。
② 官道の西にbがあり、bの西にcがある。
③ 官道の中にbがあり、その西にcがある。
④ 官道の西にcがあり、cの西にbがある。
⑤ 官道の中にcがあり、その西にbがある。

3 傍線部A「無如多人何也」の書き下し文として最も適切なものを、①～⑤の中から一つ選びなさい。
① 人多きを無くすに如何せんや。
② 人多く如くこと無きは何ぞや。
③ 人多かるごときを無くすは何ぞや。
④ 人多きに如くは無きを何せんや。
⑤ 人多きを如何ともする無きなり。

4 傍線部B「胡不仆牆而使之通」の現代語訳として最も適切なものを、①～⑤の中から一つ選びなさい。
① どうして土塀を倒し、それを使って通さないのか。
② どうして土塀を倒して道を通じさせないのか。
③ どうして倒れた土塀をそのまま通りに残しているのか。
④ どうして倒れた土塀を使って道を作って通さないのか。
⑤ どうして土塀を倒させて通れるようにしないのか。

5 傍線部C「道傍無一人跡矣」の理由として最も適切なものを、①～⑤の中から一つ選びなさい。
① 官道が平らになって、人がそこを通るから。

②　官道と西の道が一緒になって、広い道ができたから。
③　官道の西の道が平らになって、人がそこを通るから。
④　官道と西の道が平らになって、人が通りやすくなったから。
⑤　官道の西の二つ目の道が平らになって、人がそこを通るから。

6　本文の主題として最も適切なものを、①～⑤の中から一つ選びなさい。
①　問題を解決するためには、多くの人の意見を参考にするべきである。
②　問題を解決するためには、有識者に意見を求めるべきである。
③　問題を解決するためには、根本から改めることが必要である。
④　問題を解決するためには、身近な人たちと協力することが大切である。
⑤　問題を解決するためには、障壁をなくすことから始めるべきである。

（☆☆☆◎◎◎）

解答・解説

【中高共通】

【一】 1 ① 2 ③ 3 ① 4 ④ 5 ② 6 ⑤ 7 ③

〈解説〉1 Aは「包括」。①梱包／括弧、②俸給／活殺、③模倣／管轄、④蜂起／総括、⑤内包／喝破。②の下段の「活殺自在」は「他を自分の思いのままにあやつること」という意味。 2 空欄Xの前後は、「すぐには答えが出ない」ということを否定し、「答えの出ないことだってある」と、より程度の甚だしいことを挙げる文脈である。また、空欄Zの後では、ここまでの内容がまとめられている。 3 挿入する一文は、冒頭に指示語「それ(は)」があるように、その前の内容を言い換えるものである。空欄アに挿入すると「肺活量」を「体力」「耐性」と言い換えることになり、文脈がつながる。 4 空欄甲を含む段落で紹介されている具体例を要約する選択肢を選べばよい。 5 政治、ケア、描画の三つの具体例はそれぞれ並列の関係にあることに注意する。傍線部Bを含む段落の次の段落で具体例を通して訴えたいことが説明されている。 6 傍線部Cの後の「対立を前にして考え込み、考えに考えてやがてその外へ出ること」という内容に注目する。新たな観点を得るという点を筆者は重視している。 7 傍線部D中の「遠近法」と同じく、視覚に関する表現に注意を払う。本文最終段落に「視力」という表現が見られるが、何を表す比喩表現なのかを捉える必要がある。

【二】 1 ② 2 ④ 3 ③ 4 ③ 5 ① 6 ③

〈解説〉1 二重傍線部は「勘」。①観点、②勘案、③感服、④堪忍、⑤敢然。 2 傍線部Aの直前に「それを思い出して」とある。「それ」という指示語が指す対象を、さらにその前から確認する。女の人が鳥の鳴き声を頼りに探し歩いたという執念深さに不安を覚え、野鳥を愛護する会の会員で摘発かもしれないと疑ったのである。　3　傍線部Bの直前の「そんな話を聞いて」の「そんな話」は、入院患者たちが朝の小鳥の声をもう少し近いところでしみじみ聞きたいと言っているという内容である。　4　傍線部Cの前で、「来年の春」と聞いた「女の人」は、五つも六つも老けた顔になり、ぼんやりしてしまったのである。また、傍線部Dの後で、「顔を力ませるようにして、やっと笑った」のである。本文の後半で明らかになるように、「彼」と「女の人」では、ひと冬の持っている価値が異なったのである。「女の人」にとっては、「彼」よりも圧倒的に重大な意味を持っていた。　5　傍線部Eの前に、「それがあの付き添い婦の人なのかどうかはわからなかった」とある。「女の人」が抱えていた背景にまだ「彼」は気が付いていない時点で、屯所まで会いに来た「女の人」の話を言葉通りに受け止めていたのである。　6　③のDさんの発言の冒頭に「いや、私は全く同じではないと思うな」とあるように、同じとされるものが提示された後に来る内容であることが分かる。⑤のFさんの発言も、Dさんの主張を補うものである。②→④→①→③→⑤、という順序が適切である。

【三】 1　①　2　a　③　b　⑤　3　④　4　③　5　⑤　6　④　7　②

〈解説〉1　「聞き集めなば」の「なば」は、完了の助動詞「ぬ」の未然形＋接続助詞「ば」である。「ば」は順接の仮定条件を表す。　2　「見える」「聞こえる」は既に現代語と同様の活用を見せている。古語「見ゆる」「聞こゆる」は、「ず」を付けると直前がエ段の音になることから活用を判断することができる。　3　波線部Ⅰの「にて」は格助詞で場所を表している。波線部Ⅱの「にや」（断定の助動詞「なり」の連用形「に」＋係助詞「や」）は、結びの「あらむ」が省略されている。波線部Ⅲの「なかなかに」は形容動詞「なかなかなり」の連用形。　4　「なまさかし」は、利口ぶっている様を表す「さかし」に、接頭語「なま」が付いたもの。この接頭語は、「少し」「中途半端に」などの意味を添える。　5　「たにぐく」はひきがえるの古名である。

本文の最終段落の内容をまとめればよい。「いにしへの『たにぐく』」とあるように、最も古い形として、「たにぐく」が存在する。　6　筆者は地方に残っている古い言葉遣いを「雅たる言葉遣ひ」として評価している。　7　「方言周圏論」は、文化の同心円状の波及を指摘した学説である。中心からの距離が、歴史的な古さに対応していると見なせる。

【四】1　①　2　②　3　⑤　4　②　5　①　6　③

〈解説〉1　「便」はここでは、都合がよい・利益をはかる、という意味である。「便利」という熟語も想起したい。　2　波線部cの前の、土塀を避けて更に西側を歩いたという内容に着目する。　3　「無二如レ多レ人何一也」である。「無」が冒頭にあり、最終的にこの漢字を下から返って読むことに注意する。　4　「使二AB一」の形で「AをしてBせしむ」と読み、使役の意味を表す。　5　前の第三段落の内容に着目したい。対症療法ではなく、事態の原因を解消したのである。　6　前問と同じく、第三段落に注目することが必要である。塀を作ることで対処するのではなく、塀を作ることになる原因である、路上のたまり水を解消したという内容が述べられている。ここから一般的な教訓を抽出すればよい。

二〇二一年度　実施問題

【中高共通】

表記について
問題文中に、「障害」という言葉が単語あるいは熟語として用いられ、前後の文脈から人や人の状況を表す場合に「障がい」という表記を使用しています。
ただし、法令や固有名称、引用文については、そのまま表記しています。

【一】次の文章を読み、後の問いに答えなさい。（一～七は形式段落の段落番号を示す。）

一「あるひと云はく、比叡の御社に(注1)、いつはりてかんなぎのまねしたるなま女房の、十禅師の御前にて、夜うち深けて、人しづまりて後、ていとうていとうと、つゞみをうちて、心すましたる声にて、とてもかくても候ふ、なうなうとうたひけり。その心を人にしひ問はれて云はく、生死無常の有様を思ふに、この世のことはとてもかくても候ふ、なう後世をたすけたまへと申すなり。云々。」(A)

二これは、『一言芳談抄』(注2)のなかにある文で、読んだ時、いい文章だと心に残ったのであるが、先日、比叡山に行き、山王権現の辺りの青葉やら石垣やらを眺めて、ぼんやりとうろついていると、突然、この短文が、当時の絵巻物の残欠でも見るようなふうに心に浮かび、文の節々が、まるで古びた絵の細勁な描線をたどるように心にしみわたった。そんな経験は、はじめてなので、ひどく心が動き、坂本で蕎麦を食っている間も、あやしい思いがしつづけた。Bあの時、自分は何を感じ、何を考えていたのだろうか、今になってそれがしきりに気にかかる。無論、取るに足らぬある幻覚が起こったにすぎまい。そう考えて済ますのは便利であるが、どうもCそういう便利な考えを信用する気になれないのは、どうしたものだろうか。実は、何を書くのか判然しないままに書き始めているのである。

三『一言芳談抄』は、おそらく兼好の愛読書の一つだったのであるが、この文を『（　甲　）』のうちに置いても少しも遜色はない。今はもう同じ文を目の前にして、そんなつまらぬことしか考えられないのである。依然として一種の名文とは思われるが、あれほど自分を動かした美しさはどこに消えてしまったのか。消えたのではなく現に目の前にあるのかもしれぬ。それをつかむに適したこちらの心身のある状態だけが消え去って、取り戻す術を自分は知らないのかもしれない。こんな子供らしい疑問が、すでに僕を途方もない迷路に押しやる。僕は押されるままに、別段反抗はしない。そういう美学の萌芽とも呼ぶべき状態に、少しも疑わしい性質を見つけ出すことができないからである。だが、僕は決して美学には行き着かない。

四確かに空想なぞしてはいなかった。青葉が太陽に光るのやら、石垣の苔のつき具合やらを一心に見ていたのだし、鮮やかに浮かび上がった文章をはっきりたどった。余計なことは何一つ考えなかったのである。どのような自然の諸条件に、僕の精神のどのような性質が順応したのだろうか。そんなことはわからない。わからぬばかりではなく、そういう具合な考え方がすでに一片の洒落にすぎないかもしれない。僕は、ただある満ち足りた時間があったことを思い出しているだけだ。自分が生きている証拠だけが充満し、その一つ一つがはっきりとわかっているような時間が。無論、今はうまく思い出しているわけではないのだが、あの時は、実に巧みに思い出していたのではなかったか。何を。鎌倉時代をか。そうかもしれぬ。そんな気もする。

五 歴史の新しい見方とか新しい解釈とかいう思想からはっきりと逃れるのが、以前にはたいへん難しく思えたものだ。そういう思想は、一見魅力ある様々な手管めいたものを備えて、僕を襲ったから。一方歴史というものは、見れば見るほど動かし難い形と映ってくるばかりであった。新しい解釈なぞでびくともするものではない、そんなものにしてやられるような脆弱なものではない、そういうことをいよいよ合点して、歴史はいよいよ美しく感じられた。晩年の鷗外が考証家に堕したというような説は取るに足らぬ。あの膨大な考証を始めるに至って、彼はおそらくやっと歴史の魂に推参したのである。『古事記伝』を読んだ時も、同じようなものを感じた。解釈を拒絶して動じないものだけが美しい、これが（　乙　）の抱いたいちばん強い思想だ。解釈だらけの現代にはいちばん秘められた思想だ。そんなことをある日考えた。また、ある日、ある考えが突然浮かび、たまたまそばにいた川端康成さんにこんなふうにしゃべったのを思い出す。彼笑って答えなかったが。「生きている人間などというものは、どうもしかたのない代物だな。何を考えているのやら、何を言い出すのやら、しでかすのやら、自分のことにせよ他人事にせよ、わかったためしがあったのか。鑑賞にも観察にも堪えない。そこにいくと死んでしまった人間というものは大したものだ。なぜ、ああはっきりとしっかりとしてくるんだろう。まさに人間の形をしているよ。してみると、生きている人間とは、人間になりつつある一種の動物かな。」

六 この一種の動物という考えは、かなり僕の気に入ったが、考えの糸は切れたままでいた。歴史には死人だけしか現れてこない。したがってのっぴきならぬ人間の相しか現れぬし、動じない美しい形しか現れぬ。思い出となれば、みんな美しく見えるとよく言うが、その意味をみんなが間違えている。僕らが過去を飾りがちなのではない。過去のほうで僕らに余計な思いをさせないだけなのである。思い出が、僕らを一種の動物であることから救うのだ。記憶するだけではいけないのだろう。思い出さなくてはいけないのだろう。多くの歴史家が、一種の動物にとどまるのは、頭を記憶でいっぱいにしているので、心をむなしくして思い出すことができないからではあるまいか。

七上手に思い出すことは非常に難しい。だが、それが、過去から未来に向かって飴のように延びた時間という蒼ざめた思想(僕にはそれは現代における最大の妄想と思われるが)から逃れる唯一の本当に有効なやり方のように思える。成功の期はあるのだ。この世は無常とは決して仏説というようなものではあるまい。それはいついかなる時代でも、人間の置かれる一種の動物的状態である。現代人には、鎌倉時代のどこかのなま女房ほどにも、無常ということがわかっていない。常なるものを見失ったからである。

(小林秀雄「無常ということ」)

(注1) 比叡の御社…比叡山の東麓、滋賀県大津市坂本にある日吉大社。古来、山王権現と称される。

(注2) 『一言芳談抄』…十四世紀中頃までの成立。鎌倉時代初期の念仏者の言行がまとめられている。

1 傍線部A「云々」の読み方として最も適切なものを、①~⑤の中から一つ選びなさい。

① でんでん　② いい　③ うんぬん　④ いわゆる　⑤ ああ

2 (甲)に入る書名として最も適切なものを、①~⑤の中から一つ選びなさい。

① 古今著聞集　② 方丈記　③ 発心集　④ 沙石集　⑤ 徒然草

3 (乙)に入る人名として最も適切なものを、①~⑤の中から一つ選びなさい。

① 真淵　② 宣長　③ 秋成　④ 契沖　⑤ 白石

4 傍線部B「あの時、自分は何を感じ、何を考えていたのだろうか」という問いかけに対する答えと考えられる内容は、文章中のどの形式段落に書かれているか。最も適切なものを、①～⑦の中から一つ選びなさい。

①　段落［一］　②　段落［二］　③　段落［三］　④　段落［四］　⑤　段落［五］　⑥　段落［六］
⑦　段落［七］

5　傍線部C「そういう便利な考え」とはどのような考えか、その説明として最も適切なものを、①～⑤の中から一つ選びなさい。

①　自分の身に起こった説明ができない体験は、視覚、聴覚など身体の知覚異常によるものであるとしてしまう考え。
②　現実的に取り上げるほどの価値を見出せないものは一種の幻とも言えるので、そのようなものはできるだけ廃していくべきだという考え。
③　何を書くべきかはっきりしないがそのままに書き出してしまえば何か見えてくるだろうという、文章を書いていく上での実践的な考え。
④　古典の一節が心にしみわたるという未知の体験をしたことについて、美学とのつながりで捉えようとする考え。
⑤　過去のことは皆が飾りがちであることが多く、それ故に過去のことはみんな美しく見えるのだという考え。

6　傍線部D「思い出が、僕らを一種の動物であることから救う」について考察、解説した次の文章の（［Ⅰ］）～（［Ⅳ］）に入る語句として最も適切なものを、後の語群からそれぞれ一つ選びなさい。

「一種の動物」とは（［Ⅰ］）人間の置かれている状態のことである。（［Ⅱ］）人間と対比したとき

（ Ⅰ ）人間は、動じ続けているという点で「一種の動物」、つまり（ Ⅲ ）状態にあると述べられている。筆者は「思い出す」体験の中、動じない（ Ⅳ ）を直接感じることで、対照的に、生きている人間の（ Ⅲ ）姿も知ったのである。そして、「思い出」によって「自分たちがとらわれている余計な思想・解釈から解放」されるのである。

〈語群〉
① 歴史　② 解釈　③ 常なる　④ 無常な　⑤ 記憶　⑥ 妄想　⑦ 生きている
⑧ 死んでしまった

（☆☆☆◎◎◎）

【二】 次の文章を読んで、後の問いに答えなさい。（一部表記を改めたところがある。）

千代はがっとひとりで赧（あか）くなった。心積りより伯父の葬儀ははるかに段の高い、格のあがったものだと知ると、ひとりぎめの愚かさをみごとにしゃくい投げされたようで恥しかったのだ。

そこへ、もっと恥しかったのは、天幕の三人がそんなところに立往生してひとりで赧くなっているこちらへ、視線をあてていたからだった。千代はとたんにその三人が立っている受附（うけつけ）へ、関所を聯想（れんそう）し、つづいてこれは素通りはできないと思い、おもうとほとんど同時に足がぎくぎくとそちらへ動きだしてしまった。すっかりあがっていた。

「今日は皆さまご苦労さまに存じます。私ども母もお手伝いに参るのですが、持病がございまして私代ってお勝手元なんなりとご用いたしとうございます。なお……お恥しゅうございますが紋服の用意がございませんので、不断着をおゆるしくださいますよう。」汗がたらたらしていて、それがはっきりわかっているのに、拭けばだめになりそうだった。そこいら中が強張っていた。それほど一しょう懸命なのに、男たちはまじまじとするばかりで返辞をしてくれず、双方困ったことになった。

すうっと綺麗な頭が横から低くお辞儀をして出た。「ご丁寧なご挨拶で恐れ入ります。まだ時間がございますからあちらでお休みくださいますように。私ご案内いたします。」白を重ねて涼しげな(注1)黒明石へ透いた袴をごわっとさせて、受附を廻ろうとし、「あ、いけねえ。」云ってしまって、たちまち顔の道具が一斉に崩れててれると、与(くみ)し易い若さだけになった。「お名前伺うの忘れちゃった。」

A こちらも自然に楽になっていた。「私牛込の千代です。」

「牛込って云うと、あの次郎叔父さんの?」

「そうです。」

「なあんだ、そうなのか。」呆(あき)れたというふうをした。「そんならなにもあんなに改まった挨拶なんか――」

「ひとりでにかあさんの教えた通りに出ちゃったんですもの。」

「実は僕もゆうべ悔み受けの挨拶を教えてもらったんだけれど、つまりあなたのほうが上手だったんだな。僕は気圧されてしくじっちゃった。」式台でその人は引返して行き、千代は履物の始末をしながら、あの馴々しさは誰だろう、名を訊かなかったと思った。

やがて、伯父の婿、長女の嫁いだ酒井さんが乗りつけて来た。広い控室にぽつんと待っていた千代は、特別丁寧な挨拶をするつもりがやはり母の教えた通りにしかならず、考えて来た自分のことばなどは無いにひとしかった。しかし酒井さんは、きちんとした受けことばで受けてくれ、千代は云うだけをすらすら云い終えて気もちが片附いた。酒井さんは地方の豪家の跡取なのだが、いなかは健全な父に任せて自分は東京にしごとと住いをもち、実父より舅に話の合うというものは何もなかった。「お茶番ぐらいならできると親しさをもっているということだった。趣味やケンシキもよし、実務もばりばりとやるし、人づきあいは誠実だし、まずこの一族きっての婿の第一位、というより血続き縁続きの甥姪連中では誰よりもいちばん目を置かれている人だった。今日の(注2)宰領だった。「千代さん、何を手伝ってくれますか。失礼だが、何ならできますか。」

そう云われると、ぐっと詰まった。手伝えるこれというものは何もなかった。「お茶番ぐらいならできると思います。」

「じゃ、そうしていただきましょう。」ほっとして千代は女たちのなかへはいって行った。

親類が早めに集まって来はじめ、お茶番は忙しくなったが、せっかくついで出したお茶はむだになることが多かった。今来たこの人にと出した茶碗は一応受けてそこへ置かれてしまう。人は次から次への挨拶で一個処におちつかない。お茶は通り歩きに徒らなさまたげになり、物が触ってひっくり返る、果は誰の飲みさしやらと思うかして、口のつかないまま埃が浮く。千代はそれを自分のへたさ拙さのゆえと思わずにはいられなくて、B一々恥を感じた。その恥をどうかしてなくしたいと思い、じいっと座を見ているうちに、間あいを測ることを知った。間あいよく給仕ができさえすれば、人は茶碗へすぐ口をつけるし、「憚りさま、ご苦労さま」と云って空茶碗を返す人も出て来る。それは嬉しかった。酒井さんは時間がたち人が殖えるにつれて忙しい。いつも誰かに話していたり話されていたり、ときには二三人いちどに何か打合せている。用事は四方からこの人に集まり、またここから四方へ伝えられるかたちであり、気の毒なほどひっきりなしだった。さっきの受附の男などは酒井さんを叔父さんと呼び、自分は「劫、劫」と呼びつけに呼ばれて、ぴりぴりしているようすだった。千代は、この忙しい酒井さんがもしかしたらいちばんお茶がほしい人かもしれないと考えついた。「うまい。もう一杯。」気あいのように云われ、Cふっとそれが働くこつだ、手伝うというのは役に立つ場処を見つけだすことだと合点して、少しずつ気の働きが活潑になった。

霊柩車が本堂へ着き、喪主と近親がぞろぞろ控室へはいった。混雑と暑苦しさが溢れ、昂奮のけはいが盛りあがって渦にまわりだした。酒井さんすらその渦に呑まれそうに見え、ましてもの馴れない千代はまったく巻かれて、葬式という場処も悲歎の観念もすべて忘れ、ばかの一ツ覚えにただ湯を絶やすまい、ひたすら人の渇きに茶を供えようとし、いつか自分が軸になってお茶番の女たちを動かしていることは知らなかった。

本堂へ着席の知らせが来た。お茶番の部署から本来の姪の座に直って、同年輩の従姉妹はとこといっしょに並んだ。未婚の従姉妹たちは云いあわせたように紫の紋附に白い帯を締めていて、おとなたちの黒一ト（ひと）なみと上品に映りあっていた。そのなかで、覚悟していた着物のひけめにも乱されず、足袋の汚れと汗にまみれた顔が気になるだけで平らかだった。働けたという自覚からゆったりした心であり、あたりのものが素直に眼に映った。格天井（ごうてんじょう）の花鳥、白檀だという天蓋、暗い内陣、金襴をかけた柩、須弥壇（しゅみだん）、ご下賜の札もあって数々の盛り供物、高く大きい真榊、それが一対二対三対、……そのほかにたくさんの花、会葬者席は溢れていた。ようように葬り（はふ）のかなしさ、別離の感傷が漂うらしく、読経の男子合唱がその感傷をきりっとひきしめた。啜り泣きが洩れ、そこいら中が涙に伝染した。おそらくいちばん感じっぽいはずなのに、千代は眼を濡らさずに伏せていた。葬儀というものが今まで知っていたそれとは大分に違うようで、それがどういうわけなのか、解くのが伯父への最後の敬愛のようであった。

式が済んで、千代も劫も一番あとまで手伝った。七八時間ぶっ通しに傷めた神経とからだに夕風が吹きぬけた。「お疲れさまでした。」右と左に別れて、とうとう劫の姓は聞かずじまいに終った。

百ヵ日が明けて秋は深く、酒井桂子から手紙が来た。あの日特別働いたものだけで集まろうというのだった。呼ばれたものは皆酒井さんの一族で、東京在住の誰かれ、劫もいたしお茶番なかまの女の人もいた。そうして見ると、実際の事務に労役して式を運んだのは喪主側の人々ではなくて、外戚の酒井さんにつながる人たちだったのがわかる。改めて紹介があった。劫は思った通り酒井姓、学校を出て勤めをもったばかり、千代と同じくああした手伝いは初めてという。

「あのときは驚かされたなあ。なんて云うんだか、こう、凄いようなすましかたで、しゃあっとした挨拶するんだもの。なにしろみんなぎょっとしちゃって、せっかく覚えておいたこちらの返辞なんて出るひまもないうちに消し飛んじゃった。」もうその話は勘弁してくれと云いたいのに、話しかたの大袈裟、賑かさ、軽さにつられていっしょに笑うものの、千代は少し悔やしかった。劫はよさない。「あれだけ人が来て、男だって中には平服の人もいたけれど、ああいうことことわった人はいなかった。葬式にモーニングや紋附着るかぎり、僕は一生あのことば忘れないでいようと思いますよ。……紋服の用意がございませんので、——まったく千代さんりっぱだった、感心しちゃった。[D]僕も叔父さんの借着だったから身に沁みた。」

「いやねえ。あれ母の教えてくれたことばなのよ。もしもりっぱだとすれば、当然母がりっぱだと云われなくてはねえ。こんなに褒められたって云えば、きっと[E]面目を施したって大喜びするでしょ」

わざとなのか自然なのか、劫はひとりで座の賑やかさを製造しているようなものだった。うっかりしていると、ただおもしろい人だぐらいで過ぎるところを、自分のことを話題にされたために千代は聴く気で聞いていた。相当なずけずけしたことがさらさらとした調子に載せられていた。酒がまわって、なおしつこく、あのときの千代の真似を身ぶり声色でひどく滑稽化して演じ、酒井さんに「過ぎるぞ」と云われるとたちまち神妙になるが、でもまたすぐ臆面もなくはしゃぎだすところは、酒の酔など自由に調節できると誇っているふうに見える。母と二人きりの食卓に馴れた娘に、茶番のような会話まで添えられたこの会食は、記念すべき楽しさだった。主人夫妻のあいだに座を与えられたのもたくさんな皿数も嬉しかったが、いちばん気もちが開けたことは、たった一人まじったよその者である千代をあたかも一座の娘のように暖かく包んだ雰囲気だった。

「つまらないものだけれど記念のしるしをあげようって、酒井が云うのよ。」夫婦の居間へ連れて行かれる廊下の温度は冷えていて、ひどく夜がふけているようだった。掛物のない床に黄いろい菊がざっくりと生けてあった。

「劫がくだらんことを云って気をわるくしないでください。あいつは少し軽っぽくていかん。……こちらのものたちはみんな、あなたの態度がまっ正直で、それに惜しげもなく働いてくれたと云って喜んでいるんです。」そういう真向きな気もちややりかたは、ほんのここしばらくのあいだしか経験できないものだろうが、でもそれが齢とってふりかえってみるようになると、若いときのよい記念だったという気がして来る。「だからまあこれは、云ってみれば千代さんの十六歳の記念とでも云いますかな。」

贈られたのは切子へ銀の蓋をつけた白粉壺（おしろいつぼ）で、蓋には千代のイニシアルが彫ってあった。桂子の心入れらしかった。どことなく心に尾を曳いていた伯父の葬儀も、これでことごとく終ったという感じだった。

けれども葬儀は終ったのでなくて、実は千代と葬儀とのつながりがこの時からはじまったというほうがあたっていた。

（『黒い裾』幸田文）

（注1）黒明石…黒地の明石縮（ちぢみ）。明石縮はさらさらした夏用の高級な薄物。

（注2）宰領…とりしきる人。

1　二重傍線部「ケンシキ」と同じ漢字を含むものを、①～⑤の中から一つ選びなさい。

ケンシキ
① シキモノを用意する。
② 会社というソシキの中で働く。
③ 選挙運動のシキサイが強い講演会。
④ シキジ教育をすすめる。
⑤ 文書のヨウシキを統一する。

2 傍線部A「こちらも自然に楽になっていた」とあるが、その理由として最も適切なものを、①～⑤の中から一つ選びなさい。
① 立派な大人たちを前にしてたじろいだが、大人たちに負けずに作法に則った挨拶をし終え、気さくに声をかけてもらうことができたから。
② 正式な場で、周囲の人の自分を見る目に緊張していた千代であったが、目の前の人物が親しみやすいくだけた物言いになり、緊張がほぐれたから。
③ じろじろとした不しつけな視線に、悲しみがこみ上げてきたが、目の前の子どもっぽい笑顔に勇気をもらい、堂々としていようと思ったから。
④ 千代の真面目な挨拶は、受け入れられず違和感を持ったが、相手のぶっきらぼうな話し方に、自分の挨拶の仕方は間違っていなかったと確信したから。
⑤ 千代は、教えられた通りに行った挨拶が奇妙に受け取られたことを感じたが、受付にいたその中の一人とは打ち解けられそうで、安心したから。

3 傍線部B「一々恥を感じた」の心情の説明として最も適切なものを、①～⑤の中から一つ選びなさい。

①　自分が積極的に選んだ仕事であるが、結果的になにひとつ満足にできないことに苛立ち、ひとつひとつの失敗に落ち込んでいる。

②　自分が精魂込めて用意したお茶は、多くの客にとってはありがた迷惑であることに気づき、ひとりよがりになっていることを実感している。

③　自分が弔問客のために入れたお茶の多くは手をつけられず、人の動きの邪魔さえしていることで、自分の仕事の不出来を痛感している。

④　自分が担当する仕事は、思ったよりも大変で、自分にはとうてい勤まらないと、自分の力のなさに落胆している。

⑤　与えられた仕事内容に満足できず、こんな役割しか与えられないことに、何のためにここにいるのかと情けなく思っている。

4　傍線部C「ふっとそれが働くこつだ、手伝うというのは役に立つ場処(ばしょ)を見つけだすことだと合点して」とあるが、お茶番の仕事についての千代の見解として最も適切なものを、①～⑤の中から一つ選びなさい。

①　お茶番の仕事では、どんなにうまくいかないことがあっても、自分の仕事に責任を持つことが大切であること。

②　お茶番の仕事では、部屋の中でお茶がいる人をすぐに見つけ出し、間髪入れずにお茶を差し出すことが求められるということ。

③　お茶番の仕事では、タイミングよくお茶を出すために、他のお茶番の人と分担しあわなければならないということ。

④　お茶番の仕事では、来訪者に対して敏感に反応し、健康面を考えてお茶を出すことが大事だというこ

と。

⑤　お茶番の仕事では、お茶を必要だと判断した人に間合い良くお茶を出してあげることが大事だということ。

5　傍線部D「僕もおじさんの借り着だったから身に沁みた」とあるが、この説明として最も適切なものを、①～⑤の中から一つ選びなさい。

①　裏方の手伝いだからと動きやすい普段着を選んだ千代の機転に、自分はそのようにできなかった悔しさをにじませているということ。

②　正式な礼服を用意できずに恥じる自分にくらべ、まったく気にするようすもなく葬儀の席につく千代をうらやましく思うこと。

③　普段着で会葬に出席することを宣言する千代の口上に圧倒され、自分も同じように正直に述べるべきだったと後悔しているということ。

④　自分も千代と同じく正式な礼服を用意できなかっただけに、紋服ではない断りを千代がうまく述べたことに、感銘を受けたということ。

⑤　他の礼服ではない人たちは、非礼の詫びを述べることはしない中、千代が正直に理由を述べているのが哀れで、悲しくなったということ。

6　傍線部E「面目を施した」について、本文中における語句の意味として最も適切なものを、①～⑤の中から一つ選びなさい。

①　母の名誉のために実行した

②　母の名誉に便乗した

③　母の名誉に付け加えた
④　母の名誉を偲んだ
⑤　母の名誉を高めた

（☆☆☆◎◎◎）

【三】次の文章を読んで、後の問いに答えなさい。（一部表記を変えたところがある。）

宮仕えをしていた筆者は、自分のような新参の田舎者などは人から見向きもされまいと思っていたが、不断経が行われた夜、同僚の女房と話をしていると一人の男性が話しかけてきた。

上達部、殿上人などに対面する人は、定まりたるやうなれば、うひうひしき里人は、ありなしをだに知らるべきにもあらぬに、十月ついたちごろの、いと暗き夜、(注1)不断経に、声よき人々よむほど i なりとて、そなた近き戸口にふたりばかりたち出でて聞きつつ、物語してより臥してあるに、(注2)参りたる人のあるを、「にげ入りて、局 ii なる人々呼びあげなどせむもみぐるし。(注3)さはれ、ただ折りからこそ。かくてただ」と言ふいまひとりのあれば、かたはらにて聞きゐたるに、おとなしく静やかなるけはひにて物などいふ。A くちをしからざなり。「いまひとりは」など問ひて、世のつねのうちつけのけさうびてなどもいひなさず、世の中のあはれ iii なることどもなど、こまやかにいひ出でて、さすがに(注4)きびしうひき入りがたいふしぶしありて、われも人もこたへなどするを、「まだ知らぬ人のありける」などめづらしがりて、B とみに立つべくもあらぬほど、星の光だに見えず暗きに、うちしぐれつつ、木の葉にかかる音のをかしきを、「C なかなかに艶にをかしき夜かな。月のくまなくあかからむも、はしたなく、まばゆかりぬべかりけり。」春秋の事などいひて、「時にしたがひ見ることには、春霞おもしろく、空ものどかにかすみ、月のおもてもいとあかうもあらず、とほう流るるやうに見えたるに、琵琶の、(注5)風香調ゆるるかに弾き鳴らしたる、いといみじく聞こゆるに、また、秋になりて、月いみじうあかきに、空は霧りわたりたれど、手にとるばかりさやかに澄みわたりたるに、風の音、虫の声、とりあつめたる心地するに、さうの琴かき鳴らされたる、横笛の吹きすまされたるは、なぞの春とおぼゆかし。また、さかと思へば、冬の夜の、空さへさえわたりいみじきに、雪の降りつもり、ひかりあひたるに、篳篥(ひちりき)のわななき出でたるは、春秋もみな忘れぬかし」といひつづけて、「いづれにか御心とどまる」と問ふに、秋の夜に心をよせてこたへ給ふを、さのみ同じさまにはいはじとて、

あさみどり花もひとつに霞みつつおぼろに見ゆる春の夜の月

と答へたれば、Dかへすがへすうち誦じて、「さは、秋の夜はおぼしすてつるなりな。

今宵よりのちの命のもしもあらばさは春の夜を形見と思はむ」

といふに、秋に心よせたる人、

人はみな春に心をよせつめりわれのみや見む秋の夜の月

(『更級日記』菅原孝標女)

(注1) 不断経…死者の霊を慰めるために、昼夜を十二時に分け、僧侶が毎時交替で連続して読経する仏事。

(注2) 参りたる人…源資通。当時殿上人であった。

(注3) さはれ、ただ折りからこそ…どうにでもなれ、物事は時によりけりだ。

（注4）きびしうひき入りがたい…身を固くして黙りこくっているわけにはいかない。
（注5）風香調…琵琶の調べの名。

1　二重傍線部ⅰ～ⅴの「なり(なる)」の中で、推定の助動詞であるものを、①～⑤の中から一つ選びなさい。
①　ⅰ　②　ⅱ　③　ⅲ　④　ⅳ　⑤　ⅴ

2　傍線部Ａ「くちをしからざなり」とあるが、誰のどのような態度に対してこのように感じたのか、その説明として最も適切なものを、①～⑤の中から一つ選びなさい。
①　筆者が、筆者の同僚の、温和で落ち着いた様子で「参りたる人」と話す姿に好感を持っている。
②　筆者が、筆者の同僚の、思慮深さと「参りたる人」への言葉に立派だと感じている。
③　筆者が、「参りたる人」の、大人しくしんみりと嘆きながらいる様子を物足りなく感じている。
④　筆者が、「参りたる人」の、落ち着いたもの静かな様子で話をする態度を好ましく感じている。
⑤　筆者が、「参りたる人」の、大人びた堂々とした物腰にそばにいた同僚と一緒に感動している。

3　傍線部Ｂ「とみに」の本文中の語句の意味として最も適切なものを、①～⑤の中から一つ選びなさい。
①　制止して
②　急に
③　時々
④　ゆっくりと
⑤　長々と

4　傍線部Ｃ「なかなかに艶にをかしき夜かな」の現代語訳として最も適切なものを、①～⑤の中から一つ選びなさい。
① かえって優美で風情のある夜だなあ
② むしろ色気があって趣がある夜だなあ
③ とてもあでやかで趣のある夜であるよ
④ かえってあざやかで美しい夜になるなあ
⑤ とても趣があってはかない夜であるよ

5　傍線部D「かへすがへすうち誦じて」からわかることの説明として最も適切なものを、①～⑤から一つ選びなさい。
① 筆者が、「参りたる人」の詠んだ歌に圧倒され、どんな返歌をすべきか思案する様子。
② 「参りたる人」が、筆者の同僚が詠んだ歌の真の趣旨を必死に理解しようとする様子。
③ 「参りたる人」が、筆者の詠んだ春の夜がすばらしいとする歌を気に入っている様子。
④ 筆者が、贈られた歌の内容に感動し、「参りたる人」への思いを募らせている様子。
⑤ 筆者の同僚が、「筆者」よりすばらしく説得力のある歌を詠もうと試行錯誤する様子。

6　本文中に登場する「参りたる人」の四季に対する思考の変化を説明したものとして最も適切なものを、①～⑤の中から一つ選びなさい。
① 春よりも秋が、また春秋よりも冬が勝ると考えていたが、筆者を思い出すよすがとして春の夜を忘れまいと考えるようになった。
② 春は趣深く、そのすばらしさは秋と同じくらいだと考えていたが、冬の美しさは他の季節と比べると格段に美しいと考えるようになった。

③　春秋のすばらしさはたとえようがないが、筆者と歌を交わすうちに、秋の夜の美しさを大切にしたいと思うようになった。

④　冬の夜の趣深さはどの季節よりすばらしいが、筆者が褒める春が一番だと考えるようになり、今日の思い出としたいと思うようになった。

⑤　四季の中ではとりわけ秋の夜を推していたが、筆者の歌をきき、春の夜の美しさを心にとどめておこうと思った。

（☆☆☆◎◎◎）

【四】次の漢文を読んで、後の問いに答えなさい。（ただし、設問の都合で訓点を省略した部分がある。）

良(注1)嘗テ閒(注2)ニ従容トシテ歩シ、游ブ下(注3)邳ノ圯(注4)上ニ。有リ一老父。衣(き)褐(注5)(かつヲ)、至リ良ノ所ニ、直ニ堕(おとシ)其ノ履(くつヲ)圯下ニ、顧ミテ謂ヒテ良ニ曰ク、「孺(注6)子下リテ取レト履ヲ。」良愕然トシテ欲ス殴(うタント)之ヲ。為ニ其ノ老彊忍、下取履。父曰、「履我。」
良業為取履、因長跪履之。父
以足受、笑而去。良殊大驚、随
目之。父去里所、復還曰、「孺子
可教矣。後五日平（注7）明、与我会
此。」良因怪之跪曰、「諾。」
五日平明、良往。父已先在、
怒曰、「与老人期、後何也。去。」曰、
「後五日早会。」五日鶏鳴、良往。

父又先在。復怒曰、「後何也。去。」曰、「後五日、復早来。」五日、良夜(注8)未半往。有頃、父亦来。C喜曰、「当如是。」出一編書曰、「読此則為王者師矣。後十年興、十三年孺子見我。済北穀城(注9)山下黄石即我矣。」遂去、無他言、不復見。旦日、視其書、乃太公(注10)兵法也。良因D異之、常E習誦読之。

（『史記』）

（注1）良……前漢の始祖劉邦に参謀として仕えた張良。右の漢文は張良がまだ劉邦と出会う前の逸話を紹介している。
（注2）間……暇な時。
（注3）下邳……(地名)現在の江蘇省邳県。
（注4）圯……土を固めて造られた橋。
（注5）褐……粗末な服装。
（注6）孺子……若者。相手を見下して言う呼称。
（注7）平明……夜明け頃。早朝。
（注8）夜半……午前零時頃。
（注9）穀城山……現在の山東省にあった山の名。「黄山」とも言う。
（注10）太公兵法……「太公」は、周の文王と武王に軍師として仕えた太公望・呂尚のこと。その呂尚が書き残したとされる兵法書をさす。

1　傍線部Ａ「与老人期、後何也。」の現代語訳として最も適切なものを、①～⑤の中から一つ選びなさい。
①　年長者と約束して、遅れてくるとはどういうことだ。
②　年長者を期待させておいて、どうしようというのか。
③　年長者と約束して、後で何があるというのか、いや何もない。
④　年長者にとっては、遅れてくるくらいのことは如何ほどのことでもない。

⑤　年長者と約束したものの、死に後れることになっては何もならない。

2　傍線部B「鶏鳴」は現在の何時頃のことか。最も適切なものを、①～⑤の中から一つ選びなさい。

①　午前0時
②　午前2時
③　午前4時
④　午前6時
⑤　午前8時

3　傍線部C「喜曰、『当如是。』」の現代語訳として最も適切なものを、①～⑤の中から一つ選びなさい。

①　老人は喜んで「夜中にやって来るのが最適だ」と言った。
②　張良は喜んで「年長者でもこのくらい早く来るべきだ」と言った。
③　老人は喜んで「年長者は遅れてきて当然だ」と言った。
④　張良は喜んで「最初からこうすればよかったのだな」と言った。
⑤　老人は喜んで「今回のように早く来て待つのが当然だ」と言った。

4　傍線部D「異之」の解釈として最も適切なものを、①～⑤の中から一つ選びなさい。

①　老人を怪しみ
②　老人との出会いを不愉快に思い
③　渡された書物を理解できないものと諦め
④　渡された書物を不思議なことと思い
⑤　老人とは違った生き方を求め

5　傍線部Ｅ「習」について、本文中での意味として最も適切なものを、①～⑤の中から一つ選びなさい。
①　くり返す
②　人に教えを請う
③　書きとめる
④　いつも携行する
⑤　信じ込む

（☆☆☆◎◎◎）

解答・解説

【中高共通】

【一】　1　③　2　⑤　3　②　4　④　5　①　6　Ⅰ　⑦　Ⅱ　⑧　Ⅲ　④　Ⅳ　①

〈解説〉1　ここでの「云々」は、語句の後をぼかしたり省略したりするときに用いる。　2　吉田兼好の著書は『徒然草』。　3　『古事記伝』の筆者は本居宣長。　4　「確かに空想なぞしてはいなかった」、「あの時は、実に巧みに思い出していたのではなかったか」などが答えに当たる。　5　直前の「取るに足らぬある幻覚が起こったにすぎまい」を指している。　6　第五段落の「生きている人間とは～一種の動物かな」という川端の言葉に注目。第六段落では「歴史」「死人」「動じない」がそれと対比する形で書かれ、さらに第七段落で

「無常とは〜一種の動物的状態」とされている。

【二】 1 ④　2 ②　3 ③　4 ⑤　5 ④　6 ⑤

〈解説〉1 「見識」。①「敷物」、②「組織」、③「色彩」、④「識字」、⑤「様式」。 2 千代が「すっかりあがっていた」ところに、「あ、いけねえ」と砕けた言い方をされ「与し易い若さ」を感じたので、緊張がほぐれたのである。 3 せっかくお茶を出したのにほとんど飲んでもらえず、むしろ邪魔になっていたことに「自分のへたさ拙さ」を感じずにいられなかったのである。 4 酒井さんを「もしかしたらいちばんお茶がほしい人」と察してお茶を出し、それが喜ばれたことに手応えを感じている。 5 「紋服の用意がございませんので、不断着をおゆるしくださいますよう」とさりげなく挨拶した千代の態度に感心している。 6 「面目を施す」とは「評価を高める。体面や名誉を保つ。」という意味。

【三】 1 ⑤　2 ④　3 ②　4 ①　5 ③　6 ①

〈解説〉1 ⅰは断定の助動詞。ⅱは断定・存在の助動詞。ⅲは形容動詞「あはれなり」の一部。ⅳは四段活用動詞。ⅴの前後を含め「ななりな」とあるが、これは、断定の助動詞「なり」の連体形に推定の助動詞「なり」の付いたものの撥音便の形「なんなり」の撥音「ん」が表記されなかったものである。 2 「くちをし」は「残念だ。感心しない。」という意味。「参りたる人」の「おとなしく静やかなるけはひ」を「くちをしからざなり(好ましいと感じているようだ)」である。 3 「とみに」は「急に。すぐに。」という意味。 4 「艶に」は「優美であること」という意味。月も星もない闇夜がかえって風流だというのである。 5 筆者が春の夜の風情を歌に詠み、「参りたる人」がそれを何度も口ずさんでいる。 6 「参りたる人」は冬の夜の風情には「春秋もみな忘れぬかし」と思っていたが、春の夜を讃える筆者の歌に「春の夜を形見と思はむ」と応じている。

【四】1 ① 2 ② 3 ⑤ 4 ④ 5 ①

〈解説〉1 前の段落で老人が「後五日平明、与我会此。」と言ったのに対して、張良は了解している。その五日後の夜明け出かけていくと、老人は先に来て待っていたのである。 2 ここでの「鶏鳴」は丑の時(午前2時頃)。 3 先の二回は老人が先に来ていたが、今回は張良が先に来たので、老人が喜んだのである。 4 「異」には「不思議。あやしい。」などの意味もある。老人が張良に太公兵法を渡してきたことを不思議に思い、熱心に読んだのである。 5 「習」には「くり返し行って身につける」という意味がある。

二〇二〇年度　実施問題

【中高共通】

表記について
問題文中に、「障害」という言葉が単語あるいは熟語として用いられ、前後の文脈から人や人の状況を表す場合に「障がい」という表記を使用しています。
ただし、法令や固有名称、引用文については、そのまま表記しています。

【一】次の文章を読んで、後の問いに答えなさい。

「蓄積せよ、蓄積せよ！　これがモーゼで、預言者なのだ」。資本の絶えざる自己増殖、それが資木主義の絶対的な目的にほかならない。蓄積のためにはもちろん利潤が必要だ。だが、この利潤は一体どこから生まれてくるのか。利潤のキャベツ畑とは一体どこにあるのか。

遠隔地、と重商主義者は答えたであろうし、労働者階級と、古典派経済学者やマルクスは答えたであろう。（新古典派経済学には利子の理論はあるが利潤の理論は存在しない。）二つの地域の間の価格体系の差異を搾取し、一方で安いものを他方で高く売ること、それが重商主義者が明らかにした商業資本にとっての利潤創出の秘密である。また、労働力の価値と労働の生産物の価値の差異を搾取すること（すなわち、万人に開かれている市場における労働力と生活必需品との交換比率と、生産手段を所有している資本家のみに開かれている生産過程における労働力とその生産物との変換比率との差異を搾取すること)、それがリカードやマルクスの明らかにした産業資本にとっての利潤創出の秘密である。いずれの場合も、利潤は資本が二つの価値体系の間の差異を仲介することから創り出される。利潤はすなわち差異から生まれる。

Ⅰ、遠隔地貿易の拡大発展は地域間の価格体系の差異を縮め、商業資本そのものの存立基盤を切り崩す。産業資本の規模拡大と、それに伴う過剰労働人口の相対的な減少は、労働力の価値と労働生産物の価値との差異を縮め、産業資本そのものの存立基盤を切り崩す。差異を搾取するとは、すなわち差異そのものを解消することなのである。

Ⅱ、もはや搾取すべき遠隔地も労働者階級も失いつつある資本主義にとって、残された道はただひとつ――内在的に差異を創造するよりほかはない。もちろん、資本は全体としてみずからを差異化することはできない。それは、したがって、個別企業の間の相対的差異を通して創造されるよりほかはない。革新(イノヴェイション)――それがこの内在的な差異の創造の別名にほかならない。革新とは、他の企業とは異なったモノを売ること、他の企業より安くモノを作ること、他の企業より早くモノを運ぶこと……であり、革新に成功した企業はこのような他の企業に対する相対的な優位性(プラスの差異)を搾取することによって利潤を獲得することになる。(すなわち、革新とは未来の価格体系の先取りであり、革新企業はこの未来の価格体系と現実の価格体系との差異から利潤を獲得するのである。)実際、この利潤の可能性こそ馬の鼻の先のニンジンであり、それを求めて企業はおのおの革新の機会をうかがっているのである。

だが、ひとつの企業による革新の独占は永久には続かない。差異の搾取はここでも差異を解消する。勝者があれば必ず敗者がある。革新企業にとってのプラスの差異は、他の企業にとってはマイナスの差異である。革新企業の利潤再投資による市場シェアの増大は、他の企業の利潤を損失に転化させていく。その結果、従来の商品や技術や交通手段に頼っていた他の企業は、市場からの敗退の脅威にさらされて、新商品、新技術、新交通手段の積極的な模倣(イミテイション)を余儀なくされる。模倣は革新よりも必然的に容易である。(革新と同程度に困難な模倣はもはや模倣ではない。)そして、ひとつの企業が模倣に成功すると、次の模倣は一層容易になる。模倣は模倣を呼び、模倣は群をなして現れる。このような模倣の波及過程の中で、A差異は次第に失われ、革新はもはや革新的ではなくなり、利潤は霧散する。それゆえ、企業は新たな利潤の機会を求め、新たな差異の創造、新たな革新への競争を絶えず続けていかなければならない。このような革新への競争の中で勝者が現れるたびに新たに利潤が創出され、それに続く模倣の群の中で利潤は再び消えていく。そしてまた革新が現れ、また模倣の群が続く。結局、このような革新と模倣、模倣と革新との間の繰り返しの過程を通じて、資本主義社会は、部分的かつ一時的なかたちにせよ、利潤を再生産させ続け、それによって自己を増殖させていくのである。

すなわち、資本主義の「発展」とは、(　X　)な差異の存在によってしかその(　Y　)要請である利潤を創出しえないという資本主義に(　Z　)なパラドクスの産物であり、その部分的で一時的でしかありえない解決の、シシフォスの神話にも似た反復の過程にほかならない。

実は、形式的に同一の反復過程が、資本主義の中における人々の社会的欲望をめぐっても展開されているのである。

人間の人間としての欲望は他者への欲望であり、他者に認められることへの欲望であることは(注1)すでに述べた。実際、このような人間の社会的欲望については、ヴェブレン以来実に多くの言及がなされている。だが、ここではそれらの文献を並べたててみるよりも(そして、それによって学問の社会で認められることを欲望するよりも)、少々古ぼけてはいるが次のようなヘーゲルの言葉を引用しておけば十分であろう。『法哲学』の中でヘーゲルは、人間のモノに対する欲求が、他者によって認められたいという社会的な欲望になり、それが逆にモノそのものあるいはモノの獲得の目的となってしまうことを論じた後、次のように述べている。

〔欲望の社会化という〕この契機は、さらに直接に、他者との平等への要求をそのうちに含む。一方で、この平等化への欲望および自己を他者と同一化したいという模倣への欲望が、他方で、それと同時に存在している、自己を他者と区別させることによって自己を主張したいという独自性への欲望が、それ自身欲望を多様化しかつそれを増殖していく事実上の源泉となるのである。

すなわち、人間の社会的欲望には、他人を模倣して他人と同一の存在であると認めてもらいたい模倣への欲望と、他人との差異を際立たせて自己の独自性を認めてもらいたい差異化への欲望との二つの形態があるのである。いずれも、一体どのような他人によってどのように認めてもらうかという点では大いに異なるが、他人に認めてもらいたいという社会的な欲望である点では変りがない。しかも、それらは往々にして同一の個人の中に共存している。

当然、このような社会的欲望の二つの形態のちがいに応じて、モノに対する人々の欲求の形態も異なってくる。模倣への欲望は、人々に、他人が既に所有しているモノを求めさせ、他人と同じように消費させるであろう。また、差異化への欲望は、人々に、他の多くの人が所有できないモノや他の多くの人が未だ所有していないモノを求めさせ、また他人と異なった仕方で消費させるであろう。実際、すべての人間社会は、それぞれ独自の方法で、この二つの形態の社会的欲望の存在、とくにそのうちの第二の形態である差異化への欲望に対処してきたはずである。たとえば、多くの共同体的社会においては、共同体の内部では差異化への欲望は抑圧され、外部と接触する機会である祭や(注2)ポトラッチや戦争においてのみ一時的にそれを満していたであろう。また、階級社会においては、この差異化への欲望は支配者階級のみが全面的に満しうるものであったろう。実は、社会的欲望の対処の仕方として今あげた二つの例は、それぞれ大雑把に言って、商業資本的な利潤の創出方法と産業資本的な利潤の創出方法とに形式的に対応しているのである。そして、外部も階級差も失いつつある現代の資本主義においても、利潤の創出方法と社会的欲望への対処の仕方にやはり形式的な対応関係が見出しうることは、今までの議論から当然察しがつくにちがいない。

現代の資本主義においては、だれもが差異化への欲望をもち、それを満したがっている。一体どのようにすればよいのか。もちろん、差異性という価値をもっている商品を買えばよい。だが、そのためには単に他人と異なった商品を買っても意味がない。他人が買っていなくて、しかも他人が価値あると認める商品を見つけ出さなければならないのである。もちろん市場には商品の種類は無数にあり、犬も歩けば棒にあたる。(いや、広告を通じて、^B^棒の方が犬に向ってあたってくる。)そこで、だれかがどこかでそのような商品に行き当り、差異化への欲望を満足したとしよう。これは、購買における一種の革新である。しかし、この購買における革新の効果も決して永続するものではない。なぜならば、ある人がある商品を所有することによって差異化への社会的な欲望を満足しているということは、同時に、まだその商品を買っていない他の人々がそれに価値を認めたことでもあるからだ。それは当然これらの人々の心の中に模倣への社会的欲望をひきおこすであろう。それゆえ、購買力が許すならば、かれらもその商品を買い始めるにちがいない。その結果、その商品の社会的な価値はますます高まり、さらに多くの人の中に模倣への欲望をひきおこし、模倣の群によって商品のブームが生れる。だが、このようなブームの中で、次第に差異性としての商品の価値は失われ、差異性への人々の欲望は再び不満足の状態に引きもどされる。それゆえ、また人々は差異性という価値をもつ新たな商品を探し求めていくことになる。そのような商品が再び見出されると、模倣によるブームがおこり、このブームの中でその商品も差異性という価値を失っていく。そしてまた……。

（岩井克人『ヴェニスの商人の資本論』より）

（注1）すでに述べた……掲載部分の直前にこの内容についての言及がある。
（注2）ポトラッチ……北アメリカの先住民の社会で、自己の社会的威信を高めたり称号を獲得したりするために、客を招き、競い合って贈与・消費する饗宴の習俗。ふるまわれた客は、自分の名誉のために、それ以上の返礼をすることが求められる。

1 空欄（ X ）（ Y ）（ Z ）に入る語句の組み合わせとして最も適切なものを、①～⑤の中から一つ選びなさい。

① X 絶対的 Y 相対的 Z 反復的
② X 形式的 Y 一時的 Z 利己的
③ X 相対的 Y 絶対的 Z 根源的
④ X 一時的 Y 利己的 Z 本質的
⑤ X 一時的 Y 根源的 Z 絶対的

2 空欄 Ⅰ Ⅱ に入る語句の組み合わせとして最も適切なものを、①～⑤の中から一つ選びなさい。

① Ⅰ むしろ　Ⅱ それゆえ
② Ⅰ しかしながら　Ⅱ それゆえ
③ Ⅰ ところで　Ⅱ また
④ Ⅰ しかしながら　Ⅱ むしろ
⑤ Ⅰ それゆえ　Ⅱ しかしながら

3 波線部「パラドクス」の語句の意味として最も適切なものを、①～⑤の中から一つ選びなさい。

① 構造が複雑であること。
② 多様な解釈が成り立つこと。
③ 矛盾を含んでいること。
④ 存在価値がないこと。
⑤ 非常な難問であること。

4 傍線部A「差異は次第に失われ、革新はもはや革新的ではなくなり、利潤は霧散する」とあるが、その説明として最も適切なものを、①～⑤の中から一つ選びなさい。

① 利潤を生み出すには二つの物理的に離れた市場の存在が不可欠であるが、貿易の拡大によってこの市場間の賃金格差が縮まっていくということ。
② 産業資本が規模を拡大するのに比例して過剰労働人口も増大するので、利潤の源泉である労働力と生産物との価値の差異が減少していくということ。
③ 利潤は二つの価値体系の差異を仲介することで創り出されるが、現代の資本主義にとってはもはや革新による差異を創り出す能力が失われてしまっているということ。

④　革新企業の利潤再投資による市場シェアの増大は、他企業の損失の増大につながるため、資本全体としての利潤は差し引きゼロになるということ。

⑤　利潤は二つの価値体系の間の差異を搾取することによって生み出されるが、搾取をすればするほど、差異はなくなっていくということ。

5　本文中のヘーゲルの言葉は本文の中でどのような役割を果たしているか、その役割の説明として最も適切なものを、①～⑤の中から一つ選びなさい。

①　同一の個人に共存する平等への要求と独自性への欲望とが本質的に矛盾を抱えながら増殖し、やがてモノの獲得の目的へと転化していくことの倒錯ぶりを読者に印象づける役割。

②　資本主義の中における人々の社会的欲望への対処の仕方は、企業が新たな利潤を求めて革新と模倣を繰り返していく過程と密接な相関関係にあるという主張を読者に示す役割。

③　自己を他者と区別させることによって自己を主張したいという模倣への欲望が、自己を他者と同一化したいという差異化への欲望の源泉になっていることを読者に訴える役割。

④　人間の社会的欲望には模倣への欲望と差異化への欲望とがあり、これらは形態は異なるものの、結局どちらも他者に対する承認の欲望であるということを読者に納得させる役割。

⑤　同一の個人の中に共存する社会的欲望の二つの形態の違いに対応する形で、モノに対する所有と消費の反復の速度が加速度的に上昇していくという事実を読者に提示する役割。

6　傍線部B「棒の方が犬に向ってあたってくる」とはどういうことか。その説明として最も適切なものを、①～⑤の中から一つ選びなさい。

①　情報化社会に生きる現代人は様々なメディアを通して積極的に広告に触れ、自らの社会的欲望を満足

させようとしているということ。

② 他者が価値ある商品を所有しているという情報によって、それまで存在しなかった模倣への社会的欲望が喚起されるということ。

③ 現代の資本主義においては、広告そのものが同一性という価値を持った商品と化し、無数に流通しているということ。

④ 消費者が積極的に情報を集めなくては、広告だけでは商品の差異性が分かりにくくなっているということ。

⑤ 商品の方が差異性という価値を宣伝し、社会的存在である人間の差異化への欲望を満足させようとしてくるということ。

7 本文の内容の説明として最も適切なものを、①～⑤の中から一つ選びなさい。

① 共同体社会や階級社会とは異なり、現代の資本主義においては、万人が差異化への欲望を満たしたがるが、ひとつの購買における革新があまたの模倣を呼び起こし、差異は次第に失われ、再び不満足の状態に引き戻された欲望が新たな差異性を求める、という過程が永遠に繰り返されていく。

② 多くの共同体社会における祭や戦争が差異化への欲望を一時的に満足させるものであったことは、産業資本が労働力と生産物との差異から利潤を得るのと形式的に対応し、階級社会において支配者階級のみが差異化への欲望を満足させていたことは、商業資本が二つの地域間の価格体系の差異から利潤を得るのと形式的に対応している。

③ 外部も階級差も失いつつある現代の資本主義において利潤を生み出すには、イノヴェイションによって仮想の外部を設定し、そこに生じる価格体系の差異を搾取するしかないが、それは競争敗者による模

倣の群を必然的に呼び起こし、利潤は次第に解消されていく。

④ 商業資本であれ、産業資本であれ、現代の資本主義であれ、価格体系の差異を搾取することで生じる利潤は、搾取されることそのものを原因として解消されていくのであるから、短期的・局所的に見れば増殖しているように見える資本も、長期的・全体的に見れば実は何も変わっていない。

⑤ 人間の差異化への欲望にいかに対処するかという問題については、有史以来あらゆる社会において独自の方法が編み出されてきたが、結局モノのもつ差異性という価値に依拠している以上、完全に欲望を満足しきる状態にはついに到達することができないので、限りある人生を有意義なものにするには、できるだけ無欲になるのが賢明である。

(☆☆☆◎◎)

【二】次の文章は、中島敦の小説「李陵(りりょう)」の一節である。漢の武将だった李陵は、(注1)匈奴(きょうど)との戦いに敗れ、降服して今は匈奴に右校王(うこうおう)として重用される身となっている。この文章を読んで、後の問いに答えなさい。(一部表記を改めたところがある。)

陵が匈奴に降(くだ)るよりも早く、ちょうどその一年前から、漢の中郎将蘇武(そぶ)が(注2)胡地(こち)に引留められていた。元来蘇武は平和の使節として捕虜交換のために遣わされたのである。ところが、その副使某が偶々(たまたま)匈奴の内紛に関係したために、使節団全員が囚(とら)えられることになって了(しま)った。単于(ぜんう)は彼等を殺そうとはしないで、死を以て脅してこれを降らしめた。ただ蘇武一人は降服をガエんじないばかりか、辱(はずか)しめを避けようと自ら剣を取って己が胸を貫いた。昏倒(こんとう)した蘇武に対する胡毉(こい)の手当というのが頗る変っていた。地を掘って坎(あな)をつくり熅火を入れて、その上に傷者を寝かせその背中を蹈んで血を出させたと漢書には誌されている。この荒療治のお蔭で、不幸にも蘇武は半日昏絶した後に又息を吹返した。且鞮侯単于はすっかり彼に惚れ込んだ。数旬の後漸く蘇武の身体が回復すると、例の近臣(注3)衛律をやって又熱心に降をすすめさせた。衛律は蘇武が鉄火の罵詈に遭い、すっかり恥をかいて手を引いた。その後蘇武が窖の中に幽閉された時旃毛を雪に和して喰い以て飢を凌いだ話や、ついに北海のほとり人無き所に徙されて牡羊が乳を出さば帰るを許さんと言われた話は、持節十九年の彼の名と共に、余りにも a 有名だから、ここには述べない。とにかく、李陵が悶々の余生を胡地に埋めようと漸く決心せざるを得なくなった頃、蘇武は、既に久しく北海(バイカル湖)のほとりで独り羊を牧していたのである。

李陵にとって蘇武は二十年来の友であった。曾て時を同じゅうして侍中を勤めていたこともある。片意地でさばけないところはあるにせよ、確かに稀に見る硬骨の士であることは疑いないと陵は思っていた。天漢元年に蘇武が北へ立ってから間も無く、武の老母が病死した時も、陵は陽陵までその葬を送った。蘇武の妻が良人の再び帰る見込無しと知って、去って他家に嫁したという噂を聞いたのは、陵の北征出発直前のことであった。その時、陵は友の為にその妻の浮薄をいたく憤った。

しかし、計らずも自分が匈奴に降るようになってから後は、もはや蘇武に会いたいとは思わなかった。武が遥か北方に遷されていて顔を合わせずに済むことを寧ろ助かったと感じていた。殊に、己の家族が戮せられて再び漢に戻る気持を失ってからは、一層この「漢節を持した牧羊者」との面接を避けたかった。

狐鹿姑単于が父の後を嗣いでから数年後、一時蘇武が生死不明との噂が伝わった。父単于が竟に降服させることの出来なかったこの不屈の漢使の存在を思出した狐鹿姑単于は、蘇武の安否を確かめると共に、若し健在ならば今一度降服を勧告するよう、李陵に頼んだ。陵が武の友人であることを聞いていたのである。已むを得ず陵は北へ向った。

姑且水を北に溯り郅居水との合流点から更に西北に森林地帯を突切る。まだ所々に雪の残っている川岸を進むこと数日、漸く北海の碧い水が森と野との向うに見え出した頃、この地方の住民たる丁霊族の案内人は李陵の一行を一軒のb哀れな丸木小舎へと導いた。小舎の住人が珍しい人声に驚かされて、弓矢を手に表へ出て来た。頭から毛皮を被った鬚ぼうぼうの熊のような山男の顔の中に、李陵が曾ての栘中厩監蘇子卿の俤を見出してからも、先方がこの胡服の大官を前の騎都尉李少卿と認めるまでには尚暫くの時間が必要であった。蘇武の方では陵が匈奴に事えていることも全然聞いていなかったのである。

感動が、陵の内に在って今まで武との会見を避けさせていたものを一瞬圧倒し去った。A二人とも初め殆どものが言えなかった。

陵の供廻りどもの穹廬がいくつか、あたりに組立てられ、無人の境が急に賑やかになった。用意して来た酒食が早速小舎に運び入れられ、夜は珍しい歓笑の声が森の鳥獣を驚かせた。滞在は数日に亙った。己が胡服を纏うに至った事情を話すことは、さすがに辛かった。しかし、李陵は少しも弁解の調子を交えずに事実だけを語った。蘇武がさり気なく語るその数年間の生活は全く惨憺たるものであったらしい。何年か以前に匈奴の(注4)於□王が猟をするとて偶々ここを過ぎ蘇武に同情して、三年間つづけて衣服食料等を給してくれたが、その於□王の死後は、凍てついた大地から野鼠を掘出して、飢えを凌がなければならないc始末だと言う。彼の生死不明の噂は彼の養っていた畜群が剽盗共のために一匹残らずさらわれて了ったことの訛伝らしい。陵は蘇武の母の死んだことだけは告げたが、妻が子を棄てて他家へ行ったことはさすがに言えなかった。

この男は何を目あてに生きているのかと李陵は怪しんだ。いまだに漢に帰れる日を待ち望んでいるのだろうか。蘇武の口うらから察すれば、今更そんな期待は少しももっていないようである。それでは何の為にこうした惨憺たる日々をたえ忍んでいるのか？　単于に降服を申出れば重く用いられることは請合だが、それをする蘇武でないことは初めから分り切っている。李陵の怪しむのは、何故早く自ら生命を絶たないのかという意味であった。李陵自身が希望のない生活を自らの手で断ち切り得ないのは、何時の間にかこの地に根を下して了った数々の恩愛や義理のためであり、又今更死んでも格別漢のために義を立てることにもならないからである。蘇武の場合は違う。彼にはこの地での係累もない。漢朝に対する忠信という点から考えるなら、何時までも節旄を持して曠野に飢えるのと、直ちに節旄を焼いて後自ら首刎ねるのとの間に、別に差異はなさそうに思われる。はじめ捕えられた時、いきなり自分の胸を刺した蘇武に、今となって急に死を恐れる心が萌したとは考えられない。李陵は、若い頃の蘇武の片意地を——滑稽な位強情な痩我慢を思出した。単于は栄華を餌に極度の困窮の中から蘇武を釣ろうと試みる、餌につられるのは固より、苦難に堪え得ずして自ら殺すこともまた、単于に（或いはそれによって象徴される運命に）負けることになる。蘇武はそう考えているのではなかろうか。運命と意地の張合いをしているような蘇武の姿が、しかし、李陵には滑稽や笑止には見えなかった。想像を絶した困苦・欠乏・酷寒・孤独を、（しかもこれから死に至るまでの長い間を）平然と笑殺して行かせるものが、意地だとすれば、この意地こそは誠に凄じくも壮大なものと言わねばならぬ。昔の多少は大人気なくも見えた蘇武の痩我慢が、かかる大我慢にまで成長しているのを見て李陵は驚嘆した。しかもこの男は自分の行が漢にまで知られることを予期していない。自分が再び漢に迎えられることは固より、自分がかかる無人の地で困苦と戦いつつあることを漢は愚か匈奴の単于にさえ伝えてくれる人間の出てくることをも期待していなかった。誰にもみとられずに独り死んで行くに違いないその最後の日に、自ら顧みて最後まで運命を笑殺し得た事に満足して死んで行こうというのだ。誰一人己が事蹟を知ってくれなくとも差支えないというのである。李陵は、曾て先代単于の首を狙いながら、その目的は果すとも、自分がそれをもって匈土の地を脱走し得なければ、折角の行為が空しく、漢にまで聞こえないであろうことを恐れて、竟に決行の機を見出し得なかった。人に知られざることを憂えぬ蘇武を前にして、B彼はひそかに冷汗の出る思いであった。

最初の感動が過ぎ、二日三日とたつ中に、李陵の中に矢張一種のこだわりが出来てくるのをどうする事もできなかった。何を語るにつけても、己の過去と蘇武のそれとの対比が一々ひっかかってくる。蘇武は義人、自分は売国奴と、それ程ハッキリ考えはしないけれども、森と野と水との沈黙によって多年の間鍛え上げられた蘇武の厳しさの前には己の行為に対する唯一の弁明であった今までのわが苦悩の如きは一溜りもなく圧倒されるのを感じない訳にいかない。それに、気のせいか、日日が立つにつれ、蘇武の己に対する態度の中に、何か富者が貧者に対する時のような――己の優越を知った上で相手にd寛大であろうとする者の態度を感じ始めた。何処とハッキリはいえないが、どうかした拍子にひょいとそういうものの感じられることがある。繿褸をまとうた蘇武の目の中に、時として浮ぶかすかな憐愍の色を、豪奢な貂裘をまとうた右校王李陵は何よりも恐れた。

十日ばかり滞在した後、李陵は旧友に別れて、（ A ）南へ去った。食糧衣服の類は充分に森の丸太小舎に残して来た。

李陵は単于からの依嘱たる降服勧告については到頭口を切らなかった。蘇武の答は問うまでもなく明らかであるものを、何も今更そんな勧告によって蘇武をも自分をも辱しめるには当らないと思ったからである。

南に帰ってからも、蘇武の存在は一日も彼の頭から去らなかった。離れて考える時、蘇武の姿は却って一層きびしく彼の前に聳えているように思われる。

李陵自身、匈奴への降服という己の行為を善しとしている訳ではないが、自分の故国につくした跡と、それに対して故国の己に酬いたところとを考えるなら、如何に無情な批判者といえども、尚、その「やむを得なかった」ことを認めるだろうとは信じていた。ところが、ここに一人の男があって、如何に「やむを得ない」と思われる事情を前にしても、断じて、自らにそれは「やむを得ぬのだ」という考え方を許そうとしないのである。

飢餓も寒苦も孤独の苦しみも、祖国の冷淡も、己の苦節が竟に何人にも知られないだろうという殆ど確定的な事実も、この男にとって、平生の節義を改めなければならぬ程の止むを得ぬ事情ではないのだ。

蘇武の存在は彼にとって、崇高な訓誡でもあり、いらだたしい悪夢でもあった。時々彼は人を遣わして蘇武の安否を問わせ、食品、牛羊、絨氈を贈った。蘇武を見たい気持と避けたい気持とが彼の中で常に闘っていた。

(注1)匈奴……前三世紀から後五世紀にわたり中国民族をおびやかした北方高原の遊牧騎馬民族。首長を単于と称した。モンゴルを中心に大帝国を建設し、しばしば漢と抗争した。
(注2)胡地……「胡」は北方異民族の総称。
(注3)衛律……漢の降人で、当時最も重用されていた。胡人を父に持つ。
(注4)於□王……□に当たる字は、本来はかわへん(「革」)の右側に「干」を組み合わせた字。

1　波線部「ガエんじない」と同じ漢字を含むものを、①～⑤の中から一つ選びなさい。

①　要求をショウダクする。
②　イイダクダクと受けいれる。
③　発言をコウテイ的にとらえる。
④　定説をクツガエす新発見。

⑤　相手をオモンパカっての発言。

2　二重傍線部a～dのうち、一つだけ二つの単語の組み合わせとなっているものがある。その二つの単語の品詞の組み合わせとして最も適切なものを、①～⑤の中から一つ選びなさい。

①　名詞＋動詞　②　形容詞＋助詞　③　形容動詞＋助動詞　④　名詞＋助動詞

⑤　副詞＋助詞

3　傍線部A「二人とも初め殆どものが言えなかった」とあるが、この時の二人の心情の説明として最も適切なものを、①～⑤の中から一つ選びなさい。

①　李陵は、安否不明だった蘇武と、異境の地で生きて再会を果たしたことに対して感無量の思いでいる。蘇武は、信頼していた旧友が自分に対して匈奴への降服を勧告しに来るとは予想もしていなかったので絶句している。

②　李陵は、髪が伸び放題で鬚ぼうぼうの熊のような山男に蘇武の面影を全く見いだせず、混乱している。蘇武は、李陵がなぜ突然に訪ねてきたのか意図が読めず、警戒している。

③　李陵は、かつての同僚が極寒の地で孤独に耐え忍んでいる姿を目の当たりにして言葉が出てこない。蘇武は、いよいよ処刑されるときが来たかと表へ出てみたところ、かつての同僚が胡服を着て、死刑執行役として派遣されてきたことに驚いている。

④　李陵は、死んだのではと心配していた蘇武と生きて再会できたことに、過去のわだかまりを忘れるほどの喜びを覚えている。蘇武は、何者の襲撃かと武器を手に表へ出たが、来訪者が意外な旧友だったことに、事態がよく飲みこめないでいる。

⑤　李陵は、蘇武と顔を合わせたくなかったが、いざ異境の地に孤独に囚われた旧友との再会を果たして

みると、言葉にならない思いで胸が一杯になっている。蘇武は、李陵が匈奴に重用されていることを知らなかったので、突然の来訪に言葉が出てこないでいる。

4　傍線部B「彼はひそかに冷汗の出る思いであった」とあるが、このときの李陵の心情の説明として最も適切なものを、①～⑤の中から一つ選びなさい。

①　節を守るためならば死をも恐れない蘇武の毅然とした態度に比べ、故国への忠誠心が鈍るとともに、すでに匈奴に根を下ろし、家族愛や単于への信頼感が芽生えることによって容易に自殺しえなくなった自分を恥ずかしく感じている。

②　想像を絶する艱難辛苦にも屈することなく、自らの節を守る孤独な闘いが最後まで誰にも知られなくても構わないという蘇武に比べ、単于暗殺を企てながら、その結果が漢に伝わらないことを恐れて決行を断念した自分のことを恥ずかしく感じている。

③　筆舌に尽くしがたい辱めを受け、祖国からその存在すら忘れ去られた今となってもなお、その静かな語り口とは裏腹に内心では漢に戻ることを少しも諦めていない蘇武の強靱な忍耐力を感じとり、驚嘆している。

④　わずかな希望すら持てぬなか、酷寒と飢えとに苦しめられてきた蘇武の生活を目の当たりにして、最初は不本意であったとは言え、いつの間にか胡地での豪奢な生活に慣れてしまっていた自分に憤りを感じている。

⑤　自分の行為の正当性を自分自身が認められるのであれば、周りの評価など一切気にしない蘇武の潔さに比べて、他人にどう評価されるかということだけをすべての行動の基準としてきた自分をあさましく感じている。

5 空欄（ A ）に入る語句として最も適切なものを、①～⑤の中から一つ選びなさい。
① 悄然と
② 欣然と
③ 泰然と
④ 恬然と
⑤ 毅然と

6 この文章の表現に関する説明として最も適切なものを、①～⑤の中から一つ選びなさい。
① 必要に応じて複数の視点から物語を重層的に描き出すことによって、主人公の心情変化を多面的かつ客観的にとらえ、読者が冷静な眼差しをもって作品に向き合えるものになっている。
② 必要に応じて過去の出来事が主人公の回想の形で挿入されることによって、主人公と他の登場人物との間に生じた軋轢が深刻化していくことを読者に暗示させるものになっている。
③ 必要に応じて主人公の知り得ない情報を提供しながらも、基本的には主人公の視点に寄り添う形で語られることによって、読者が主人公の心情変化を理解しやすいものになっている。
④ 時間の経過と共に新たな事実が明らかになり、それに伴い大きく変化する主人公の心情を、直接的な台詞のやりとりで描き出すことによって、読者を物語世界に引き込むものになっている。
⑤ 漢文訓読調の文体で出来事を客観的かつ簡潔に叙述し、運命に翻弄される主人公の言動を第三者の視点から叙事詩的に描くことで、個人の力を超えた信仰の力の存在を読者に示唆している。

7 中島敦の作品を①～⑤の中から一つ選びなさい。
① 興津弥五右衛門の遺書

② 少将滋幹の母
③ 項羽と劉邦
④ 光と風と夢
⑤ 天平の甍

【三】 次の文章を読んで、後の問いに答えなさい。 (☆☆☆◎◎◎)

A晴の歌は必ず人に見せ合すべきなり。我が心ひとつにては誤りあるべし。予、そのかみ(注1)高松の女院の北面に菊合といふ事侍りし時、恋の歌に、

B堰(せ)きかぬる涙の川の瀬を早みくづれにけりな人目づつみは

とよめりしを、未だ晴の歌などよみ馴れぬ程Iにて、(注2)勝命入道に見せ合せ侍りしかば、「C此の歌大きなる難あり。御門・后の隠れ給ふをば『崩ず』といふ。其の文字をば『くづる』と読むなり。いかでか院中にてよまん歌に此の言葉をばよむべき」と申し侍りしかば、あらぬ歌を出してやみIIにき。其の後女院程なく隠れおはしましにき。D此の歌出したらば、さとしとぞ沙汰せられ侍らまし。

(注3)九条殿未だ右大臣と申しし時、人々に百首の歌よませさせ給ふ事侍りき。其のたびいみじき人々僻事(ひがごと)よみて、果Eには異名さへ付き給ひにき。(注4)近くの徳大寺左大臣は、無明の酒を「名もなき酒」とよみ給へりしかば、「名なしの大将」といはれ、(注5)五条三位入道は此の道の長者にいますかれど、富士の鳴沢(なるさは)を「富士のなるさ」とよみて、「なるさの入道、名なしの大将」とつがひて人IIIに笑はれ給ひしかば、いみじき此の道の

遺恨にてなん侍りし。各々これほどの事、知り給はぬⅣにはあらじ。思ひ誤り侍るにこそ。
同じたびの百首に、(注6)伊豆守仲綱の歌に、「ならはし顔」などよみたりしをば(注7)大貳入道聞きて、「かやうの言葉などよまん人をば、F百千の秀歌よみたりとも、いかが歌よみといはん。無下Ⅴにうたてき事なり」とこそ申されけれ。是等は皆人に見せ合せぬ誤りどもなり。

(『無名抄』)

(注1) 高松の女院……鳥羽院の皇女姝子。二条院の中宮。
(注2) 勝命入道……藤原親重。
(注3) 九条殿……藤原兼実。後に摂政太政大臣になる。
(注4) 近くの徳大寺左大臣……藤原実定。藤原俊成の甥にあたる。
(注5) 五条三位入道……藤原俊成。
(注6) 伊豆守仲綱…源頼政の子。
(注7) 大貳入道……藤原重家。

1 傍線部A「晴の歌」の意味として最も適切なものを、①～⑤の中から一つ選びなさい。
① 公的な場面で詠む歌
② 天気のよい日に詠む歌
③ おめでたい宴席で詠む歌
④ はれやかな思いを詠む歌

⑤　率直な気持ちを詠む歌

2　傍線部Bの和歌「堰きかぬる涙の川の瀬を早みくづれにけりな人目づつみは」における修辞の説明として最も適切なものを、①～⑤の中から一つ選びなさい。

①「堰きかぬる」は「涙」の枕詞である。
②「堰きかぬる涙の」は「瀬」を導き出す序詞である。
③「せなせくひ(背杭)」が折句として置かれている。
④「堰き」、「川」、「人目」は縁語である。
⑤「(人目)づつみ」は「堤」と「包み」の掛詞である。

3　傍線部C「此の歌大きなる難あり」とあるが、勝命入道が「難」として指摘していることはどういうことか。最も適切なものを、①～⑤の中から一つ選びなさい。

①　複雑な場面設定が準備されており、多くの人が即興の歌を求め集う宮中においては理解が難しいということ。
②　宮中にふさわしい華やかな歌を詠まなければならないのに、「堰き」「涙」など不吉な言葉を用いているということ。
③「くづれ」は帝や后が亡くなることを意味する言葉に通じるので、女院の御所で詠む歌に使うべきでないということ。
④「晴れの歌」を詠みなれた者は難解な言葉を問題なく使えるが、筆者のような初心者は使いこなせないということ。
⑤　恋が成就するはれがましい歌を詠まなければならないのに、恋が崩れ失われる歌を詠んでいるという

こと。

4　傍線部D「此の歌出したらば、さとしとぞ沙汰せられ侍らまし」の解釈として、最も適切なものを、①～⑤の中から一つ選びなさい。

① この歌を出していたならば、この歌が前兆だったと噂されたでありましょう。
② この歌を出していたならば、「余計なことを述べる者は去れ」との命令を受けたことでしょう。
③ この歌を出さなかったので、聡明な者と認識されることはなかったのでしょう。
④ この歌を出したので、不幸を予知したと噂されることになったのでしょう。
⑤ この歌を出さなかったならば、聡明な者と噂されたでしょうに。

5　二重傍線部Ⅰ～Ⅴの「に」のうち、傍線部E「に」と同じ文法的意味の語を、①～⑤の中から一つ選びなさい。

①　Ⅰ　②　Ⅱ　③　Ⅲ　④　Ⅳ　⑤　Ⅴ

6　傍線部F「百千の秀歌よみたりとも、いかが歌よみといはん」の解釈として、最も適切なものを、①～⑤の中から一つ選びなさい。

① 百千の秀歌を詠んだとしても、優れた歌人ということはできない。
② 百千の秀歌を詠まなかったならば、どうして優れた歌人ということができるだろう。
③ 百千の秀歌を詠んだ者を、どうして優れた歌人というのだろうか。
④ 百千の秀歌を詠み学んだ者を、優れた歌人ということにしよう。
⑤ 百千の秀歌を詠み学んだとしても、優れた歌人になることはできない。

（☆☆☆◎◎◎）

【四】次の漢文を読んで、後の問いに答えなさい。（ただし、設問の都合で訓点を省略した部分がある。）

謝(注1)萬北征、常以(注2)嘯詠自高、A未嘗撫慰衆士。謝(注3)公甚器愛萬、而審其必敗、乃B倶行。従容謂萬曰「汝為元帥、宜数喚諸将宴会、以悦衆心。」萬従C之、因召集諸将、都無所説、直以如(注4)意指四座云、「諸君皆是勁(注5)卒。」諸将甚D忿恨之。謝公欲深箸恩信、自隊主将帥以下、無不身造、厚相遜

謝。及萬事敗、軍中因欲除之、復云、

「当為隠士。」故幸而得免。

(『世説新語』)

(注1) 謝萬……謝安の弟。升平二年(三五八)に、西中郎将・予州刺吏として北征した。
(注2) 以嘯詠自高……「口笛を吹いて自分を高尚だと思い」の意。
(注3) 謝公……謝安のこと。字は安石。東晋王朝において重きをなした。
(注4) 如意……元々は仏具のひとつで、棒状のもの。説教のときなどに持った。
(注5) 勁卒……強い兵卒。

1 傍線部A「未嘗撫慰衆士」の書き下し文として最も適切なものを、①~⑤の中から一つ選びなさい。

① 未だ嘗て衆士を撫慰せず。
② 未だ嘗て衆士を撫慰することなし。
③ 未だ嘗て撫慰する衆士なし。
④ 未だ嘗て撫慰せらる衆士なし。
⑤ 衆士の撫慰を未だ嘗てせず。

2 傍線部B「倶行」の説明として最も適切なものを、①~⑤の中から一つ選びなさい。

①　謝萬は謝公の才能を認めて大いに目をかけていたが、必ずや戦いに敗れるだろうと思い、一緒に遠征した。
②　謝公は謝萬の才能を認めて大いに目をかけていたが、必ずや戦いに敗れるだろうと思い、一緒に遠征した。
③　謝萬は謝公に総大将としての才能がないと心配しており、必ずや戦いに敗れるだろうと思い、一緒に遠征した。
④　謝公は謝萬に総大将としての才能がないと心配しており、必ずや戦いに敗れるだろうと思い、一緒に遠征した。
⑤　謝公は謝萬をたいへんかわいがっており、万が一にも戦いに敗れるようなことがあってはならないと考え、一緒に遠征した。

3　傍線部C「之」が指し示す内容として最も適切なものを、①～⑤の中から一つ選びなさい。
①　謝公の忠告
②　将軍たちの意見
③　兵士たちの声
④　民衆の嘆き
⑤　謝萬の意志

4　傍線部D「忿恨之」の説明として最も適切なものを、①～⑤の中から一つ選びなさい。
①　総大将謝萬の指揮が原因で戦いに敗れたことを怒っている。
②　戦いに敗れた責任を謝萬が将軍たちに押しつけたことを怒っている。

③ 謝萬が将軍たちに対して兵卒呼ばわりしたことを怒っている。
④ 謝萬が宴席で将軍たちに酒をつぎにこなかったことを怒っている。
⑤ 謝萬が将軍たちに宴会に出るよう強要したことを怒っている。

5 傍線部E「故幸而得免」とはどういうことか。具体的な内容として最も適切なものを、①～⑤の中から一つ選びなさい。

① 謝萬は幸いにして死を免れることができたということ。
② 謝公は幸いにして死を免れることができたということ。
③ 謝萬は幸いにして将軍たちの協力で敵から免れることができたということ。
④ 謝公は幸いにして将軍たちの協力で敵から免れることができたということ。
⑤ 謝萬は幸いにして将軍たちの協力で皇帝から死を賜らずに済んだということ。

（☆☆☆◎◎◎）

解答・解説

【中高共通】

【一】1 ③　2 ②　3 ③　4 ⑤　5 ④　6 ⑤　7 ①

〈解説〉1　第一段落に「資本の絶えざる自己増殖、それが資本主義の絶対的な目的」とあることから、Yは

「絶対的」と推測する。Xはそれに対する「パラドクス」であるから「相対的」と推測される。　2　空欄Ⅰの直前に「利潤はすなわち差異から生まれる」とあるのに対し、直後で「遠隔地貿易の拡大発展は地域間の価格体系の差異を縮め」と逆の内容になっているので、Ⅰは逆接。空欄Ⅱの直前に「差異を搾取するとは、すなわち差異そのものを解消することなのである」とあり、直後に「残された道はただひとつ――内在的に差異を創造するよりほかはない」とその結果が書かれているので、順接。　3　「パラドクス」とは矛盾・逆説を意味する。　4　第二・第三段落に書かれている。　5　引用されているヘーゲルの言葉は「模倣への欲望」と「独自性（差異化）への欲望」について述べている。　6　ここでの「棒」は商品、「犬」は人間であり、商品のほうから広告を通じて人間に価値を宣伝してくることを示している。　7　資本主義社会において、差異化→模倣→差異の解消というサイクルが繰り返されることを説明している選択肢を探す。

【二】1　③　2　④　3　⑤　4　②　5　①　6　③　7　④

〈解説〉1　「肯んじない」。①「承諾」、②「唯々諾々」、③「肯定」、④「覆す」、⑤「慮る」。　2　a、b、dは形容動詞。cは名詞「始末」＋断定の助動詞「だ」。　3　蘇武と「顔を合わせずに済むことを寧ろ助かったと感じていた」李陵と、「陵が匈奴に事えていることも全然聞いていなかった」蘇武の出会いである。　4　「誰一人己が事蹟を知ってくれなくとも差支えない」という蘇武を前にした、かつて単于暗殺を企みつつ「折角の行為が空しく、漢にまで聞こえないであろうことを恐れて」実行できなかった李陵の心情である。　5　「悄然と」は元気がない様子。蘇武に降伏を勧めることもできず、憐憫の視線まで向けられた李陵の様子を想像する。　6　漢書に記された蘇武のエピソードなどを引用しながら、基本的には李陵の内面に沿ってその心情を克明に描いている。　7　①『興津弥五右衛門の遺書』は森鷗外、②『少将滋幹の母』は谷崎潤一郎、③『項羽と劉邦』は司馬遼太郎、⑤『天平の甍』は井上靖の小説。

【三】1 ① 2 ⑤ 3 ③ 4 ① 5 ③ 6 ①

〈解説〉1 ここでの「晴」は表向き、公式という意味。 2 直前に「恋の歌」とある。「堤」と「人目づつみ(人目を忍ぶ恋)」をかけている。 3 帝や后の死を「崩御」というなど、「崩(くづる)」という言葉は朝廷では縁起がよくないことを指摘されたのである。 4 ここでの「さとし」は前兆。たまたまこの菊合の直後に女院が崩御したので、もしこの歌を公表していたら不吉な前兆だったと騒がれたであろう、ということ。 5 EとⅢは助詞。Ⅰ、Ⅳは断定の助動詞「なり」の連用形。Ⅱは完了の助動詞「ぬ」の連用形。Ⅴは形容動詞「無下なり」の連用形の一部。 6 ここでの「いかが」は「どうして歌よみといえようか、いや、そんなことはない」という反語。

【四】1 ① 2 ② 3 ① 4 ③ 5 ①

〈解説〉1 「未」は「いまダ～セず」と読む再読文字。 2 直前の部分に注目。謝公は弟を「器愛」していたが、「必敗」すると確信していたので遠征に同行したのである。 3 謝公の「諸将のために宴会を開け」という忠告に「従」ったのである。 4 宴席で謝萬に「勁卒」と呼ばれたことに対する怒りである。 5 諸将の人望を失った謝萬は大敗して味方に殺されそうになるが、諸将に礼を尽くした謝公のおかげで死を免れたのである。

二〇一九年度　実施問題

【中高共通】

【一】次の文章を読んで、後の問いに答えなさい。(ただし、一部原文を削除・修正した箇所がある。)

　学びの起源的形態は「母語の習得」です。けれども、私たちが母語を学習し始めるときに、「日本語運用能力を身につけると、コミュニケーションも円滑に進むし、いずれ就職や昇進にも有利であろう」などということは考えません。あるいは「この人から母語を習ってよいのであろうか。この人の用いている語彙（ごい）は適切なのであろうか、発音は正統的なのであろうか」などとも考えません。そもそも「能力」とか「有利」とか「語彙」とかいう概念そのものをまだ知らaないのですから、そんなこと考えるはずがbない。学びは学んだ後になってはじめて自分が学んだことの意味や有用性について語れるようになるという順逆が転倒したかたちで構造化されています。私たちが学ぶのは、学ぶとどんな「いいこと」があるかが確実に予見されているからではありません。学ぶことによって、学ぶ前にはそのようなものがこの世に存在することさえ知らなかった「いいこと」が［ア］私たちの知に登録されてゆくのです。

「学ぶ」構えは知性のパフォーマンスを向上させるためにはⅠゲキヤク的に効きます。ゲキヤクであるだけに、使い方がむずかしい。おそらくそのせいで、「学ぶ」ということを集団の統合原理の基礎にしているような社会集団はほとんど存在しcない。私が知る限り、欧米ではどちらかというと、学び始める前に「教える者」に対して、「あなたが教えることの意味と有用性について一覧的に開示せよ。その説明が合理的であれば、A学ぶにやぶさかでない」というような（わりと強気の態度から入ることが多いようです（教わった後も、「じゃあ、もうあなたから学ぶべきことは学んだようですな。では、さようなら」とあっさり旧師を棄ててしまうというケースもしばしば見られます)。

大学のシラバスは、典型的に欧米的な教育思想の産物ですが、これは学び始める前に、これから学ぶことの意味や有用性について初心者にもわかるように書かれた説明です。大学の教師はこれを書くことを義務づけられていますが、同意してくれる人は多くありません。私は「このような考え方に立ったらもう学びは成立しない」と思っています。しかし、学び始める前に、これから学ぶことについて一望俯瞰的なマップを示せという要求を学ぶ側は口にすべきではない。これは伝統的な師弟関係においては常識です。そんなことをしたら、B真のブレークスルーは経験できないということを古来日本人は熟知していた(今でも教師たちの多くは実感としてはそのことをわかっています)。でも、それがかなり例外的な伝統ではないかという問いは意識化されていない。

論文の形式がそうですね。英米系の学会論文では序論で全体の構成と結論が予示されていて、論の全体があらかじめ一望俯瞰されるようになっています(だから十数行読めば、だいたいどの程度の論文か判定できます。その点では経済的ですが)。「これから私が書くことが私をどのような結論に導くのかは、序論の段階ではまだわからdない」というようなことを書いたら、英米系の学問スタイルに準拠する学会誌のレフェリーからは「一発リジェクト」です。知識や技能の習得に先立って、それが会得するに値するものであることをエビデンス・ベーストで説明することを義務として課す知的風土があり、それが今のところの「世界標準」です。けれども、日本はそうではありません。

[イ] 英米系の叙述スタイルで学術論文を書く学者はわが国にもたくさんいます(ほとんどがそうです)。

でも、彼らはその彼らが現に駆使している叙述スタイルが会得するに値するものであるかどうかをエビデンス・ベーストで説明することはしません。彼らがするのは、「これが『世界標準』だ。そう決まっているのだ」という宣告だけです。その適切性を証明するためには何もしない。「そう決まっている」と師に教えられたので、その形式を学んで、会得した。つまり、これは際立って日本人的なふるまい方だということです。

彼らは「これとは違う記述の仕方もあるはずではないか。私自身の知的パフォーマンスの高度化という究極目的を達成するためには、これとは違うライティング・スタイルの適否についても検討してみることが有用ではないか」という問いをおそらく自分に向けたことがありません（実際、英米系以外にも「大陸型ライティング・スタイル」というのがあります。レヴィナスやラカンやデリダの文体がそうです）。「非専門家向けの新書だから」易しく書こうとか、学会誌だからテクニカルタームを使っても大丈夫とかいう違いについて配慮することはあるでしょう。けれども、「自分の知性のパフォーマンスを最高化するためにはどのような文体が適切か」という問いが学的主題になりうると考えている学者は日本人にはほとんど存在しない。

でも、本来そういうことをとことん問うのが「英米式」なんです。英米的な構えというのはそういうことです。すべての人には等しくルールを決める権利が分与されている。［ウ］、私の決めたルールが他のルールを退けて多数派の同意を得れば、それが世界標準になる。そう考えるのが「英米式」なんです。「みんなが英米式でやっているから英米式でやりましょう」というのは「日本式」なんです。

日本人はこれから学ぶものの適否について事前チェックをしない。これは私たちに刷り込まれた一種の民族誌的奇習です。けれども、この奇習ゆえに、私たちは、師弟関係の開始時において、「この人が師として適切であるかどうかについては吟味しない」というルールを採用していた。そういう仕方で知的なブレークスルーに対して高い開放性を確保していた。

新渡戸稲造が武士道の神髄をその無防備さ、幼児性、無垢性のうちに見たことを先に示しましたが、その欠点は、同時に、外来の知見に対する無防備なまでの開放性というかたちで代償されている。外来の知見に対したとき、私たちは適否の判断を一時的に留保することができる。極端な言い方をすれば、一時的に愚鈍になることができる。それは一時的に愚鈍になることによって知性のパフォーマンスを上げることができるということを私たちが(暗黙知的に)知っているからです。自らをあえて「愚」として、外来の知見に無防備に身を拡げることの方が多くの利益をもたらすことをおそらく列島人の祖先は歴史的経験から習得したからです。

(内田樹『日本辺境論』)

1 二重傍線部「^{I}ゲキヤク」と同じ漢字を含むものを、①〜⑤の中から一つ選びなさい。

ゲキヤク

① カンゲキを縫う。

② エンゲキを鑑賞する。

③ 壁にゲキトツする。

④ ゲキリンに触れる。

⑤ 敵船をゲキチンする。

2 波線部a〜dの「ない」には、一つだけ他と品詞の異なるものがある。その単語の品詞として適切なものを、①〜⑤の中から一つ選びなさい。

① 副詞　② 連体詞　③ 形容詞　④ 助詞　⑤ 助動詞

3 空欄 ア に入る語句として最も適切なものを、①〜⑤の中から一つ選びなさい。

①　便宜的に　②　偶発的に　③　実践的に　④　類型的に　⑤　事後的に

4　傍線部A「学ぶにやぶさかでない」の意味として最も適切なものを、①～⑤の中から一つ選びなさい。

①　学ぶのも仕方がない
②　学ぶのにそれほど抵抗はない
③　気が向けば学んでもよい
④　学ぶのに何のためらいもない
⑤　できることなら学びたくない

5　空欄［イ］［ウ］に入る語句の組み合わせとして最も適切なものを、①～⑤の中から一つ選びなさい。

①　イ　たしかに　ウ　しかし
②　イ　ところで　ウ　でも
③　イ　ところが　ウ　そして
④　イ　このように　ウ　また
⑤　イ　もちろん　ウ　だから

6　傍線部B「真のブレークスルー」についての説明として最も適切なものを、①～⑤の中から一つ選びなさい。

①　知識や技能を習得するとき、その意味や有用性についての合理的な説明を求めず、ありのままに受け容れることによって、知性の水準においてめざましい躍進を遂げるということ。
②　外来の知見に遭遇したとき、それが会得するに値するものであることをエビデンス・ベーストで説明することを義務づけず、その意味や有用性についての適否の判断を留保したまま、無批判に受け容れる

ということ。

③　大学レベルの高度な知識・技能を習得するとき、初学者にも理解できるような一望俯瞰的な説明を示すことなく、伝統的な師弟関係を保つことの重要性について多くの教師は経験としてわかっているということ。

④　知識や技能を習得するとき、知性のパフォーマンスを飛躍的に向上させることによって、その意味や有用性についてエビデンス・ベーストで説明されなくても、適否の判断を留保したまま世界標準に近づけるということ。

⑤　大学レベルの高度な知識・技能を習得するとき、一望俯瞰的な説明を示されずとも自律的に学んでいける姿勢こそが、読み手に伝わりやすい論文執筆を可能にし、英米系の学会でも認められるようになるということ。

7　筆者は本文中で論文について言及しているが、それを通してどういうことを主張しているのか。最も適切なものを、①〜⑤の中から一つ選びなさい。

①　英米系の学会論文では序論で全体の俯瞰的な説明がなされ、読み手に有益な情報が含まれていることを早い段階で提示する叙述スタイルが世界標準になっているということ。

②　日本人は伝統的に学習に先立ってその内容の意味や有用性の適否について判断しないが、それが世界的にみれば例外的な学習態度であるということを当の日本人は自覚していないということ。

③　英米系の叙述スタイルを踏襲して論文を執筆する日本人の学者は数多く存在するが、彼らはその形式の有用性について事前に証明することはなく、ただ師に教えられた通りの仕方で記述しているにすぎないということ。

④　日本人の学者は師に教えられた通りに英米系の叙述スタイルを守っているが、自身の知的パフォーマンスを高度化させる手段としては大陸型ライティング・スタイルなどもあり、そのような文体の採用の適否についても本来は検討すべきであるということ。

⑤　周囲の学者が英米式でやっていることを理由にして自らも英米式を採用する日本式の考え方とは違って、本来の英米式とは、すべての参加者に等しく権利を与え、多数派の同意を得たものが標準となるという考え方であるということ。

（☆☆☆◎◎◎）

【二】次の文章を読んで、後の問いに答えなさい。

そんなに喉が[a]痛いわけではないのに、その風邪にすっかり気管支をやられてしまったらしく、朝から少しずつ、声が出なくなっていった。痛みがないぶん、自分から声が抜け落ちていくような不思議な感じがあった。冬独特の、[b]柔らかくどんよりと曇った寒い日だった。朝から灯油ストーブをがんがんつけていたので、窓はしっとりと曇っていた。やかんから湯気が音をたてて立ちのぼり私の喉をしめらせているはずなのに、いっこうに声は出るようにならないばかりか、どんどんかすれ声さえ出なくなっていった。TVを見て笑ったり、ものを落として「あっ」という時にも音が出ないなんてなんだか[c]面白かった。

喉飴をやたらになめながら黙っているうちに、ついに雪が降ってきた。なんだかふっと静かになったと思ったら、外でどこかの子供の「雪だ！」というはしゃいだ声が聞こえてきた。

窓をぎゅっと手のひらでふいてみたら、曇った空から、空と同じような色の白っぽい雪がひらひらと落ちてきているのが見えた。遠くのビルの上のほうも、となりの駐車場に止まっている車も、どんどんかすんで灰色に染まっていく。

それを見ているうちに、私の心の中までどんどん［ア］いった。まるで雪が外と内側と両方に降っているようだった。たったひとつのつぶやきくらいまで、全部雪に吸い込まれていった。


いっしょに住んでいる人のお母さんが心臓発作で死んだのは、去年の秋だった。母ひとり子ひとりの親子だった。お母さんは絵描きで、dものすごく変わった人で人と会いたがらない人だったので、彼とつきあいの長い私でさえ、数回しか会ったことはなかった。会うときはいつもいい人だったたし、やさしかった。死ぬまで若い男の人と絶え間なくつきあい続けた豪快なおばあさんだった。

お母さんについては、eなんとなく私が入っていってはいけない歴史の重みを感じて、彼と暮らしはじめてからずっと、あまり深くたずねたことはなかった。彼はよく、世の中ではやっているようなトラウマもないし、愛情に飢えていたわけでもないし、マザコンでもないよ、と言っていた。その言葉に嘘はないと思う。ただ、とても静かで、わりといつもそれぞれのことをやっていた家だったんだ、と言った。

私に会うといつもお母さんはとてもおしゃべりで、明るくて、ちょっと神経質で、華やかでおしゃれだった。でも彼はそれを外向きの顔なんだ、と言った。ふたりでいるときは、ほとんどお互いに何も話さなかったよ。

それでも彼がお母さんをどれだけ大切に思っているかを知っていたので、私はどうやって彼をなぐさめてあげていいかさっぱりわからず、鬱状態におちいっていることを知りながらも、どうすることもできなくて困っていたところだった。

いつも私はやりすぎてしまうんだなあ……と次々に舞い降りてくる雪を見ながら私は思った。なぐさめようとしてさりげなくおいしいものを作ったり、食べに行こうとさそったり、面白い話があったら伝えたり、気をつかいすぎて全然話しかけなかったり。そういうふうに不自然にふるまっていると、ただでさえ落ち込んでいる彼がいらっとなるのが、最近はわかるようになってきた。

私を失ったら彼は本当に今、天涯孤独になってしまう。でも今、彼はひとりでいたいのだろう、と思う。かと言って、旅行でも行けば、とか私が実家に帰っていようか、と言っても彼は怒ってそんなに俺の暗いのがうっとうしいのか、という始末だった。やつあたりされて、［イ］のだということはわかっていたが、私もどうしていいのかよくわからない。

お母さんと彼の結びつきを知っているだけに、夜中にじっと目を開けて天井を見ている彼を見ているだけに、そっとしておいてあげるしかできないのだった。そんなとき、言葉がどれほど害になるか、私は身をもって知ることになった。それがどんなに思いやりを持って発せられても、言葉はすべて強すぎて、まるで毒みたいに、弱った彼の心をむしばんでしまう。たまに会うなら、じょうずに気持ちをおさえて、ここぞというときにいちばん優しいことを言ってあげられるかもしれない。でも生活の中で、不安定な心の彼にいつも上手に接するのはむつかしかった。放っておくのがいちばんだとはわかっていても、つい、いろいろしてしまうのだった。

なんだか悲しいな、と私は思っていた。

お互いを好きで、なんとかなぐさめてあげたかったりありがたく思っているのに通じ合うことがないなんて……雪はどんどん強くなり、ＴＶではいろいろな警報が出始めた。電車が止まるだの、車にはチェーンをつけろだの、大騒ぎだった。

お母さんと彼は彼が十歳の時に、お母さんが売れはじめて札幌から東京に出てきたのだという。お母さんは東京には大きな画材屋さんがあるのが嬉しくて、はじめのうちは毎日画材屋さんに入り浸りだった、とふたりともが懐かしそうに語っていた。

雪……幼い彼が今と同じふてくされたような顔をして、お母さんに手をひかれて雪の中を歩いていくところを思い浮かべた。それから、思い出もよみがえってきた。お母さんはとても勘がよくて、私にはじめて会ったとき、夢の中で見た人と同じだわ、と言った。きっと息子とあなたはほんとうに気が合うわ、だって、夢の中であなたの顔を見たもの。そう言って、子供みたいな顔で笑った。私はお母さんの描く絵が好きだったので、ちょっと緊張していた。

それから、不思議なこともあった。

ある夜中、私ははっと目を覚ました。美術関係の出版社につとめている彼は同僚とスキーに出かけていて、いなかった。目を覚ましたとき、彼の面影が心にとびこんできて、私は闇の中できょろきょろとあたりを見回した。その時、電話が鳴った。あわてて取ると、彼のお母さんだった。

「息子に何かあったような気がするの。変な電話してごめんね。」

私もそんな感じがしたんです、と私は言い、しばらく話して電話を切った。すると同僚の居眠り運転で車がガードレールにぶつかって、むちうちになったよ、という彼からの電話だった。病院にいるが今から帰るということだった。

私が電話をすると、お母さんは今から行っていい？　と言った。珍しいことだと思いながら、いいですよ、と答えた。お母さんはパジャマにコートをひっかけてやってきた。お茶を飲んで待っていたが、彼はなかなか帰ってこなかったので、お母さんと私は合宿みたい、と言って居間に並べてふとんをしいて、夜明けに彼が帰ってくるまでいっしょに寝た。

そうやって並んで寝てみると、お母さんの筋ばった首も、細い腕も、爪の形も彼にそっくりだった。すうすう寝息をたてているお母さんを見ていたら、A なんだか知らないけど涙が出てきた。心配かけたり、急にやってきたり、ふたりそろって憎たらしくて、しかもその百倍くらい愛おしかった。

あの腕も、胸も、足も、もうこの世にはなくて、さわることはできない。もう私が生きている時間の中でお母さんに会うことはないんだ、彼もそうなんだ、と思ったら、とても悲しい気持ちになった。せっかくこの間の誕生日のために、彼と笠間まで行ってお母さんの名前の入ったカップを特別に焼いてもらったのに、もうそれを使う人はいないんだ。

雪に閉じこめられていく白い世界の中で、私の窓は涙でちょっとにじんだ景色になった。目の前の道を歩いていく人たちはみんな雪のことばっかり話したり、考えたりしていた。子供たちははしゃいで傘をささずに走っていく。車はのろのろ運転で坂道を降りていく。この目に映るすべての人たちに、お母さんというものがいる。不思議な感じがした。

夕方かなり早い時間に「車で帰ってこれなくなると困るから、仕事持って帰ってきたよ。」と言いながら彼が玄関から入ってきた。肩も頭も雪でびしょぬれで、私は無言でタオルを持ってきて、

「声がでないの。風邪で。」

とささやきながら、背中をふいた。

「熱は？」

彼が聞き、私は首をふった。タオルに雪の結晶がついているのを見つけて、私はほほえんだ。彼も溶けていく直前のその精密な形に気づいて、ほほえんだ。

そんなふうになにかひとつのものを見てゆっくりした気持ちになったのは久しぶりで、お互いに「？」と思った。

そうか、声がでなくてしゃべれないからだ、と私は思った。

彼は着替えに行くよ、と自分の部屋に向かい、私はタオルを洗濯かごに入れに行った。

何か、白っぽい光、ちょうど夕方の青い闇ににじんだ光がともっているのに似たものがふたりのあいだにひらめきかけていた。

「どうせだまってりゃいいのね、私なんて！」

そう思うのは簡単だった。

しかしそうではなかった。そんな簡単なことではなかった。

声が出ないままに調理をして、買い物に行けなかったのでシチューとワインとパンだけの夕食がテーブルに並んだとき、

「まだ声出ないの？」

と彼が言って、私がうなずいたとき、また何かを感じた。

「やっぱり雪の日はシチューだよね。」

彼がそう言ってシチューを食べはじめたとき、私は感じが悪くならないように、ことさらににっこりと、同意を示すほほえみをかえした。

しかしそこでいつもだったら「そうだね」と言って自分のことを話し始める私の中に、もうひとりの私がいつもいたのだ、と知った。もうひとりの私はただほほえんでいたに違いない。言葉の代わりにもっと伝えようとして、にっこりする顔はいつもよりも数倍柔らかくて静かだった。

そのほほえみは言葉よりも何倍も多くを伝えるということを、言葉に甘えきっていた私は忘れかけていた。

いつもなら「こしょうどこ？」「棚の上」で終わってしまう会話も、返事ができないために指さしたり、さ

さやき声でたな、と言ったり、わからなくなってそっと立ち上がって取ったりしているだけで、小さい音で流れる音楽のような調和が生まれた。

外はますます雪が激しくなり、ふたりはかまくらにいるようだった。

黙っているのに全然気まずくなくて、むしろ笑顔を交わし、ストーブの上のやかんからはいい音がしていて、彼はその熱湯で食後熱いコーヒーを淹れるから、喉のためにはちみつを入れれば、と優しい言葉をかけてくれた。

はちみつをおそろしいほど入れた甘いコーヒーを飲んで黙っていたら、なんだかものすごく広い空間にいるような感じがした。

そしていろいろ考えた。

今、しゃべれない私は私であって、私ではない。たたずまいも違う、しぐさも違う、空気を乱さないように動き、外の雪と同じ流れを持って呼吸している。

だからといって、それは彼のお母さんの持っていた静けさとも違う。なにか新しい、新鮮で力強い第三の女が、今、たまたまここに生まれ出てきて白く輝いているのだ、そう思った。

ああ、今の気持ちを表す音楽がある、ケイト・ブッシュの歌だったような気がする。彼のお母さんの大好きだった音楽だ。妻が夫をためすために変名で愛の手紙を書いて、夫はそれを受け取って、まるで涙に明け暮れる前の妻のようだと思って手紙の主を愛するという内容だった……輝くほどに美しかった妻のようだ、何もかも捧げ尽くす無償の美しさだ、と……。

B私は黙りながらも、本気で反省していた。

声が出るようになったら、もう私はこの静けさや動きを失ってしまうだろう、でも決してもとのがさつな気

持ちに戻ることはない。私の生きていろいろ期待している貪欲な生命の力が、悲しみに沈むむきだしで
I センサイな状態の彼の魂に傷をつけることはもうないだろう。

静けさ、それに準ずるもの、雪……外の白い光が見たくて消した電気、赤く燃えるストーブの火。全てが、母親を亡くした彼にしてあげるべきことだった。

コーヒーのおかわりを淹れてあげようと思って立ち上がると、窓の外をじっと見ていた彼の肩が震えた。声を出さないで彼は泣いていた。

私がそっと手を握ると、彼は言った。

「雪で、家の中が静かで、君が黙っていて優しいから、なんだか昔の、北海道のことを、思い出して……」

そして片手で顔を覆った。お母さんが死んでから、彼が涙を見せるのははじめてだった。お母さんにそっくりな指、お母さんはここに生きている、そう思った。悲しいけど、いつか私たちも向こう側に、何も持たずに行くのよ、といつもなら言ってしまっただろう。

でも私は黙ったまま、彼の熱い手を握っていた。

降りしきる雪はさっき帰ってきた彼の車をすっかり覆って、かまくらみたいな形にしていた。街灯の明かりが幻みたいににじんでいるのを、私はじっと見ていた。


(吉本ばなな『バブーシュカ』)

1 二重傍線部「I センサイ」と同じ漢字を含むものを、①～⑤の中から一つ選びなさい。
① センパクな知識。
② センシン的な取組み。

③　化学センイの服。
④　藤原京へセントする。
⑤　センキョに立候補する。

2　波線部a～eの単語のうち、品詞が他と異なるものを、①～⑤の中から一つ選びなさい。

①　a　痛い
②　b　柔らかく
③　c　面白かっ
④　d　ものすごく
⑤　e　なんとなく

3　空欄［ア］に入る語句として最も適切なものを、①～⑤の中から一つ選びなさい。

①　静かになって
②　冷たくなって
③　曇り空になって
④　ぱさぱさになって
⑤　ぼんやりかすんで

4　空欄［イ］に入る語句として最も適切なものを、①～⑤の中から一つ選びなさい。

①　いやがられている
②　怒られている
③　さげすまれている

④　同情されている
⑤　甘えられている

5　傍線部A「なんだか知らないけど涙が出てきた」とあるが、このときの私の心情の説明として最も適切なものを、①～⑤の中から一つ選びなさい。
①　急に電話してきたり、夜中に突然押しかけてきたりするお母さんに戸惑いを隠せなかったが、私に心配をかけさせるところまで彼にそっくりなので嫌悪感でいっぱいになり、隣に寝ることに我慢ができなくなっている。
②　いつも優しかった大好きなお母さんと、自分も彼もこの世では二度と会えないという現実を前に、事故をきっかけに不思議な一晩を過ごしたときのことが思い出され、一層深い悲しみを感じている。
③　夜中に突然彼が夢の中に出てきて飛び起き、お母さんも同じ夢を見ていたので、二人で不安な一夜を過ごすことになったが、後になって彼が無事であることがわかり、極度の緊張状態から解放されている。
④　寝ているお母さんに、彼が重なって見えて、夜中の突然の胸騒ぎや、急な来訪で私の気持ちを動かすこの二人を憎たらしく思うと同時に、かけがえのない存在として大切に思う気持ちも強く意識されて、感極まっている。
⑤　お母さんの寝顔を見ていると、最愛の彼がそこにいるように感じられ、魅力的で、包容力もあり、いつも自分に優しく接してくれるお母さんがずっと健康でいられますようにと祈るような気持ちになっている。

6　傍線部B「私は黙りながらも、本気で反省していた」とあるが、このときの私の心情の説明として最も適切なものを、①～⑤の中から一つ選びなさい。

①　言葉をかけるよりも、柔和な表情や静かな音楽のほうが、傷ついた彼の心を静かに癒やしてくれるということに気づいて衝撃をうけた。今となってみれば、過去の自分は、発する言葉の強さでセンサイな彼を傷つけているという自覚がまったくなかったと強く後悔している。

②　たった一人の肉親を失って途方に暮れる彼にどう言葉をかけてよいかわからず、ついいろいろと口出しをしてかえって逆効果になってしまっていた。そんな過去からすると、現在は、言葉を失ったことで生じた静寂が彼の優しさを引き出し、久しぶりにゆっくりした時間を二人で過ごせていることに揺るぎない安心感を覚えている。

③　つい喋りすぎて、弱っている彼を余計に不機嫌にさせてしまう自分だったが、風邪で声をなくしたことで、かえって彼との関係が修復されていくように感じた。今の自分の静けさは彼の母親と比べてどうなのだろうと想像するうちに、いつしか彼女の愛した音楽に気を取られてしまっていたことに気づき、我ながら情けない気持ちになっている。

④　彼が苦しい胸の内を素直に吐露し、はじめて涙を見せたことに、思わずいつも通り説教めいた言葉をかけそうになってしまった。しかし、黙って手を握りながらほほえむほうが何倍も彼を勇気づけるとわかったので、彼の母親のように静かに力強く彼を支えていこうと決意を新たにしている。

⑤　声が出せないことをきっかけにして、静かに彼の思いを受けとめられるようになり、その結果生じた彼との調和によって、不安が解消された。今となってみれば、過去の自分は、たった一人の肉親を亡くして悲しみに沈む彼への接し方がわからずに困惑する自分の思いを発信するばかりであったと自覚している。

7　問題文の作者である吉本ばななの作品を、①～⑤の中から一つ選びなさい。

① トロッコ
② ヰタ・セクスアリス
③ キッチン
④ ヴィヨンの妻
⑤ カインの末裔

【三】次の文章を読んで、後の問いに答えなさい。　　　　（☆☆☆◎◎◎）

今は昔、紫式部、(注1)上東門院に歌読み優の者にてさぶらふに、(注2)大斎院より春つ方、「つれづれにさぶらふに、さりぬべき物語や候ふ。」と尋ね申させ給ひければ、御草子ども取り出ださせ給ひて、「いづれをか参らすべき。」など、選り出ださせ給ふに、紫式部、「みな目馴れてさぶらふに、新しくつくりて参らせさせ給へかし。」と申しければ、「さらばつくれかし。」と仰せられければ、源氏はつくりて参らせたりけるとぞ。

いよいよ心ばせすぐれて、めでたき者にてさぶらふほどに、(注3)伊勢大輔参りぬ。それも歌読みの筋なれば、(注4)殿いみじうもてなさせ給ふ。奈良より、年に一度、八重桜を折りて持て参るを、紫式部、取り次ぎて参らせなど、歌よみけるに、式部、「今年は大輔に譲り候はむ。」とて譲りければ、取り次ぎて参らするに、殿、「遅し遅し」と仰せらるる御声につきて、

Ⅰ 奈良の都の八重桜今日 Ⅱ ににほひぬるかな

「取り次ぎつる程々もなかりつるに、いつのまに思ひつづけけむ」と、人も思ふ、殿もおぼしめしたり。

めでたくて候ふほどに、(注5)致仕の中納言の子の、越前守とて、いみじうやさしかりける人の妻に成りにけ

り。逢ひ始めたりける頃、B石山に籠りて音せざりければ、つかはしける、

みるめこそあふみの海にかたからめ吹きだに通へ志賀の浦風

（『古本説話集』）

（注1）上東門院……一条天皇の中宮彰子。
（注2）大斎院……選子内親王。
（注3）伊勢大輔……祭主大中臣輔親の娘で女流歌人。
（注4）殿……藤原道長。
（注5）致仕の中納言の子の、越前守……高階成順のことか。
（注6）石山……石山寺。

1　傍線部A「給ひ」の説明として最も適切なものを、①～⑤の中から一つ選びなさい。
①　謙譲の本動詞で、大斎院から紫式部に対する敬意をあらわす。
②　謙譲の本動詞で、作者から紫式部に対する敬意をあらわす。
③　尊敬の補助動詞で、大斎院から上東門院に対する敬意をあらわす。
④　尊敬の補助動詞で、作者から上東門院に対する敬意をあらわす。
⑤　尊敬の補助動詞で、作者から大斎院に対する敬意をあらわす。

2　波線部a～eのうち、動作の主体が異なるものを、①～⑤の中から一つ選びなさい。
①　a　申しけれ
②　b　仰せられけれ

③　c　さぶらふ
④　d　歌よみける
⑤　e　譲りけれ

3　空欄［Ⅰ］［Ⅱ］に入る語句の組み合わせとして最も適切なものを、①～⑤の中から一つ選びなさい。

①　Ⅰ　ひさかたの　Ⅱ　古里
②　Ⅰ　ももしきの　Ⅱ　み吉野
③　Ⅰ　ももしきの　Ⅱ　九重
④　Ⅰ　いにしへの　Ⅱ　み吉野
⑤　Ⅰ　いにしへの　Ⅱ　九重

4　傍線部B「みるめこそあふみの海にかたからめ吹きだに通へ志賀の浦風」の説明として最も適切なものを、①～⑤の中から一つ選びなさい。

①　伊勢大輔が掛詞「みるめ」、「あふみ」を使って、越前守に手紙をおくるよう求めた歌である。
②　紫式部が掛詞「からめ」、「だに」を使って、越前守に手紙をおくるよう求めた歌である。
③　伊勢大輔が縁語を駆使して、自分への気持ちが離れてしまった相手に別れを切り出した歌である。
④　越前守が掛詞「みるめ」、「あふみ」を使って、伊勢大輔に手紙をおくるよう求めた歌である。
⑤　紫式部が縁語を駆使して、自分への気持ちが離れてしまった相手に別れを切り出した歌である。

5　本文の説明として最も適切なものを、①～⑤の中から一つ選びなさい。

①　上東門院にお仕えしていた紫式部は、退屈な時間を過ごしていた大斎院に新しい物語を作ってほしい

と頼まれ、源氏物語を書くことになった。

② 伊勢大輔は歌を学ぶため紫式部と一緒に大斎院にお仕えするようになった。紫式部は伊勢大輔の歌の才能を確認するために桜の歌をよむ機会を譲った。

③ 紫式部と伊勢大輔が歌をよむ機会を譲りあっているうちに時間が過ぎてしまったので、殿は桜を持ってきた使者をいそいでもてなすよう注意した。

④ 八重桜の花を取りついだときに伊勢大輔は歌をよんだが、殿も人々も「時間もなかったのに、いつの間によんだのであろう」と思った。

⑤ 紫式部は越前守と結婚した当初、源氏物語執筆のために石山寺にこもることが多かったので、頻繁に歌を夫におくっていた。

6 紫式部と同時期に活躍した人物は誰か。最も適切なものを、①～⑤の中から一つ選びなさい。

(☆☆☆◎◎◎)

① 在原業平　② 紀貫之　③ 藤原公任　④ 藤原俊成　⑤ 藤原定家

【四】次の漢文を読んで、後の問いに答えなさい。（ただし、設問の都合で訓点を省略した部分がある。）

土処下不争［Ⅰ］、故安而不危。水
下流不争先、故疾而不［Ⅱ］。昔舜(注1)耕
於歴山(注2)、期年而田者、争処墝(注3)埆、以
封畔肥饒相譲。釣於河浜、期年而
漁者、争処湍(注4)瀬、以曲隈(注5)深潭相予。
当此之時、口不設言、手不指麾、執
玄徳於心、而化馳若神。使舜無其
志、雖口弁而戸説之、不能化一人。（A）

是故不道之道、莽乎大哉。夫能 B 理

三苗、朝羽民、従裸国、納粛慎、C 未発

号施令、而移風易俗者、其唯心行

者乎。D 法度刑罰、何足以致之也。

（『淮南子』）

（注1）舜…中国太古の伝説上の聖天子。
（注2）期年…一年。
（注3）墝埆…石の多いやせ地。
（注4）湍瀬…水が浅く流れの急なところ。
（注5）深潭…流れがゆるく深いところ。
（注6）莽乎…広大なさま。
（注7）三苗…南方にいたという種族名あるいは国名のこと。
（注8）羽民…あとの「裸国」、「粛慎」も含め種族名あるいは国名のこと。

1　空欄 I ・ II に入る組み合わせとして最も適切なものを、①～⑤の中から選びなさい。

① I 低　II 早
② I 低　II 遅
③ I 高　II 遅
④ I 高　II 速
⑤ I 値　II 速

2　傍線部A「雖口弁而戸説之、不能化一人」の解釈として最も適切なものを、①～⑤の中から一つ選びなさい。

① たくみに話をして家ごとに説明したとしても、一人さえ教化することはできないだろう。
② 一戸ごとに弁償して説明するとしても、一人を教化する費用さえ負担できないだろう。
③ 口で弁解して家ごとに説明するならば、一人にとどまらず国中の教化につながるだろう。
④ 物事の道理を明らかにして家ごとに説明したとしても、せいぜい一人を教化することができるだけだ。
⑤ たくみに話をして家ごとに説明することで、一人だけでも教化することはできるだろう。

3　傍線部B「理」と同じ意味を持つ熟語として最も適切なものを、①～⑤の中から一つ選びなさい。

① 管理
② 道理
③ 論理
④ 義理
⑤ 条理

4　傍線部C「未発号施令、而移風易俗者」の書き下し文として最も適切なものを、①～⑤の中から一つ選びなさい。

① 未だ号を発せず令を施して、風を移し俗を易しくする者は、
② 号を発し令を未だ施さずして、風を移し俗を易ふるは、
③ 未だ号を発し令を施さずして、風を移し俗を易しくする者は、
④ 未だ号を発せず令を施して、風を移し俗を易ふるは、
⑤ 未だ号を発し令を施さずして、風を移し俗を易ふるは、

5　傍線部D「法度刑罰、何足以致之也」の解釈として最も適切なものを、①～⑤の中から一つ選びなさい。

① 法令刑罰の力によるものではない。
② 法令刑罰の力が必要なのではないだろうか。
③ 法令刑罰の力は何と効果的なのだろう。
④ 法令刑罰は何のためにあるのか。
⑤ 法令刑罰の何が足りないのだろうか。

(☆☆☆◎◎◎)

解答・解説

【中高共通】

【一】1 ② 2 ③ 3 ⑤ 4 ④ 5 ⑤ 6 ① 7 ②

〈解説〉1 問題は「劇薬」であり、①は間隙、②は演劇、③は激突、④は逆鱗、⑤は撃沈である。 2 「ない」には、助動詞と形容詞がある。前者は動詞のみにつく。bは、自立語である形容詞で、ほかは動詞に接続した助動詞である。 3 私たちの知に登録されたもの＝学ぶ前にはそのようなものがこの世に存在することさえ知らなかったものであるから、「存在すること」と「いいこと」が同時にインプットされることを踏まえて考えるとよい。 4 「やぶさかでない」の語義は、「〜する努力を惜しまない、快く〜する」である。 5 イ 英米系の学会論文とは異なる日本の学会論文を前の段落で説明したうえで、日本の学者の中にも英米系の学会論文がいることを述べていることから、「言うまでもなく」といった意味の語句が入る。 ウ 英米式の主体的、個性的な考え方をふまえて、ウ以下の自分のルールが多数派の同意で世界水準になるという結論に導く接続詞を選ぶ。 6 ここでいう「真のブレークスルー」とは、学問上の躍進を指す。我が国では、知識や技能の習得において、その意味や有用性について事前の説明を要求せず、ただ教わることにより知性の水準がめざましく躍進することをいう。 7 第四形式段落の「論文の形式」についての論述は、我が国の大学教育では、知識や技能の習得に先立ち、その意義や有用性について何も説明しないが、これを例外的な伝統ではないかと思う日本人がいない、という第三段落の筆者の考えをふまえ、それを例証したものである。英米系の論文の序論で全体の構成と結論を予示する義務は、英米系の学問スタイル（知識や技能の習得に先立って、学ぶことの意味や有用性についてエビデンス・ベーストで説明する義務）と共通する知的風土であり、それが

「世界標準」であるが、日本人は「これから学ぶものの適否について事前チェックをしない」民族的な特性があり、世界的にみても例外なため、筆者はこれを「一種の民俗誌的奇習」と述べている。

【二】1　③　2　⑤　3　①　4　⑤　5　④　6　⑤　7　③

〈解説〉1　問題は「繊細」であり、①は「浅薄」、②は「専心」、③は「繊維」、④は「遷都」、⑤は「選挙」である。　2　eは副詞で、他は形容詞である。　3　「私の心の中まで」とあるので、空欄より前に同様の情景が示されていることがわかる。「雪が降る」をキーワードにすると、第三段落目が該当し、「静か」が適切と考えられる。　4　ひとりでいたいはずなのに、ひとりにしようとするとやつあたりされてしまう。つまり、彼にとって、私は必要な存在であることを踏まえて考えるとよい。　5　姑である彼の母親は、彼にそっくりであり、彼と重なって見えること、後文で彼も母親も憎らしくもあるが、その百倍愛おしかった、とあることを踏まえて考えるとよい。　6　傍線部のある段落から二段落前から傍線直後の段落までの内容を踏まえるとよい。私は声を出せない代わりに静けさを手に入れ、そして静けさの効果を実感している。その効果は前出の「言葉がどれほど害になるか」と関連している。　7　①は芥川龍之介、②は森鷗外、④は太宰治、⑤は有島武郎である。

【三】1　⑤　2　②　3　⑤　4　①　5　④　6　③

〈解説〉1　「せ給ひ」は最高敬語であり作者から大斎院への、「申さ」は作者の上東門院への敬意を示す。　2　a、c、d、eの主体は紫式部、bは上東門院の「言ふ」の尊敬表現である。　3　Ⅰは枕詞である。枕詞は和歌の修辞法で、一定の語を修飾または句調を整えるのに用いられる。「ひさかたの」は天・空・光・都・月・雲・雨など、「ももしきの」は大宮・内裏など、である。Ⅱの「九重」は宮中の異称である。この歌の八重桜については、文中に「奈良より、年に一度、八重桜を折りて持て参るを」とある。 4 この歌は石山寺に籠った越前守に伊勢大輔が送った歌である。「みるめ」に「海松布」と「見る目」、「あふみ」に「近江」と「逢う身」、「かた」に「難」を掛け、「近江の海のためにお会いするのも難しいでしょう」と述べ、「吹きだに通へ志賀の浦風」と風に託して恋人の越前守のせめてもの音信を求めたのである。 5 文中に「取り次ぎつる程々もなかりつるに、いつのまに思ひつづけけむ」とあり、「殿もおぼしめしたり」とあるので④が適切とわかる。

6 紫式部は九七三頃～一〇一四年頃といわれており、①在原業平は八二五～八八〇年、②紀貫之は八六八頃～九四五年ごろ、③藤原公任は九六六～一〇四一年、④藤原俊成は一一一四～一二〇四年、⑤藤原定家は一一六二～一二四一年である。

【四】 1 ③ 2 ① 3 ① 4 ⑤ 5 ①

〈解説〉 1 一文目と二文目を比べて考えるとよい。同時に土が下に落ちること、水が上流から下流へ流れることをイメージすると、わかりやすいだろう。 2 「口に弁じて戸ごとに之を説くと雖も、一人をも化すること能はざらん」の口語訳(解釈)である。「不能化一人」は、一人でも教化することはできないといった意味になる。 3 Bの「理」は「おさめ」と読み、①「管理」は、類語の組合せで取りしまる、といった意味がある。 4 C「未発号施令而移風易俗者」の書き下し文。再読文字である「未」に注意すること。「発号」「施令」「移風」「易俗」の述語・目的語関係である。文中の「易」「者」は、主格を提示したり語勢を強めたりするときに用いる。 5 D「法度刑罰何足以致之也」(法度刑罰は、何ぞ以て之を致すに足らんや)の口語訳である。法令刑罰の力によらない舜の玄徳(人徳)の虚心無為の治世を説いている。

二〇一八年度　実施問題

【中高共通】

【一】次の文章を読んで、後の問いに答えなさい。（ただし一部原文を削除した箇所がある。）

社交する人間は文字どおり即興劇を演じているのであるが、このことから社交のもっとも重要な要素が説明されることになる。というのは、即興劇という誤解を招く名前にもかかわらずⅠ、じつは世の中にジュンスaイに即興で演じられる演劇というものはないからである。即興劇とは、物語とせりふの細部は思いつきに委（ゆだ）ねられるものの、粗筋と基本的な芸は伝統によって固定された芝居である。劇的な状況とそれに応じたギャグ、挿入される歌や踊り、曲芸風のしぐさにいたるまで、一定の形式が訓練された役者の肉体のなかに用意されている。役者はそれらをその日の感興にあわせて組みあわせるのだが、社交にもまさにこれに似た行動の形式というものがある。いうまでもなく、それが社交の礼儀作法と呼ばれるものにほかならない。

作法はまず、その日の社交的な催しの粗筋として働き、それだけで催しの時間と空間のあらましを決定する。一夜の宴席ならそれにふさわしい時刻に始まり、運ばれる料理の手順によってリズムが刻まれ、挨拶や乾杯によって山場がつくらⅡれるが、その大枠を決めているのは作法の約束である。さらにその宴席が祝宴であるか悲しみの宴であるか、どんな季節と年中行事にあわせた宴であるか、人びとが登場する劇的な状況と、それに応じた参加者の態度も、礼儀の習慣が指示している。遅れて参加しⅢたり早く退席したり、しゃべり過ぎたり飲み過ぎたりして、時間の枠を破るのは失礼とされる。遠い席の客に大声をかけたり、隣席の客とだけ話しこんで空間の枠を乱すのも、無作法とされる。

そのうえ、作法は宴席での個々のしぐさの外形も決めていて、これがまたしぐさを行動として完結させる助けとなる。一皿の料理を口に運ぶにも始めと中と終わりがあり、その手順に従うのはもとより、それぞれの部分の時間の長さを守ることも作法が教える。ちなみに通常、作法はそれぞれのしぐさを急がせるのではなく、逆にその時間を引き延ばすように強いるのであるが、じつはこのことにも見逃せⅣないい重要な意味がこめられている。これは社交が日常の功利的な時間ではなく、聖別された［ア］時間のなかに成立することを示唆している。なぜなら誰もが知るⅤように、功利的な時間はつねに効率を求め、目的達成をめざしてすべての行動に急ぐことを命じるからである。

これとは反対に、作法は行動に複雑な手続きを設定し、正確にしかも自然らしくそれを踏んで行くことを要求する。たとえば食事の作法は、単純な食欲の充足という目的とは正反対に、箸のあげおろしにまであえて面倒な約束ごとを設ける。その手順は、一方では行動の外形として言葉で示せる規律のかたちで与えられるが、他方では身体の内部に一種の習慣として植えつけられている。規律は手順の正確な順守を要求し、身についた習慣はそれに自然らしい滑らかさを加える。前者にのみ傾けば、作法はぎこちない形骸に陥るし、後者にのみ頼れば、とかく安易に流れてじだらくな省略や歪曲をひき起こす。真に行儀のよい人間は、規律をあたかも身体の「くせ」であるかのように守るのであって、そうするためには不断の訓練が必要になるのである。

そしてこのように作法に従っていると、人間はおのずから行動の目的と同時に、その過程の細部に意識を向けなおすことになる。彼は一瞬ごとの自分のしぐさを子細に見つめ、それを前後のしぐさに関係づけ、それぞれの瞬間を行動全体の流れのなかに位置づけながら行動する。それはもちろん、空間のなかに散らばる断片をただ並列的につなぎあわせることではない。彼はあらかじめ与えられた行動の全体像を見渡したうえで、始めと中と終わりをそれぞれの部分にとって適切なリズムでなしとげる。始めは始めらしく終わりは終わらしく、その部分にふさわしい緊張感を身体の内に感じながら行動する。行動のどの一瞬のなかにも全体像を感じとり、すべての部分が全体を均しく支えるように行動する。そうすることで彼は与えられた手順を内面化し、それを滑らかな一息の行動として実現するのである。

いいかえれば、彼は行動の全体をまるで音楽のように一つの緊張感で貫き、それぞれの部分をその質的な脈動として感じるのであるが、そうするとたんにA行動の時間は不思議な変質をみせる。そこでは行動の流れはたえず堰とめられ、堰とめられたそれぞれの部分は意味の点で互いに前後を逆転する。もはや始めは中をもたらす手段ではなく、中は終わりを用意するただの経過点ではなくなる。むしろ始めは中により、中は終わりによって意味づけられ、その意味づけによってたえず時間のなかにひき留められる。ちょうど、ピアノの最初の一音が一連の旋律が響いたあとであらためて蘇るように、行動の始めは中のあとで、中は終わりのあとで逆に新しい印象を与えられる。そしてこの不思議な逆転の感覚が生じたとき、人は満足とともに行動の時間が完結したと感じる。始めと終わりがこれほど密接に結びついたとき、それより前後には何ものもありえないはずだからである。

さらにこうして行動の時間が完結すると、これはまた社交の空間をも一つにまとめる役割を果たす。ここでの時間のどの部分も他の部分の手段とはならず、いわば均等な価値をおびて全体に直結するのだが、この関係は複数の参加者のあいだにも成り立つからである。たとえば宴席で一人の出席者が巧みな冗談を言い、もう一人の出席者がそれを上回る冗談で切り返した場合、最初の冗談は後の冗談のたんなる下準備と見なされることはない。むしろ前者は後者によって意味を増幅され、一連の文脈のなかにひき留められるのであるが、このことが結果として二人の出席者を同じ空間のなかにひき留める。たんなる言葉の羅列が即興劇の「一場面」へと結晶し、流れる時間がいわば凍結して［イ］的な空間に変わる。そこでは笑い興じる人びとを含めて、全参加者が互いの役割を意味づけあい、宴席の全体を一つの意味のある空間として完結するのである。

　ところで、このような完結した時間と空間のなかでは、人びとはけっして激しい情熱に駆られて行動することはありえない。なぜなら、人がそうした抑制困難な感情に動かされるのは、彼が目的をめざして文字どおり無我夢中になるか、あるいはその達成を阻まれて前のめりになっているときだからである。目的を一途（いちず）に追求する人間はいわば衝動に運ばれており、一瞬ごとに行動の過程をうわ滑りして前進をつづける。一瞬ごとに過去は現在のための手段となり、現在は未来のための手段となってうち捨てられて行く。現に目的達成を急ぐ人間は行動の過程の省略を工夫するし、できることなら過程などないほうが望ましいと考えている。いわば彼は「なりふりかまわず」行動するのであるが、そういう行動のなかでは感情も野放しにされることは、誰が考えても明らかだろう。

　こうした、B定式の介在しない行動の場合、逆説的だが、人はもっとも能動的な姿勢をとることによって受動的になる。目的に過度に集中した意識が全体を覆い、その能動性が、過程の一瞬一瞬をひき留めるもう一つの能動性を麻痺させる。いわば意識は最初の決意の瞬間にだけ能動的に働き、あとは先に見たように慣性に乗せられてうわ滑りして行く。そして意識がこのように時間のうえをうわ滑りし、何ものかにさらわれて行く状態こそ、人が感情に身を任せるということにほかならない。西洋語の「情熱(パッション)」は「受動的(パッシヴ)」と同根であるが、これはことの本質をみごとに示唆している。人はすべて情熱に狂うのであって、裏返せば狂気がたまたま目的志向に伴ったときに情熱と呼ばれるのである。

　このように考えると、作法に従う行動がなぜ感情を抑制し、「機嫌にむらのない」状態をつくるかは、すでに明らかだろう。それは「なりふりをかまう」行動であり、いいかえれば、過程の一瞬ごとにも意識の能動性を捨てない行動だからである。もちろん行儀のよい行動も行動であるからには、それを滑らかに進めるためには身体の習慣が必要であることは、先にも述べた。それに乗ることをも意識の受動性と呼ぶならば、行儀のよい人間は言葉の厳密な意味で、受動性と能動性を精密に均衡させているというべきだろう。彼は行動の流れに乗りながら乗せられるのであり、それに運ばれながら一歩一歩みずからを運ぶのだといえる。そしてそうしていれば、彼はとくに感情に禁欲的になることなしに、むしろ刻々の感情を楽しみながら、しかしその奔流にさらわれる危険を免れるはずなのである。

けだし社交とは、本来、いっさいの清教徒的な禁欲とは無縁の営みである。それは人間のあらゆる欲望を楽天的に充足しつつ、しかしその充足の方法のなかに仕掛けを設け、それによって満足を暴走から守ろうという試みである。社交はあらゆる道徳的な命令にたいして中立的であり、むしろ倫理への反抗を内側から逆転させて野蛮を防ぐ奸智(かんち)だといえる。

（山崎正和『社交する人間　ホモ・ソシアビリス』）

1　波線部Ⅰ～Ⅴの単語のうち、一つだけ他と品詞の異なるものがある。その単語はどれか、①～⑤の中から一つ選びなさい。

①　Ⅰ　ず　②　Ⅱ　れる　③　Ⅲ　たり　④　Ⅳ　ない　⑤　Ⅴ　ように

2　波線部aと同じ漢字を含むものを、①～⑤の中から一つ選びなさい。

ジュンスイ

①　職務のカンスイを期する。

②　率先スイハンして仕事を始めた。

③　書物からバッスイして例を示す。
④　怪しい人影をスイカする。
⑤　心地よい楽曲にトウスイする。

3　空欄［ア］に入る語句として最も適切なものを、①～⑤の中から一つ選びなさい。
①　世俗的な　②　客観的な　③　直線的な　④　特殊な　⑤　単純な

4　空欄［イ］に入る語句として最も適切なものを、①～⑤の中から一つ選びなさい。
①　主観　②　客観　③　同時　④　逆説　⑤　合理

5　傍線部A「行動の時間は不思議な変質をみせる」とあるが、どういうことか。その説明として最も適切なものを、①～⑤の中から一つ選びなさい。
①　宴席で一人の出席者が巧みな冗談を言った後に別の一人がそれを上回る冗談で切り返した場合、前者の冗談は後者の冗談のために用意されたものとして受け取られるようになるということ。
②　行動の目的だけでなく過程にも意識を向けることによって、一連の動作の全体像を瞬間ごとに見直すことができるようになるということ。
③　一連の動作の中で一瞬一瞬の行動を独立したものと捉えることによって、一つの行動が次の行動をもたらす手段とはならずに行動の時間が完結したように感じるようになるということ。
④　行動それぞれの瞬間の中に行動の全体像を捉えることにより、それぞれの行動の時間が互いに意味づけあい新しい印象をもたらすようになるということ。
⑤　一つひとつのしぐさをその行動全体の流れの中に位置づけながら見つめなおすと、ある行動が次の行動の布石となる逆転の感覚が生じるようになるということ。

6　傍線部B「定式の介在しない行動」とあるが、どういうことか。その説明として最も適切なものを、①～⑤の中から一つ選びなさい。

①「情熱(パッション)」と「受動的(パッシヴ)」の語源が同根であるように、他人から与えられた情熱を動機にして目的達成に夢中になる行動のこと。

② 情熱に駆られ行動がうわ滑りしていくと、無我夢中になるあまりめざしていた目的を見失ってしまう行動のこと。

③ 完結した時間と空間の中で感情を抑制し規律をもってとる行動であり、その瞬間ごとの動作に緊張感を伴う行動のこと。

④ 目的をめざして無我夢中になるあまり衝動的になりがちで、一瞬ごとの行動の過程がおろそかになって即興劇を演じるように感情がうわ滑りしていく行動のこと。

⑤ 行動のすべてが目的に収斂(しゅうれん)するため、一つひとつの過程を意識にとどめることはなく、感情に身を任せるよりほかにしかたがなくなっている行動のこと。

7　本文の内容説明として最も適切なものを、①～⑤の中から一つ選びなさい。

① 社交と即興劇はその場の思いつきで行動する点で似た姿を持つが、実はいずれもその時その場にふさわしい行動を求める一定の形式が初めから存在し、その形式にのっとって行動していくだけで思いつきの行動であるかのようにふるまうことができる。

② 社交の場においては、効率的な実用性を重んじる社会からは閉じているので礼儀作法のような実用性とは正反対の形式美に重点が置かれ、その場に同席する参加者全体に意味のある空間づくりに寄与するための行動を強要するものである。

③ 社交という行動の形式は、行動の目的を達成することに主眼を置くのではなく、むしろその一つひとつの行動の過程に重点を置くとともに、礼儀作法として規定された行動様式を身体の習慣と融合させることである。

④ 人びとは行動の目的に目を向けその達成を急ごうとするが、そうした能動的な行為を抑制し禁欲的になることが礼儀作法であり、それによってわれわれは社交の場にふさわしい行動ができるようになる。

⑤ 社交の場においては、人びとは一つひとつの行動を礼儀作法に照らしその場の空気にふさわしいものにしようと努力してきたが、感情を抑制したことによって満足感の得られない無味乾燥な形式ばかりが優先される結果になっている。

(☆☆☆◎◎◎)

【二】「友子」は母と二人暮らしであったが、来春、結婚することになった。次の文章は、以前から「一度京都に帰っておきたい、ご先祖さまのお墓にお参りしたい」と言っていた母と京都に来た場面である。文章を読んで、後の問いに答えなさい。

土砂降りと呼んでもいいような雨の中、宿の傘を借りて友子と母は落柿舎(らくししゃ)と二尊院を見てまわった。二尊院の山門をくぐったあと、本堂までの長くゆるやかな石段の途中で、友子はひどい目眩(めまい)を感じた。睡眠不足が度重なるといつも起こる、友子にとってはお馴染みになった偏頭痛を伴う目眩であった。足もとがふらついて、ふと、まるで救けを求めているみたいにすぐ隣りを歩く母の腕に手が伸びたが、A次の瞬間本能的に手を引っこめていた。

雨は夜半まで降り続いた。宿の食事をとったあと、テレビを見ながら少し話をしたが、もう我慢できずに友子が先に床に入った。つられたように母も布団に横たわったが、案の定うまく寝つけないようだった。
いちばん小さな黄色い豆電球だけを残した薄暗い部屋の中で、母は幾度も幾度も寝返りを打っては溜息をついた。まどろみながら母の寝返りを聞いていた友子は、今までにもう何度繰り返してきたか判らないこれと同じような夜の数々のことを思い出していた。

最初のあの日のように突然奇声をあげて倒れるようなことがないだけましともいえるのかも知れないが、母の不眠症は日を重ねるにつれひどくなっていくばかりである。母の寝室と友子の寝室を別にしたのも、自分が帰ったときに母を起こしてしまうことを友子がa危惧したからであって、以前は八畳の和室にふたりで布団を並べていたのだ。

そのころ、母はちょうど今のように、寝返りと溜息を果てしなく繰り返していたものだ。寝れないの、という友子の問いに、母は「うん、大丈夫」と答えるばかりだった。

降り続いている雨の幽（かす）かな音が、友子の意識の中でだんだんに薄れていった。ぼやけていく意識の中、ひどく遠いところで母が咳をしていた。

翌日の朝には雨はあがっていた。まだ去りかねているらしい雨雲が古い都の町の上空に張りつくように澱（よど）んでいたが、湿度は不快というほどではない。

宿を出て、車で念仏寺へ向かった。墓地の所在は母自身もおぼろげにしか憶えていないらしく、とにかく念仏寺まで行ってくれれば思い出せると思うと母が言うのでまずは向かってみることにしたのである。

だが念仏寺まで行ってみても母ははっきりしたことを思い出さないまま、

「なんだかお腹が空いちゃった」

とだけ言った。

仕方がないのですぐ近くにあった店で少し早い昼食にした。食事を終えて外に出ると、上空を覆っていた雨雲はさっきよりもずっと厚くなっていて、昼前というのにあたりはどんよりと薄暗くさえある。

「降るかもねえ」

空をふり仰いで言った友子のことばにつられて、母もふわりと上を向いた。その小さな顔は［ Ⅰ ］に白く、友子はなぜか目をそらす。

店の駐車場を出て、友子は母の言うまま車を走らせた。嵯峨野の細い道は車で通るには［ Ⅱ ］な感じがして、ゆっくりゆっくり進まざるを得ない。

「このまま真っ直ぐでいいの？」

後部座席を振り返って訊くと、母はぼんやりと小さく頷く。

道の両脇に並んでいた土産物屋やb茶屋が、だんだんに少なくなってくる。ゆるやかな坂の中腹の四つ角を過ぎたあたりから、両側は竹林になった。そこだけひやりと［ Ⅲ ］な竹の繁みを横目で見ながら、友子はもう一度後ろを振り返った。

「ほんとに真っ直ぐ？」

道幅は先ほどより広くなったが舗装が悪く、進むにつれて曲がりくねりの多くなる道はなんとなく［ Ⅳ ］である。だが母は友子の問いに「そうよ」とだけぽつりと答えるのだった。

他に術（すべ）もなくそのまま道を進んだが、傾斜はさらに急になり、道は完全に峠道の様相を呈してきた。不安になってバックミラーの中に母を覗き見ると、母は目をつぶっている。

道の右側は濃い緑に覆われた岩壁のようになっていて、左側の繁みのむこうは崖である。崖の下には川が流れているようだった。

ふたたび後ろを見やろうとしたとき、対向車がずっとむこうのほうでライトをカチリと上向きにした。すれ違いができるくらいの道幅のあるところで、こちらの車を待ってくれているらしい。友子は慌てて車を発進させ、少し道幅の広くなっているところで対向車とすれ違った。待ってくれた礼の意味でピッと短くクラクションを鳴らし、ふと横を見た友子は思わず「あら」と声を出した。

混濁した白っぽい緑色に流れる川の上空に、橋が架けられていた。そうして、川の対岸には玩具のように見える駅舎があるのだった。

むこう岸、駅の裏手もこんもりとした山で、人家らしきものは見あたらない。あの駅を、誰が利用するのだろう。駅舎の壁に貼られた表示板に、保津峡駅という文字が辛うじて読める。

「見て、お母さん。こんなところに駅がある」

少し明るくなった声で言い、後ろを見ると母は額を車の窓に押しつけるようにして川のむこうの駅を見ていた。

「ねえ、誰のための駅なんだろうね」

「……ほんとね」

母の声は、ひどくかすれていた。

「どうしたの……」

言いながら振り返ると、母は窓の外からの光を顔に白く映しながら眉間(みけん)に深くシワを寄せている。

「お母さん……？」

そのことばが終わらないうちに、B母は切り捨てるような口調で言った。

「戻って、友子」

「え？」

「この道、戻ってちょうだい」

友子はしばらくぽかんとした表情で母の顔を見つめた。母の言っていることばの意味が、頭の中でうまくつながらなかった。

「どういうこと……？　あ、道を間違えてたの？」

やっとのことで発した友子のことばに、しかし母は頷かなかった。何よ、どうしたの、と友子が次のことばを口にする前に、母は小さく、けれどはっきりと言った。

「嘘なの」

「え？」

「嘘なのよ。今まで言ってきたこと、全部嘘なの」

「……？」

「ご先祖さまのお墓なんてないのよ」

雨雲が急に一段低くなり、あたりが一層暗くなった。ずっと下のほうに流れている川の水音を、すぐ近くに聞いたように友子は感じた。

「駆け落ちしたなんてのも嘘。それにお母さん、親なんていないの。顔も知らないのよ。だから、ご先祖さまのお墓なんてあるわけないでしょう……」

「……どうしてェ？」

自分でも驚いたほど、ふぬけたような声が出た。母は情けないような顔になって小さく首を振る。

「わかんない……。言ってみたかったんだと思う」

誰のためにあるのか判らない駅は、薄曇りの川の岸辺にさっきと同じ佇(たたず)まいを見せている。何をしてでも生きてゆける。――まだ母が元気だったころ、よく言っていたことばを不意に友子は思い出した。

何度か切り返して、友子はその場で車をUターンさせた。静かな、川のそばにある駅が後方に遠ざかっていく。何年のあいだ、あの駅はあんなにひっそりとあそこに佇んでいたのだろうと、ふと思う。

「ごめんね……」

急な勾配を下りはじめると、母はぽつりとそう言った。二尊院でよろけそうになったとき、母の腕に伸びかけて引いた自分の手のことを友子は思い出した。自分自身がもうかなり長いこと、目眩を感じても寄りかかる腕のない日々を過ごしてきている、と思った。


東京に帰り着いたのは真夜中に近かった。マンションの駐車場に車を入れてしまうと、友子は後部座席で丸くなって寝こんでいる母を起こした。夜眠れない母は、ときどきこんなふうに突発的に深い睡眠を取る。

「着いたよ」

言うと母はもっそりと身体を起こした。

「もう……？」

何度かまばたきをして、母はまだぼんやりとした感じで言った。友子の肩の上には、腕がもげ落ちてしまいそうな重い疲れがある。

「やめようか」

前を向いて運転席に坐ったままで、友子はゆっくりと言った。身体を起こしたせいでシートの上に正坐する姿勢になっている母は、視線をあげて友子のほうを見る。

「やめようか、結婚するの」

下唇を噛んでいた母の表情がだんだんに崩れ、声にならない音を友子は背中で聞いた。［ア］が、友子の胸の中でゆらゆらと揺れる。

c伸びかけて引かれた手や、数々の心地悪い夜や、今の疲れや、さまざまなことが頭の中をめぐった。それでも自分は背後に母の体温を感じることはできる。

雨雲は東に動いて、今夜はこちらにも雨が降りそうな気配である。


（鷺沢萌『岸辺の駅』）

1　波線部a「危惧した」の意味として最も適切なものを、①～⑤の中から一つ選びなさい。
①　きらって避けた
②　する必要のない心配をした
③　成り行きを心配しおそれた
④　不愉快に思った
⑤　危険な状況を避けた

2　波線部b「茶屋」は重箱読みをするが、同様に重箱読みの熟語を、①～⑤の中から一つ選びなさい。
①　写真　②　団子　③　湯呑　④　見本　⑤　切符

3　空欄［Ⅰ］［Ⅱ］［Ⅲ］［Ⅳ］に入る語句の組み合わせとして最も適切なものを、①～⑤の中から一つ選びなさい。
①　Ⅰ　陶器のよう　　Ⅱ　頼りないよう

Ⅲ　冷たい空気が流れているよう　Ⅳ　山道のよう

②　Ⅰ　陶器のよう　Ⅱ　山道のよう
　　Ⅲ　冷たい空気が流れているよう　Ⅳ　頼りないよう

③　Ⅰ　冷たい空気が流れているよう　Ⅱ　頼りないよう
　　Ⅲ　陶器のよう　Ⅳ　サーキットのよう

④　Ⅰ　冷たい空気が流れているよう　Ⅱ　山道のよう
　　Ⅲ　陶器のよう　Ⅳ　頼りないよう

⑤　Ⅰ　陶器のよう　Ⅱ　頼りないよう
　　Ⅲ　冷たい空気が流れているよう　Ⅳ　サーキットのよう

4　空欄 ア に入る語句として最も適切なものを、①～⑤の中から一つ選びなさい。

①　土砂降りの中、寺院がひっそりと佇む風景
②　薄暗い部屋で灯る小さな豆電球
③　嵯峨野の細々とした道が続く風景
④　対向車の上向きにされたライト
⑤　橋のむこうに小さな駅がある風景

5　傍線部Ａ「次の瞬間本能的に手を引っこめていた」とあるが、友子はなぜ「本能的に手を引っこめていた」のか。その理由として最も適切なものを、①～⑤の中から一つ選びなさい。

①　不眠症に悩む母より、近くにいる人に助けてもらうほうがよいから。
②　これまでも、目眩がすぐに治る経験を何度もしてきていたから。

③　この場で母に助けを求めるより、宿に戻りゆっくり休みたかったから。
④　食事をすれば治ると感じ、少し早めの昼食を取ればよいと考えたから。
⑤　長い間、誰にも寄りかからずに過ごしてきた日々があったから。

6　傍線部B「母は切り捨てるような口調で言った」とあるが、ここから読みとれる母の思いとして最も適切なものを、①～⑤の中から一つ選びなさい。
①　あからさまな自分の嘘にまったく気づくことができない娘に対し、苛立ちと情けなさを強く感じている。
②　墓地の所在を知ってはいるが、近くまで来ると言いようのない圧迫感に悩まされ、嘘をつくしかないと悩んでいる。
③　自分の嘘を信じ続けてきた娘にこれ以上嘘をつき続けることはできないと思い、正直に話す決心をしようとしている。
④　美しい嘘を重ねてきたが、親戚づきあいもなくなり不眠症にも悩まされるようになったので、投げやりな気持ちになっている。
⑤　嘘に嘘を重ねる自分自身が無意味なものに思え、正直に話すことで娘に結婚を決意させようという気持ちを抱いている。

7　傍線部C「伸びかけて引かれた手や、数々の心地悪い夜や、今の疲れや、さまざまなことが頭の中をめぐった。それでも自分は背後に母の体温を感じることはできる。」とあるが、ここから読みとれる友子の心情として最も適切なものを、①～⑤の中から一つ選びなさい。
①　母が原因となり、社会の中で多くのつらい仕打ちを受けてきた。それでも母と一緒に暮らすことに喜

びを感じている。

② 今では自分が倒れそうになっても手を差し伸べもしない母ではあるが、それでも母と一緒にいると子どものころの懐かしく甘い記憶に浸ることができると感じている。

③ 身体的疲労がたまる母との関係を断ち切ろうと好きでもない男性との結婚を決めたものの、精神的には母親に甘えつづけていたいと感じている。

④ 今までの生活を振り返ると母が原因で肉体的にも精神的にもつらいことがあった。それでも母親に対し肉親としての情を感じている。

⑤ 母親の自分への愛情はよく理解できるものの、不眠症の母と一緒に暮らし続けるには相当な疲労がたまり、精神的にも限界を感じている。

（☆☆☆◎◎◎）

【三】次の文章を読んで、後の問いに答えなさい。

また、ついでなきことにははべれど、怪(け)と人の申すことどものもの、させることなくてやみにしは、前一条院の御即位の日、大極殿の御装束すとて人々集まりたるに、高御座(たかみくら)のうちに、髪つきたるものの頭の、血うちつきたるを見つけたりける、あさましく、いかがすべきと行事(注1)思ひあつかひて、かばかりのことを隠すべきかとて、大入道殿(注2)に、「かかることなむさぶらふ」と、なにがし(注3)のぬしして申させけるを、いと眠たげなる御気色に^A^もてなさせたまひて、ものも仰せられねば、もし^a^聞こし召さぬにやとて、また御気色たまはれど、^b^うち眠らせたまひて、なほ御いらへなし。いとあやしく、さまで大殿籠り入りたりとは見えさせたまはぬに、Bいかなればかくてはおはしますぞと思ひて、とばかり御前にさぶらふにぞ、うちおどろかIせたまふさまにて、「御装束は果てぬるにや」と仰せらるるに、c聞かせたまはぬやうにてあらむと、思し召しけるにこそと心得て、d立ちたうびける。げにかばかりの祝(いはひ)の御こと、また今日になりてとまらむも、いまいましきに、やをらひき隠してあるべかりけることを、心肝なく申すかなと、いかへにe思し召しつらむと、後にぞ、C(注4)かの殿もいみじう悔いたまひける。さることなりかしな。されば、なでふことかはおはします、Dよきことにこそありけれ。

(『大鏡』)

(注1) 行事…世話役。その仕事の責任者。
(注2) 大入道殿…摂政藤原兼家。天皇の祖父。
(注3) なにがしのぬし…殿上人クラスの人物。何某(なにがし)殿。
(注4) かの殿…「なにがしのぬし」を指す。

1 二重傍線部I「せ」の文法的説明として最も適切なものを、①~⑤の中から一つ選びなさい。

① サ行四段動詞「おどろかす」の已然形の活用語尾
② サ行下二段動詞「おどろかす」の連用形の活用語尾
③ 使役の助動詞「す」の未然形
④ 使役の助動詞「す」の連用形
⑤ 尊敬の助動詞「す」の連用形

2 傍線部A「もてなさせたまひ」と動作の主体の異なるものは波線部a~eのうちどれか、①~⑤の中から一つ選びなさい。

① a　聞こし召さぬ　② b　うち眠らせたまひ　③ c　聞かせたまはぬ
④ d　立ちたうびける　⑤ e　思し召しつらむ

3　傍線部B「いかなればかくてはおはしますぞ」の解釈として最も適切なものを、①～⑤の中から一つ選びなさい。

① どうしてこのようなお返事をなさるのか。
② どうしてこのように眠って聞こえないふりをなさるのか。
③ どうしてこんなわざとらしい装飾をなさるのか。
④ どうしてこのように深く悩んでいらっしゃるのか。
⑤ どうしてこのように隠れていらっしゃるのか。

4　傍線部C「かの殿もいみじう悔いたまひける」とあるが、どういうことか。その説明として最も適切なものを、①～⑤の中から一つ選びなさい。

① なにがしのぬしは、大入道殿が自分の報告を聞いて即座に対処してしまったことを悔やんでいるということ。
② なにがしのぬしは、大入道殿が寝ていたことによって大事な報告を聞き逃す結果になってしまったことを悔やんでいるということ。
③ なにがしのぬしは、せっかくの祝いの行事に思慮もなく不吉な出来事を大入道殿の耳に入れてしまったことを悔やんでいるということ。
④ なにがしのぬしは、せっかくの祝い事を分別もなく突然中止してしまったことを悔やんでいるという

こと。

⑤　なにがしのぬしは、ぐっすり寝入っている大入道殿にわざわざ人を使ってまで報告をしたことを悔やんでいるということ。

5　傍線部D「よきことにこそありけれ」は話者の感想であるが、どういうことか。その説明として最も適切なものを、①～⑤の中から一つ選びなさい。

①　行事が、怪異現象を理由に祝典の中止を申し出たのに対して、大入道殿は、準備の進行状況を判断の基準にして中止にしたことは理にかなったことであったと評価しているということ。

②　行事は、不吉な現象を大入道殿の耳に入れるかどうか迷いながらも報告したが、大入道殿がそれを勇気のある諫言と受け取ったことは、大入道殿の懐の深さを示すものとして称賛しているということ。

③　本来ならば大事な祝典を急に中止するような進言は許されないことであるが、大入道殿の計らいによって準備が整っていたことを理由に滞りなく挙行することができたことを評価しているということ。

④　不吉な報告を受けたにもかかわらず、大入道殿が祝典を挙行したことに対して、不都合なく無事祝典を終えることができたと、大入道殿の思慮深い判断を評価しているということ。

⑤　大入道殿は祝典を挙行したが、大入道殿に祝典の中止を進言したなにがしのぬしの行為に対しては、部下の判断としてはやむを得なかったこととしてとらえているということ。

6　次のうち『大鏡』の説明として最も適切なものはどれか、①～⑤の中から一つ選びなさい。

①　『大鏡』は「四鏡」と呼ばれる歴史物語の最初の作品であり、その影響を受けて『水鏡』『今鏡』『増鏡』という順で後代の鏡物が成立した。

②　『大鏡』は『栄花物語』の叙述法にならい、天皇十四代の歴史を物語風にとりあげ、天皇や権力者を中

心に編年体で叙述している。

③『栄花物語』が一面的な藤原道長の栄華を賛美することに終始しているのに対し、『大鏡』は道長の摂関政治について批判的な視点も交えて描いている。

④作者である大宅世継にちなんで『世継が物語』とも呼ばれ、百九十歳の大宅世継と百八十歳の夏山繁樹が人々を前に話した昔話を書き起こしたものである。

⑤『大鏡』の成立は未詳であるが、仮名文で歴史を描いた作品として物語文学の先駆となり、後代に書かれた『源氏物語』にもその体裁が大きな影響を与えた。

（☆☆☆◎◎◎）

【四】次の漢文を読んで、後の問いに答えなさい。（ただし、設問の都合で訓点を省略した部分がある。）

衛(注1)嗣君之時、有胥靡(注2)、逃之魏、因為襄(注3)王之后治病。衛嗣君聞之、A使人請以五十金買之。五反而魏王不予。乃以左(注4)氏a易之。B群臣左右諌曰、「夫以一都買胥靡、可乎。」君曰、「非子之所知也。夫治無小而乱無［Ⅰ］。法不立而誅不必、雖有十左氏無［Ⅱ］也。法立而誅必、雖失十左氏無［Ⅲ］也。」魏王聞之曰、「主欲治、而不聴之不祥。」因載而往、徒献之。

（『韓非子』）

（注1）衛嗣君…紀元前四世紀後半の人。衛の国の嗣君という君主。
（注2）胥靡…囚人
（注3）襄王…魏の恵王の子。あとに出てくる魏王も同一人物。
（注4）左氏（さし）…町の名前

1　波線部a「易」と同じ意味を持つ熟語として最も適切なものを、①～⑤の中から一つ選びなさい。
①　易者　②　交易　③　容易　④　簡易　⑤　不易

2　空欄［Ⅰ］［Ⅱ］［Ⅲ］に入る組み合わせとして最も適切なものを、①～⑤の中から一つ選びなさい。
①　Ⅰ　小　Ⅱ　益　Ⅲ　害

② Ⅰ小　Ⅱ害　Ⅲ益
③ Ⅰ害　Ⅱ大　Ⅲ小
④ Ⅰ大　Ⅱ益　Ⅲ害
⑤ Ⅰ大　Ⅱ害　Ⅲ益

3　傍線部Ａ「使人請以五十金買之」の書き下し文として最も適切なものを、①～⑤の中から一つ選びなさい。

① 使人に請ひて五十金を以て買ひに之く。
② 使人五十金を以て請はしめ之を買へり。
③ 人をして五十金を以て買ひに之くを請はしむ。
④ 人をして五十金を以て請はしめ之を買へり。
⑤ 人をして五十金を以て之を買はんと請はしむ。

4　傍線部Ｂ「群臣左右」とあるが、「嗣君の臣下」はどのようなことを主張しているのか。その説明として最も適切なものを、①～⑤の中から一つ選びなさい、

① 胥靡を取り戻すために左氏の町を魏に与えるのはよくない。
② 胥靡を奪われたことを大義名分に左氏の町を攻めるべきである。
③ 胥靡を得るためには、五十金以上の額を準備すべきだ。
④ 襄王の后の医師になっているので、もはや衛において胥靡を罰する必要はない。
⑤ 左氏の町を魏に与えてでも、胥靡を取り戻すべきである。

5　本文を含む『韓非子』は諸子百家のうち、どのグループの思想を表しているとされるか。最も適切なものを、①～⑤の中から一つ選び答えなさい。

① 儒家　② 道家　③ 墨家　④ 名家　⑤ 法家　(☆☆☆◎◎◎)

解答・解説

【中高共通】

【一】1 ③　2 ③　3 ④　4 ③　5 ④　6 ⑤　7 ③

〈解説〉1 ①、②、④、⑤は、すべて助動詞であるが、③の「たり」は、並列の助詞である。 2 波線部aの「ジュンスイ」は、「純粋」と書く。①「完遂」、②「垂範」、③「抜粋」、④「誰何」、⑤「陶酔」。 3 空欄補充は、前後の語句や文との整合性を必要とする。空欄アの前の「社交が日常の功利的な時間」に対しての聖別された時間であることから「特殊な時間」が適切である。 4 3と同様に、空欄イはその前の文「流れる時間がいわば凍結して」に関わる。文中の、宴席での二人の会話が同じ空間の中に二人をひき留める、社交の場の同時的空間のことを考える。 5 社交の礼儀作法に従う行動では、行動の目的と同時に、そのプロセスの細部に意識を向け直し、行動の一瞬ごとに全体像を感じとりそれぞれの瞬間を行動全体の流れの中に位置づけ、互いに意味づけ合い、新しい印象を与える、というのである。 6 傍線部B「定式の介在しない行動」の定式とは、作法のことをいう。作法は、規律を重んじ、常識的行動を求めるが、この作法の介在しない行動は、その過程の細部に意識を向けることはない。そこにあるのは常識というルールのない無軌道な行動である。

7　①社交には一定の形式が存在するが、即興劇では、「物語とせりふの細部は思いつきに委ねられる」とあるために不適切。②「礼儀作法のような実用性とは正反対の形式美」以降の文が不適切。④「禁欲的になることが」以降の文が不適切。⑤「感情を抑制したことによって」以降の文が不適切。

【二】1　③　2　②　3　①　4　⑤　5　⑤　6　③　7　④

〈解説〉1　波線部a「危惧した」の「危惧」(きぐ)は、「(ある物事の結果を)心配し恐れること」。　2　重箱読みは、音＋訓の読みである。①「写真」(音＋音)、②「団子」(音＋訓)、③「湯呑」(訓＋訓)、④「見本」(訓＋音・湯桶読み)、⑤「切符」(訓＋音)。　3　空欄Ⅰのあとの顔色の白さ、空欄Ⅱの前の「嵯峨野の細い道」と友子の車の運転、空欄Ⅲの前後の「ひやりと」した冷感と竹の繁み、空欄Ⅳの前の「舗装が悪く、曲がりくねりの多い道」を踏まえて適切な語句の組合せを選ぶ。　4　来春、結婚を予定していた友子が、結婚することをやめようか、と母親に尋ねかけた理由は、母親の過去を聞かされたことによる。母親が友子に隠していた過去の話を聞く動機となった、峠道の橋のむこうの小さな駅の風景と母親が何らかの関わりがあるのだろうか。ふと「何をしてでも生きてゆける。」と母親がよく言っていた言葉もその時友子は思い出している。こうした疑念と母親への気くばりで、友子の心は激しく揺れ動いているのである。　5　峠道をUターンして急な勾配を下りはじめたとき、友子は二尊院でよろけそうになり、本能的に手を引っ込めたことを思い出し、長い間、目眩を感じても寄りかかる腕のない日々を過ごしてきたことをのべている。しかし、母親が不眠症で病弱なことを配慮しての友子の動作であることを含めて考えてよかろう。　6　傍線部B「母の切り捨てるような口調」は、友子への母親の過去を語る決意を表している。母親は、友子へ自分の過去を語る前、「額を車の窓に押しつけるようにして川のむこうの駅を」「眉間に深くシワを寄せて」見ていた、とのべてある。

7　友子は、母親から今まで知らなかった彼女の過去を聞かされた。しかし、友子にとって、この世に生を与えてくれた母親は、温かな唯一の存在である。その温かな母親の愛情あふれる体温を友子は感じて生きている、というのである。

【三】 1 ⑤　2 ④　3 ②　4 ③　5 ④　6 ③

〈解説〉1 二重傍線部Ⅰ「せ」は、尊敬の助動詞「す」の連用形で、尊敬の補助動詞「給ふ」が接続して二重敬語になる。二重敬語は最高の敬意を表す兼家への敬意である。 2 1の解説から、傍線部Aの動作の主体と同じ敬意表現は、a、b、c、eで、dは「なにがしのぬし」への敬意。 3 傍線部B「いかなればかくてはおはしますぞ」の「いかなれば」は、「いかなり」(形動)の已然形に既成条件の接続助詞「ば」がついた慣用表現で、「どういうわけで。どうして。」の意。「かくては」は「このようにして」の意の副詞。「おはしますぞ」は、「居る」の尊敬語「おはします」＋強意の係助詞。「かくては～おはします」は、疑問の係結び。 4 傍線部C「かの殿もいみじう悔いたまひける」の「かの殿」は、「なにがしの主」、「いみじう」は、「いみじ」(形・シク)の連用形「いみじく」のウ音便で「大変に。非常に。」の意。「悔いたまひける。」は、「後悔なさった」と訳す。「なにがしの主」のこの後悔は、「げにかばかりの祝いの御こと～心肝なく申すかな」に見えるように、重大な祝典であるのに内密にしておくべきことを思慮なく兼家公に申し上げたことへの後悔である。 5 傍線部D「よきことにこそありけれ」の「よきこと」とは、「上首尾」なこと。「こそありけれ」は、強意の係助詞「こそ」と、ラ変動詞「あり」の連用形＋詠嘆助動詞「けり」の已然形（「こそ」の結び）。兼家公の不吉な話を聞かぬふりをしていた気くばりが上首尾だった、というのである。 6 ① 『水鏡』と『今鏡』は、順序が逆。② 『大鏡』は、紀伝体の叙述である。④ 『大鏡』の作者は未詳。⑤ 『源氏物語』(十一世紀初め)の成立後に『大鏡』(十二世紀初め)が成立している。

【四】 1 ②　2 ④　3 ⑤　4 ①　5 ⑤

〈解説〉1 波線部a「易」は、「かふ」と読む。「交換する」の意。　2 空欄前後の文との整合性を考えて空欄を補充すること。空欄Ⅰの前の「夫治無小」は、「国を治めるのには、何事も小さいとせず」の意。「乱」に対しては、乱を恐れず権威で平定することが肝要の意の「大」が適切。空欄Ⅱは、「法不立而誅不必」(法立たずして誅必せずば)の「もし法が守られず、誅(罰)が行われないならば」を踏まえ、「雖有十左氏」に対し「無言」か「無益」かを考える。ここは当然「無益」の「益」が入る。そして、空欄Ⅲには「法立而誅必、雖失十左氏」のあとに、「無害」の「害」が入る。　3 傍線部A「使ム下人ヲシテ請ハ中以テ二五十金ヲ一買ハント上レ之ヲ」の書き下し文。　4 傍線部B群臣左右の嗣君への諫言「夫以一都買胥靡、可乎」(夫れ一都を以て胥靡を買ふは可ならんや)の解釈は、魏に対し、「一都(左氏)と交換に胥靡を買うのはよいことでしょうか、よくないと存じますが」で反語形。　5 「韓非子」は、二十巻、五十五編。法(秩序規定)と術(賞罰)とを中心に君主の政治の方法を論じた書。法家の代表的学者が韓非(前二八〇年頃～前二三三年頃)である。① 「儒家」は、孔子を祖とする学派。② 「道家」は、老子を祖とする学派。③ 「墨家」は、墨子を祖とする学派。④ 「名家」は、公孫竜・恵施などが代表的学者である。

二〇一七年度 実施問題

【中高共通】

【一】次の文章を読んで、後の問いに答えなさい。(ただし一部原文を削除した箇所がある。)

アわれわれには二つの相反する能力がそなわっている。ひとつは、与えられた情報などを改変しよう、それから脱出しようという拡散的作用であり、もうひとつは、バラバラになっているものを関係づけ、まとまりに整理しようとする収斂(しゅうれん)的作用である。

かりに十人の人に、三分間の話をするとする。あとでその要約を書いてもらう。結果は十人十色に違っているはずだ。まったく同じまとめになることはまずない。こういう場合は、〝正解〟はない、ことになる。正解とは、すべての人がほぼ同じ答を示しうる場合でないと考えられない。数学には正解があるけれども、右のような要約では正解は存在しない。おもしろいもの、よくまとまったものはある。これが唯一という正しい答というものはあり得ないのである。

正解の存在しないのは、なにもこういう要約に限らない。試験などでも記述による答案では、すべて厳密な意味での正解はない。[ア]異った形の答になっている。数学の正解ではまったく同一の複数のものをIキョヨウするけれども、主観によって答の違うものについては完全に同じものがあってはならない。裏から言えば誤解はきわめて個人的であって、まったく同じ誤解というのはまず考えられない。

要約をするには、その〝誤解〟の根になっている拡散的思考がはたらいている。したがって、一字一句違わないものが二つあるのは理論上は考えられないことになる。

そういう理論上あり得ないはずのことが、現実にはおこっているというからおもしろい。

このごろ、入学試験で小論文という作文が課せⅡられるところが多くなってきた。題を与えて文章を書かⅢせる。これは収斂しないはずである。正解の文章なんてあるわけがない。めいめいが自分の考えを出すことを求められているわけで、もっとも自由活潑に拡散的思考の力を発揮できる。個性を見るのに、たいへんよいテスト方法だとされて、近年注目されてきたのは肯ける。

ところが、おどろくべきことに、試験の採点当事者の言うところによると、ほとんどが同じことを書いているⅣそうである。はじめて聞いたときはとうてい信じⅤられなかった。Aいくらなんでもそんなはずはない、と思ったのである。

ところが、あちらでもこちらでもそういう声をきく。高等学校では大学入試に備えて小論文の模擬試験をする。そこでも同じ現象が見られるという。どうやら、これは誇張ではなく、現実なのであろう。おそらく、指導が効果をあげすぎて、与えられたことをそのまま書けば、それが正解になると勘違いしているのかもしれない。小論文にも数学と同じような答が求められていると考えるのだったら、たいへんな誤解である。

もちろん、作文の文章である。一字一句まったく違わないということはあるまい。しかし、言わんとするところがまったく同じであれば、収斂的思考によってのみ文章を書いたことになる。そういう文章からは個性を読みとるのは不可能であろう。

人間はもともと、つよい拡散作用をそなえている。昔の軍隊で逓伝（ていでん）ということをした。通信手段が未発達な時代においては、移動する部隊同士のコミュニケーションは口伝によった。部隊の間に等間隔の中継点の兵を配置する。メッセージはそれによって次々送られる。

ところが、このメッセージが正確に終着点へ届かない。かならずなにがしかの変形をおこす。誤伝になる。

いざという場合、それではいけない。それで日ごろから逓伝の訓練が行なわれたのだが、それでもなかなか正確な伝達は得られない。

この場合、各人は正しく、正しくと心掛けている。それなのに、拡散作用がしのび込んで、メッセージを化けさせる。それがさらに次の中継点で変化し、だんだん大きくずれたものになって行く。

この化け方がもっと自由奔放になると、〝尾ヒレ〟と呼ばれるものになる。デマとか風聞、噂といったものは、この拡散化作用の程度が大きくなったときに見られる。デマは、見方によれば、自由な解釈にもとづく伝達の花だということにもなる。われわれはだれでもデマの担い手となる資格をもっている。

拡散作用によって生れたものは、散発的である。線のようにはまとまらないで、点のように散っている。点と点とは一見、相互に関係がないように思われる。(注1)飛行機型の思考である。

これと対照的なのが、収斂性による〝整理〟である。まず、整理には、焦点が必要である。目標に向って、すべてのものを統合する。その方向がはっきりしていないと、まとめをすることができない。

これまでの学校教育は、主として収斂性による知識の訓練を行なってきた。これには、いつも正解が予想される。満点の答案がありうる。長い間学校教育を受けていると、B すべてのことに、正解があるのだというような錯覚におちいるのは、収斂能力だけを磨かれているからである。

そういう頭で、満点の答のない問題に立ち向うと、手も足も出なくなってしまう。自分の考えを打ち出すことはできないが、教えてもらった知識を、必要に応じて整理するのは巧みであるという学習者が優等生として尊重される。(注2)グライダー人間である。収斂性がつよすぎる。ただ、この整理は、線やシステムにまとまって行く利点をもつ。拡散的思考では当面、飛び散る点しか得られないのと好対照である。

思考に関して、この二つの作用を区別してかかるのは重要である。これまでは主として収斂的思考のことを考えていたから、思考の整理も比較的に簡単であったように思われる。しかし、収斂的思考は思考の半分にすぎない。しかも受動的半分である。創造的半分は拡散的思考、つまり、誤解をおそれず、タンジェントの方向に脱出しようとするエネルギーによって生み出される思考である。これまでこれが充分認識されないできたのが、われわれの社会の不幸であった。本当の独創、創造ということが、〝変人〟でないとできにくいというのは悲しい。

本を読むにしても、これまでは〝正解〟をひとつきめて、それに到達するのを目標とした。その場合、作者、筆者の意図というのを絶対とすることで、容易に正解をつくり上げられる。それに向って行なわれるのが収斂的読書である。

それに比して、自分の新しい解釈を創り出して行くのが、拡散的読書である。当然、筆者の意図とも衝突するであろうが、そんなことにはひるまない。収斂派からは、誤読、誤解だと非難される。しかし、読みにおいて拡散作用は表現の生命を不朽にする絶対条件であることも忘れてはなるまい。古典は拡散的読みによって形成されるからである。筆者の意図がそのままそっくり認められて古典になった作品、文章はひとつも存在しない。

拡散的思考の生み出すものは、まとまりのつかない点のようなものになると言った。それを放っておいては、とんでもない混乱になってしまうではないかと、収斂派は心配してきた。拡散派にしてもデタラメに勝手放題なことを考えているのではない。一見いかにも混乱のように見えても、充分に多くの点をとってみると、おのずから収斂に向っているのである。

たとえば、新しいことばがあらわれる。人々はめいめい勝手なつかい方をする。［イ］的使用である。［ウ］したくとも辞書の定義もない。ところが、ある歳月がたってみると、そのことばの意味はおのずる。

から定まっているのである。エ的思考がおのずからオしているみごとな実例である。
もし、拡散のみあって収斂することを知らないようなことばがあれば、それは消滅する。

（外山滋比古『思考の整理学』）

（注1）飛行機型の思考…自分でものごとを発明、発見する思考をたとえている。
（注2）グライダー人間…グライダーは自力で飛ぶことができない。受動的に知識を得る性質をたとえている。

1 波線部Ⅰと同じ漢字を含むものを、①〜⑤の中から一つ選びなさい。
キョヨウ
① 過ちをケンキョに認める。
② 名古屋にホンキョを置く。
③ 不当な要求をキョゼツする。
④ 運転メンキョ証を見せる。
⑤ 急死の報に接してキョソを失う。

2 空欄アに入る語句として最も適切なものを、①〜⑤の中から一つ選びなさい。
① 漠然と ② 偶発的に ③ 全般的に ④ 各人各様に ⑤ 一様に

3 波線部Ⅱ〜Ⅴの助動詞の文法的意味の組み合わせとして最も適切なものを、①〜⑤の中から一つ選びなさい。
① Ⅱ 受身 Ⅲ 使役 Ⅳ 伝聞 Ⅴ 可能

② Ⅱ 自発　Ⅲ 受身　Ⅳ 伝聞　Ⅴ 可能
③ Ⅱ 受身　Ⅲ 使役　Ⅳ 様態　Ⅴ 自発
④ Ⅱ 可能　Ⅲ 受身　Ⅳ 様態　Ⅴ 自発
⑤ Ⅱ 尊敬　Ⅲ 可能　Ⅳ 推量　Ⅴ 受身

4　空欄 イ ～ オ に入る語句の組み合わせとして最も適切なものを、①～⑤の中から一つ選びなさい。

① イ 拡散　ウ 収斂　エ 収斂　オ 拡散
② イ 受動　ウ 検索　エ 拡散　オ 収斂
③ イ 受動　ウ 検索　エ 収斂　オ 機動
④ イ 個別　ウ 検索　エ 収斂　オ 拡散
⑤ イ 拡散　ウ 収斂　エ 拡散　オ 収斂

5　傍線部A「いくらなんでもそんなはずはない」とあるが、筆者がこのように思った理由の説明として最も適切なものを、①～⑤の中から一つ選びなさい。

① 入学試験で「小論文」が注目されてきたのは、拡散的思考を見るのにふさわしいものとして導入されたわけだが、実際には、収斂的思考を測るのに適しているとわかったから。
② 入学試験で「小論文」が注目されてきたのは、収斂的思考を見るのにふさわしいものとして導入されたわけだが、実際には拡散的思考を見るものとして利用されており、驚いたから。
③ 入学試験で「小論文」が注目されてきたのは、個性を見るのにふさわしいとされたからなのに、指導されたことを守らず、模範解答を暗記したため、同じ解答ばかりになってしまっているから。
④ 「小論文」は、拡散的思考を十分に働かせて自分の考えを自由に書くことができるため、多様な文章が

書かれるはずなのに、同じような答えが書いてあるという現状に驚きを禁じ得ないから。

⑤ 「小論文」は、試験において自由に個性を発揮できる出題形式であると感心していたのに、実際には、どの答案にも全く同じことが書いてあるという実情に愕然とし、人間不信に陥ったから。

6 傍線部B「すべてのことに、正解があるのだというような錯覚におちいる」とあるが、「これまでの学校教育」によりおちいった「錯覚」の説明として最も適切なものを、①～⑤の中から一つ選びなさい。

① 拡散作用を十分に働かせて表現活動を行わせると、評価者としての教師は客観的な評価を行うことができないため、入学試験などでも知識の訓練といった収斂的思考を鍛えることに終始してきた。そのため、拡散的思考を全く行ってこなかった学習者は、収斂能力の強化こそが学習の本質だと勘違いしているということ。

② 人は生きていく上で、しばしば答えのない問いに出くわすものであるのに、そもそもそのような問いは存在しないものと仮定して、学校教育では個々の学習者の幸福のために社会で役立つ知識の習得に力を入れてきた。その結果として、学習者は答えのない問題が存在することに目を向けず、そこから逃避しているということ。

③ 世の中のさまざまな出来事については、ただひとつの正しい答えなど存在しない場合があるにもかかわらず、学校教育では収斂性の極端に高い、知識の訓練を中心に教育を行ってきた。そのため学習者は正しい答えが存在しないものはないのだという思い違いをしてしまうということ。

④ 人間はもともと、つよい拡散作用をそなえているため、どんなことでも自由に解釈してしまう。学校教育が収斂性による整理を奨励しても想定した枠から逸脱してしまいかねない。そこで、学校教育では徹底して収斂能力だけを磨いたために、正解のない問題に触れることなく学習を終えてしまい、考える

機会を奪われたということ。

⑤　人間はもともと、つよい拡散作用をそなえているので、学校教育という集団生活ではどうしても秩序の維持や客観的な評価の実施が必要である。そのため、学習者の拡散的思考は歓迎されない。そこで、教えてもらった知識を巧みに整理する学習者を優秀とすることで、答えのない問いから意識的に目を背けさせたということ。

7　冒頭に、二重傍線部ア「われわれには二つの相反する能力がそなわっている」とあるが、本文全体から読み取れる筆者の主張として最も適切なものを、①～⑤の中から一つ選びなさい。

①　人間に備わっている二つの力のうち、拡散的作用の方がもともと強いため、収斂的作用を学習して身につけることは、学校教育にとって重要なこととして捉えられてきた。しかし、一方に偏りすぎたために、今、改めて拡散的思考を重視した教育のあり方を模索し、バランスのとれた人間を育成することに力を入れていくべきである。

②　学校教育では、教えてもらった知識を必要に応じて整理するのが巧みな学習者が尊重される、収斂性の強い受動的な学習が主流であった。また、人間は、拡散的思考によってまとまりのつかない点のようなものを生み出し、思考の整理が困難であった。バランスのよい思考もまた教育により育まれるものである。

③　学校教育では、教えてもらった知識を必要に応じて整理するのが巧みな学習者が尊重される、収斂性の強い受動的な学習が主流であった。しかし、人間はもともと強い拡散作用を備えており、まとまりのつかないものを生み出す拡散的思考も行っている。表現活動にとって、この拡散的思考は、真の独創、創造につながる重要なものである。

④　人間に備わっている二つの力は、「両刃の剣」である。収斂的思考は受動的だが思考の整理を司り、拡散的思考は創造的半分を担っている。どちらかの力が突出していると〝変人〟扱いされかねない。まず、拡散的思考を鍛え、次いで収斂的思考を強化していくことにより、創造的活動にとって理想的な力を身につけることが可能となる。

⑤　人間に備わっている二つの力は人それぞれであり、拡散的思考を得意とする人もいれば収斂的思考を得意とする人もおり、いずれか一方を偏重する教育のあり方は是正すべきである。こうした多様性を認め、受動性と創造性を個人が自分の考えに基づいて伸ばしていくことが望まれる。さまざまな能力を持った人が共存する社会こそが豊かな社会である。

(☆☆☆◎◎◎)

【二】次の文章を読んで、後の問いに答えなさい。

それから三、四日経たある午の休憩時間である。自分たち五、六人は、機械体操場の砂だまりに集まって、(注1)ヘルの制服の背を暖い冬のひなたにさらしながら、遠からずきたるべき学年試験のうわさなどを、口まめにしゃべりかわしていた。すると今まで生徒といっしょに鉄棒へぶらさがっていた、体量十八貫という丹波先生が、「一二」と大きな声をかけながら、砂の上へ飛びおりると、チョッキばかりに運動帽をかぶった姿を、自分たちの中に現して、

「どうだね、今度来た毛利先生は」と言う。丹波先生はやはり自分たちの級に英語を教えていたが、有名な運動好きで、かねて詩吟がじょうずだと言うところから、英語そのものはきらっていた柔剣道の選手などという豪傑連の間にも、だいぶ評判がよかったらしい。そこで先生がこう言うと、その豪傑連の一人がミットをもて

あそびながら、

「ええ、あんまり——なんです。皆あんまり、よくできないようだって言っています」と、柄にもなくはにかんだ返事をした。すると丹波先生はズボンの砂をハンケチではたきながら、得意そうに笑って見せて、

「お前よりもできないか」

「そりゃ僕よりできます」

「じゃ、文句を言うことはないじゃないか」

豪傑はミットをはめた手で頭をかきながら、いくじなくひっこんでしまった。が、今度は自分の級の英語の秀才が、度の強い近眼鏡をかけ直すと、年に似合わずませた調子で、

「でも先生、僕たちはたいてい(注2)専門学校の入学試験を受けるつもりなんですから、できる上にもできる先生に教えていただきたいと思っているんです」と、抗弁した。が、丹波先生は相変らず Ⅰ勇壮に笑いながら、

「何、たった一学期やそこいら、誰に教わったって同じことさ」

「じゃ毛利先生は一学期だけしかお教えにならないんですか」

この質問には丹波先生も、Aいささか急所をつかれた感があったらしい。Ⅱ世故（せこ）にたけた先生はそれにはわざと答えずに、運動帽をぬぎながら、五分刈の頭のほこりを勢いよく払い落すと、急に自分たち一同を見渡して、

「そりゃ毛利先生は、ずいぶん古い人だから、我々とは少し違っているさ。今朝も僕が電車へ乗ったら、先生はいちばんまん中にかけていたっけが、乗換えの近所になると、『車掌、車掌』って声をかけるんだ。僕はおかしくって、弱ったがね。とにかく一風変った人には違いないさ」と、ア巧に話頭を一転させてしまった。

が、毛利先生のそういう[イ]方面に関してなら、何も丹波先生を待たなくとも、自分たちの眼をおどろかせたことは、あり余るほどたくさんある。

「それから毛利先生は、雨が降ると、洋服へげたをはいて来られるそうです」

「あのいつも腰に下がっている、白いハンカチへ包んだものは、毛利先生のお弁当じゃないんですか」

「毛利先生が電車のつり皮につかまっていられるのを見たら、毛糸の手袋が穴だらけだったっていう話です」

　自分たちは丹波先生を囲んで、こんな愚にもつかないことを、四方からやかましくしゃべり立てた。ところがそれに釣りこまれたのか、自分たちの声がひとしきり高くなると、[B]丹波先生もいつか浮き浮きした声を出して、運動帽を指の先でまわしながら、

「それよりかさ、あの帽子が古物（こぶつ）だぜ——」と、思わず口へ出して言いかけた、ちょうどその時である。機械体操場と向い合って、[ウ]わずかに十歩ばかり隔たっている二階建の校舎の入口へ、どう思ったか毛利先生が、その古物の山高帽をいただいて、例の紫のネクタイへ仔細らしく手をやったまま、悠然として小さな体を現した。入口の前には一年生であろう、子供のような生徒が六、七人、人馬（ひとうま）か何かして遊んでいたが、先生の姿を見ると、これは皆先を争って、[エ]ていねいに敬礼する。毛利先生もまた、入口の石段の上にさした日の光の中にたたずんで、山高帽をあげながら笑って礼を返しているらしい。この景色を見た自分たちは、さすがに皆一種の羞恥を感じて、しばらくの間はひっそりと、にぎやかな笑い声を絶ってしまった。が、その中で丹波先生だけは、ただ、口をつぐむべくあまりに恐縮と狼狽とを重ねたからでもあったろう。「あの帽子が古物だぜ」と、言いかけた舌をちょいと出して、すばやく運動帽をかぶったと思うと、突然くるりと向きを変えて、「一——」と大きくわめきながら、チョッキ一つの肥った体を、やにわに鉄棒へほうりつけた。そうして「海老上がり」の両足を遠く空ざまに伸（の）ばしながら、「二——」と再びわめいた時には、もう冬の青空を[オ]あざやかに切

りぬいて、楽々とその上に上がっていた。Cこの丹波先生のこっけいなてれ隠しが、自分たち一同を失笑させたのは無理もない。一瞬間声をのんだ機械体操場の生徒たちは、鉄棒の上の丹波先生を仰ぎながら、まるで野球の応援でもする時のように、わっとはやし立てながら、拍手をした。

こう言う自分も皆といっしょに、喝采をしたのはもちろんである。が、喝采しているうちに、自分は鉄棒の上の丹波先生を、半ば本能的に憎みだした。と言ってもそれだけまた、毛利先生に同情を注いだというわけでもない。その証拠にはその時自分が、丹波先生へ浴びせた拍手は、同時に毛利先生へ、自分たちの悪意を示そうという、間接目的を含んでいたからである。今の自分の頭で解剖すれば、その時の自分の心もちは、道徳の上で丹波先生を侮蔑するとともに、学力の上では毛利先生もあわせて侮蔑していたとでも説明することができるかもしれない。あるいはその毛利先生に対する侮蔑は、丹波先生の「あの帽子が古物だぜ」によって、いっそうしかるべき裏書きを施されたような、ずうずうしさを加えていたとも考えることができるであろう。だから D自分は喝采しながら、そびやかした肩越しに、昂然として校舎の入口をながめやった。するとそこには依然として、わが毛利先生が、まるで日の光をむさぼっている冬蠅か何かのように、じっと石段の上にたたずみながら、一年生の無邪気な遊戯を、余念もなくひとり見守っている。その山高帽子とその紫のネクタイと――自分は当時、むしろ、わらうべき対象として、一瞥のうちに収めたこの光景が、なぜか今になってみると、どうしても忘れることができない。――

（芥川龍之介『毛利先生』）

（注1）ヘル…経糸に粗質の梳毛糸、緯糸に劣等の純毛または綿・毛の混合糸を用いて織った斜文織物。主に学生服、作業服に用いる。

（注2）専門学校…旧制の学校で、中等学校卒業者に専門教育を授けた。普通は三年制。

1　二重傍線部ア～オのうち、波線部Ⅰ「勇壮に」と異なる品詞のものを、①～⑤の中から一つ選びなさい。
① ア　巧に
② イ　方面に
③ ウ　わずかに
④ エ　ていねいに
⑤ オ　あざやかに

2　波線部Ⅱ「世故（せこ）にたけた先生」の意味として最も適切なものを、①～⑤の中から一つ選びなさい。
① 世の中の事情などに通じていて、世渡りがうまい先生
② 頭の回転が速く、決断力のある先生
③ 意地悪で、他人の気持ちを理解しない先生
④ 古くからのしきたりや故事について知識が豊富な先生
⑤ 背丈が高く、勇猛で頑強な先生

3　傍線部Ａ「いささか急所をつかれた感があった」とあるが、その時の丹波先生の様子として最も適切なものを、①～⑤の中から一つ選びなさい。
① 生徒から突然質問されたことで、大きく動揺した。
② 生徒から非難されたことに、少しずつ怒りがこみ上げてきた。
③ 生徒から答えにくい質問をされたことで、少し戸惑い返事に困った。
④ 生徒から予想外の質問をされ、生徒の感性の鋭さに満足した。
⑤ 生徒からの鋭い指摘を素直に受け入れられないでいた。

4　傍線部B「丹波先生もいつか浮き浮きした声を出して」とあるが、その時の丹波先生の様子として最も適切なものを、①～⑤の中から一つ選びなさい。

①　うわさ話にいつのまにか自分も同調したことで、自分の人気の高さを確認し満足していた。
②　うわさ話に自ら加わることで、毛利先生のよくない評判をさらに下げようとしていた。
③　日頃からよく思っていない毛利先生への不満をいつのまにか生徒にぶつけようとしていた。
④　生徒たちが話すうわさ話の雰囲気に流されて、いつのまにか自分も調子に乗っていた。
⑤　不満を理解しながらも、これ以上生徒に話させないために、自然に話題を変えようとしていた。

5　傍線部C「この丹波先生のこっけいなてれ隠しが、自分たち一同を失笑させたのは無理もない」とあるが、この場面の説明として最も適切なものを、①～⑤の中から一つ選びなさい。

①　体格のいい丹波先生が恥ずかしさのあまり舌をちょいと出した姿があまりにもこっけいで、生徒たちが一斉に声を上げて笑ったことは仕方がないことだ。
②　気まずい雰囲気をごまかすかのようなしぐさや鉄棒に飛びつき「海老上がり」の技を披露する丹波先生の姿がこっけいで、生徒たちが思わず笑ってしまったことはやむを得ないことだ。
③　恐縮と狼狽を重ねたはずの丹波先生がチョッキ姿の肥った体で鉄棒に熱中する姿があまりにもこっけいで、その様子を見ていた生徒たちに笑いをこらえさせるのは無理なことだ。
④　山高帽をあげて生徒に礼をかえしている毛利先生の誠実な姿と比べ、「一――」「二――」と大声でわめいている丹波先生の姿があまりにもこっけいで情けなく、生徒に笑われても当然だ。
⑤　毛利先生への気遣いから自分たちが笑い声を絶ったことに、丹波先生があまりに恐縮しすぎて、狼狽する様子を生徒に見せたことは、笑わざるを得ないことだ。

6　傍線部D「自分は喝采しながら、そびやかした肩越しに、昂然として校舎の入口をながめやった」とあるが、その時の「自分」の心情を表しているものとして最も適切なものを、①～⑤の中から一つ選びなさい。

①　丹波先生の「あの帽子は古物だぜ」という言葉から、これまでと裏返しに丹波先生に侮蔑の気持ちを持ったことで、喝采しながらも何か肩身の狭い思いで毛利先生をながめていた。

②　丹波先生の「あの帽子は古物だぜ」という裏書きのような言葉から、丹波先生のずうずうしさに腹立たしさを感じたことで、それまで侮蔑の対象であった毛利先生を寛大な心でながめていた。

③　丹波先生の「あの帽子は古物だぜ」という言葉の裏に込められた自分たちへの皮肉を感じとったことで、自分のずうずうしさが恥ずかしく思え、申し訳ない気持ちで毛利先生をながめていた。

④　丹波先生の「あの帽子は古物だぜ」という言葉が裏書きとなって毛利先生への侮蔑を保証されたように思ったことで、周囲への遠慮もなく堂々と侮蔑の目で毛利先生をながめていた。

⑤　丹波先生の「あの帽子は古物だぜ」という言葉に自分の心の底に隠していた毛利先生に対する強烈な侮蔑の気持ちを刺激されたことで、はげしい憎しみを持って毛利先生をながめていた。

7　問題文の作者である芥川龍之介は、理知によって人間の真の姿をとらえようとした「新現実主義」の作家の一人である。芥川龍之介とともに同時期に「新現実主義」として活躍した作家の作品を、①～⑤の中から一つ選びなさい。

①『舞姫』

②『細雪』

③『城の崎にて』

④『恩讐の彼方に』

⑤　『雪国』

（☆☆☆◎◎◎）

【三】次の文章を読んで、後の問いに答えなさい。

むかし、男ありけり。女をとかくいふこと月日経にけり。岩木Xにしあらねば、心苦しとや思ひけむ、やうやうあはれとア思ひけり。そのころ、Y六月の望ばかりaなりければ、女、身に(注1)かさ一つ二ついできbにけり。女いひおこせたる。「Zいまは何の心もなし。身にかさも一つ二ついでたり。時もいと暑し。少し秋風吹きたちなむ時、かならずあはむ」とイいへりけり。秋まつころほひcに、ここかしこより、その人のもとへいなむずdなりとて、(注2)口舌いできにけり。さりければ、女の兄、にはかに迎へeに来たり。さればこの女、かへでの初紅葉をひろはせて、歌をよみて、ウ書きつけておこせたり。

秋かけていひしながらもあらなくに
　木の葉ふりしくえにこそありけれ

と書きおきて、「かしこより人おこせば、これをやれ」とてエいぬ。さてやがてのち、つひに今日までしらず。よくてやあらむ、あしくてやあらむ、いにし所もしらず。かの男は、(注3)天の逆手を打ちてなむのろひをるなる。むくつけきこと、人ののろひごとは、おふものにやあらむ、おはぬものにやあらむ。「いまこそは見め」とぞオいふなる。

（『伊勢物語』）

（注１）かさ…できもの。汗疹（あせも）のひどいものであろう。
（注２）口舌…言い争い。
（注３）天の逆手…どのような動作かは不明。まじないのときに打つもので普通の柏手（かしわで）とは異なった打ち方と考えられる。

1　傍線部a～eのうち、波線部X「に」と同じ文法的意味の語を、①～⑤の中から一つ選びなさい。
①　a　②　b　③　c　④　d　⑤　e
2　二重傍線部ア～オのうち、主語の異なるものを、①～⑤の中から一つ選びなさい。
①　ア　②　イ　③　ウ　④　エ　⑤　オ
3　波線部Y「六月」の読み方として最も適切なものを、①～⑤の中から一つ選びなさい。
①　むつき
②　ふづき
③　みなづき
④　ながつき
⑤　はづき
4　波線部Z「いまは何の心もなし」の解釈として最も適切なものを、①～⑤の中から一つ選びなさい。
①　今はあなたのことは、何とも思っていません。
②　今はあなたへの感謝以外は、何もありません。
③　今はあなたを思うほかは、何も考えていません。

④　今はあなたが私を思う気持ちに、何の疑いも持っていません。
⑤　今あなたを忘れることに、何の未練もありません。

5　本文の内容に合致しないものを、①～⑤の中から一つ選びなさい。
①　女は、何かと言い寄り続ける男を気の毒に思い、情を寄せるようになった。
②　秋が間近な頃、女が男のもとへ行こうとしているといううわさがあちらこちらで立つようになった。
③　女は、はかなく終わった二人の仲を、木の葉が一面に散って浅くなった「江(に)」と、浅い「縁(えに)」に掛けて歌に詠んだ。
④　作者は、天の逆手を打って女をのろう男の行動を、気味悪く思っている。
⑤　女をめぐって自分と言い争いになった女の兄に対しても、男は「今に思い知るだろう」と、のろっている。

6　『伊勢物語』の主人公とされる在原業平は『古今和歌集』の仮名序で論評される、いわゆる六歌仙の一人である。同じく、六歌仙の一人を、①～⑤の中から一つ選びなさい。
①　大伴家持
②　僧正遍昭
③　和泉式部
④　式子内親王
⑤　山部赤人

（☆☆☆◎◎◎）

【四】次の漢文を読んで、後の問いに答えなさい。（ただし、設問の都合で訓点を省略した部分がある。）

景(注1)公問于晏(注2)子曰、「忠臣之事君也、A何若。」晏子対曰、「有難不死、出亡不送。」公B不説曰、「君裂地而封之、疏爵而貴之、君有難不死、出亡不送、C可謂忠乎。」対曰、「言而見用、終身無難。D臣奚死焉。謀而見従、終身不出。臣奚送焉。若言不見用、有難而死之、是妄(注3)死也。謀而不見従、出亡而送之、是詐偽也。故E忠臣也者、能納善于君、不能与君陥于難。」

（『晏子春秋』）

（注1）景公…春秋時代の斉の国の君主。
（注2）晏子…斉の宰相。
（注3）妄死…無駄死にのこと。

1　傍線部A「何若」の読み方として最も適切なものを、①〜⑤の中から一つ選びなさい。
① なんぞ(と。)
② なんすれぞ(と。)
③ なんのごときか(と。)
④ いかん(と。)
⑤ いかんせん(と。)

2　傍線部B「不説曰」とあるが、景公の発言の内容として最も適切なものを、①〜⑤の中から一つ選びなさい。
① 晏子の返答する態度が忠臣らしからぬものであったので、これまでの恩義を仇で返すような行為に憤りを覚えている。
② 晏子の返答が忠臣の役割の説明として的を射ていたので、これまで晏子を厚遇してきたことを誇りに思い、満足している。
③ 晏子が忠臣に対して行ってきたことが裏目に出てしまっているとして、晏子のやりかたに閉口している。
④ 臣下を厚遇するのが君主の務め、それに応じた行動をとるのが忠臣としての務めとして、逆に晏子に説得を試みている。
⑤ 君主は、臣下に対し礼を尽くしているのに、晏子のいう忠臣はその礼に応える忠臣の態度とは思えず、不満に思っている。

3　傍線部C「可謂忠乎」の書き下し文として最も適切なものを、①〜⑤の中から一つ選びなさい。

① 忠と謂ふべし(と。)
② 忠と謂ふべきか(と。)
③ 忠と謂ふべけんや(と。)
④ 忠と謂ふも可なるか(と。)
⑤ 忠と謂ふも可ならんや(と。)

4 傍線部D「臣奚死焉」の意味として最も適切なものを、①~⑤の中から一つ選びなさい。
① 臣下が殉死することはありません。
② 臣下として死を待つしかないのです。
③ 臣下としてどうやって死んだらよいのでしょうか。
④ 私はどこで死にましょうか。
⑤ 私は必ず死ぬことになるだろう。

5 傍線部E「忠臣也者、能納善于君、不能与君陥于難」とあるが、晏子が言いたかったことの説明として最も適切なものを、①~⑤の中から一つ選びなさい。
① 臣下は君主の機嫌を伺って諫言するのではなく、君主とともに難局に立ち向かう勇気を持って諫めることが肝要だということ。
② 君主が難局に立ち向かっている間も政治を執りやめることはできないから、臣下は自分の安全を確保して自分の役割を果たすことが大切だということ。
③ 君主の遭難に殉死する覚悟さえあれば、どのような諫言でも君主に受け入れてもらうことができるので、忠臣として覚悟を持つことが大切だということ。

④　君主とともに難局に立ち向かったり君主の逃亡を見送ったりすることこそが、忠臣としての望ましいあり方であるということ。
⑤　君主が困難な状況に陥らないように諫言していけば、結局は臣下自身も災難に巻き込まれることはないということ。

（☆☆☆◎◎◎）

解答・解説

【中高共通】

【一】1　④　2　④　3　①　4　⑤　5　④　6　③　7　③

〈解説〉1　波線部Ⅰは「許容」。①「謙虚」、②「本拠」、③「拒絶」、④「免許」、⑤「挙措」。　2　空欄アの直前の文「記述による答案では、すべて厳密な意味での正解はない」ことと、直後の「異なった形の答」との関係を踏まえて考える。　3　波線部Ⅱは受身の助動詞「られる」の連体形。波線部Ⅲは使役の助動詞「せる」の終止形。波線部Ⅳは伝聞の助動詞「そうだ」の連用形。波線部Ⅴは可能の助動詞「られる」の連用形。
4　最後の段落「もし、～それは消滅する」をヒントとして、空欄エを「拡散」、空欄オを「収斂」とすぐ判断してほしい。そして、新しいことばを「めいめい勝手な使い方をする」のは「飛行機型の思考」であり、空欄イに「拡散」が入り、空欄ウは「収斂」となる。 5 筆者が驚いたのは、題を与えて書かせる小論文作成では、各人各様の考えを表現するために拡散的思考が働くはずなのに、ほとんど同じ内容が書かれていて、収斂的思考が働いていたことによる。このことを踏まえて適切なものを選ぶ。 6 傍線部Bは、一つのまとまりのある正解に導く知識習得の訓練を中心とした従来の学校教育のあり方への批判である。与えられた情報や課題を多様な角度から分析・熟考し、創造的、個性的な拡散的思考とする人間の育成を求めている。そこには、十人十色の思考があり正解は存在しない。「生きる力」の知的側面である「確かな学力」定着のためのアクティブラーニングなど想定しながら適切なものを選ぶ。 7 収斂的学習とともに、「自立、協働、創造」のための拡散的思考による主体的な学びを筆者は求めていると考えてよいだろう。

【二】 1 ② 2 ① 3 ③ 4 ④ 5 ② 6 ④ 7 ④

〈解説〉 1 波線部Ⅰは形容動詞「勇壮だ」の連用形。二重傍線部イ「方面に」は、名詞「方面」＋格助詞「に」の文節。 2 「世故」は、「世間一般のことがら。世事」のこと。「たける」は、「(ある方面の力、才能などが)十分にそなわっていること」をいう。 3 「急所」は「物事の最も大事な部分」で、ここでは話題になっている毛利先生の教師としての勤務について、丹波先生が思わず口をすべらせたためのとまどいの感である。 4 傍線部Bの「浮き浮きした声」とは、「心がはずんだ声」である。毛利先生の一風変わった様子の噂話に同調した丹波先生の姿を表している。 5 風変わりな毛利先生のことで丹波先生が生徒たちと噂話をしている最中に当の毛利先生が現れたため、毛利先生の山高帽のことを口に出しかけたことを気まずく思っての、丹波先生のしぐさや鉄棒に飛びつく彼のてれ隠しの姿への生徒の失笑である。 6 傍線部Dの直前にある「だから」は、前に述べたことを理由として、次のことを述べる接続詞。その部分以前の文に述べてある文の内容が、主人公の毛利先生に対する侮蔑の心情に関わる。　7　①は森鷗外の作品(浪漫主義)、②は谷崎潤一郎の作品(耽美派)、③は志賀直哉の作品(白樺派)、④は菊池寛の作品(新現実主義)、⑤は川端康成の作品(新感覚派)。

【三】1　①　2　⑤　3　③　4　③　5　⑤　6　②

〈解説〉1　波線部Xの「に」は断定の助動詞「なり」の連用形。傍線部aは断定の助動詞「なり」の連用形。傍線部bは完了の助動詞「ぬ」の連用形。傍線部cは格助詞。傍線部dは伝聞の助動詞「なり」の終止形。傍線部eは格助詞。　2　二重傍線部オの主語は「男」で、それ以外は「女」が主語である。　3　「六月」の陰暦の異称なので、「みなづき(水無月)」である。　4　「何の心もなし」は、「あなたのことを思う以外に何の思うこともありません」の意。　5　①　3文目「岩木にしあらねば～やうやうあはれと思ひけり」とある。②　二重傍線部イの後ろに「秋待つころほひにここかしこより～口舌いでにけり」とある。③　和歌の「木の葉降りしくえ(に)」とは、「木の葉が散りしく江のように浅い縁」。「之」は、「江」と「縁」の掛け詞。④　最後から2文目に「むくつけきこと～おはぬものにやあらむ」と述べている。形容詞「むくつけし」は「気味の悪いこと」の意。⑤　男が、「天の逆手」を打って呪っているのは、女に対してのみである。6　六歌仙は、在原業平、僧正遍昭、喜撰法師、大伴黒主、文屋康秀、小野小町の6人をいう。

【四】1　④　2　⑤　3　③　4　①　5　⑤

〈解説〉1　「何若」は、「何如」と同じく「いかん」と読む疑問形。「どんなか。どうか」の意。　2　B「不説日」の「不説」は「よろこばずして」と読む。晏子の答えに景公は不満なのである。景公の晏子への問いは「忠臣の君主への仕え方」である。これに対して晏子は、「有難不死、出亡不送」(君主が難局に遭遇しても殉死せず、君主が逃亡しても見送りなどしない）と答えている。これに対して景公は、「君裂地而封之、疏爵而貴之」（君主は忠臣に領土を与え、爵位に就けて厚遇しているのに）と晏子に対し不満を述べている。 3 傍線部Cは「可レ謂レ忠乎」と訓点をつける。反語形である。 4 傍線部Dも反語形。「臣なんぞ死なん」と訓読する。 5 傍線部Eの「能納善于君」は、臣下が「君主に対して難局に陥らないように最善を尽くすこと」の意。「不能与君陥于難」は「臣下も君主とともに難局に巻きこまれることがない」ことをいう。

二〇一六年度　実施問題

【中高共通】

【一】次の文章を読んで、後の問いに答えなさい。ただし一部表記を改めた箇所がある。

ある言語で小説を書くということは、その言語が現在多くの人によって使われている姿をなるべく真似するということではない。同時代の人たちが美しいと信じている姿をなぞってみせるということでもない。むしろ、その言語の中に潜在しながらまだ誰も見たことのない姿を引き出して見せることの方が重要だろう。そのことによって言語表現の可能性と不可能性という問題に迫るためには、母語の外部に出ることが一つの有力な戦略になる。もちろん、外に出る方法はいろいろあり、外国語の中に入ってみるというのは、そのうちの一つの方法に過ぎない。

外国語で創作するうえで難しいのは、言葉そのものよりも、偏見と戦うことだろう。外国語とのつきあいは、「上手」「下手」という基準で計るものだと思っている人がドイツにも日本にもたくさんいる。日本語で芸術表現している人間に対して、「日本語がとてもお上手ですね。」などと言うのは、ゴッホに向かって「ひまわりの描き方がとてもお上手ですね。」と言うようなもので[A]とても変なのだが、まじめな顔をしてそういうことを言う人がケッコウ[Ⅰ]いる。創作者が外国人だと、急に、「上手」「下手」という基準で見てしまうらしい。

日本人が外国語と接する時には特にその言語を自分にとってどういう意味を持つものにしていきたいのかを考え[Ⅱ]ないで勉強していることが多いように思う。すると、上手い、下手だけが問題になってしまう。そうなってしまう歴史的背景もあるだろう。特に英語やフランス語など西洋の言語は、日本社会の内部での階級差別の道具として使われてきた。英語が下手だと入試に落ちて一流大学に行けⅢないというだけのことではⅣない。もっと漠然とした「階級意識」の演出に外国語が使われることが今でもある。最近日本のマンガを読んでいたら「このフレンチ・レストランはメニューもすべてフランス語のみ、高級な客しか相手にしⅤない。」という文章があった。外国語を習うこと、留学するということは「高級に」なること、つまり普通の人と差をつけて、国内で階級を上へ這い上がるという象徴的な意味を持っているらしい。しかも、誰が上手で誰が下手かということが確実に言えるということは、それを決定する権威が自分たちではなく、どこか「外部の上の方」にあるということである。その権威は日本で抽象化された「西洋人」の偶像であり、その権威が、自分の言葉が「上手」かどうかを決めてくれる、という発想である。それは家元制度的な発想と言うよりは、むしろ植民地的な発想だと言えるだろう。なぜなら、家元制度では師匠は組織の内部の人間だし、抽象化された偶像ではなく一応血の通ったひとりの人間だからだ。抽象化された「西洋人」を権威機関として崇めるということは、具体的な西洋出身の個人を無視するということにもなる。実際に生きている生身の西洋人は、トルコ系ドイツ人、韓国系ドイツ人、インド系イギリス人や、ベトナム系フランス人、アフリカ系アメリカ人、日系アメリカ人などいろいろな人たちから成り立っているが、そういう［　ア　］性があっては、「西洋」が差別の機械として機能しⅥないので、生身の西洋人は無視し、自分の頭に思い描いている「西洋人」像を保持するというような状況が、ごく最近まで日本にあったような気がする。

もう二十年以上も前になるが、まだ日本に住んでいた頃、[注]アテネ・フランセで『車に轢かれた犬』という映画を見た。日本で暮らす西アフリカから来た日本文化研究者の話だが、彼は、日本に住んでいるフランス人たちには「アフリカには餓死している人がいるのに君は日本学なんかやっていていいのか。」と言われ、飲み屋では酔っぱらった日本人に「アフリカでは人の肉を食うって本当ですか？」と聞かれ、かっとなってテープルをひっくり返してしまう。フランス語を教えるアルバイトをしようとして広告を出すと、希望者の若い日本人女性が家に訪ねて来るが、彼がアフリカ人であるのを見ると驚いて走って逃げて行ってしまう。このシーンは、日本人が「フランス語」というものに背負わせている屈折した願望と、劣等感から来る自覚症状のない不安を鋭く照らし出しているように思った。「自分たちはアフリカと同じくヨーロッパ人が勝手に野蛮人と見なしていたアジアの人間であるが、今は金持ちになったので、そのお金で高い授業料を払ってフランス語を習うことで、野蛮人ではないことを再確認したい。」と無意識に思っているのに、よりによって野蛮人と思われ続けた被害者の代表とも言えるアフリカ人がフランス語の教師として姿を現したので、あわてて逃げていったのだろう。これはつまり、日本人はヨーロッパの野蛮観をなぜかそのまま受け入れてしまったということになる。このような妙な劣等感は、経済成長によって隠蔽されはしたが、消えてなくなったわけではない。日本人が野蛮人ではない理由は、革靴だけが文明なのではなく足袋も文明なのだという単純な理由からなのだが、そういう考察は省略されてしまって、日本人はお金を持っているから野蛮人ではない、という変な形で傷を癒やそうとしていた時代に、わたしはまさに生まれ育ったことになる。わたしがドイツに移住した一九八〇年代には、ヨーロッパで高級品を買い漁ったり、高級レストランに行くのが日本人ばかりであることを中年以上の日本人自身が変に強調したがったのは、それで潜在的劣等感の巻き起こすストレスが解消されたからだろう。泡立つバブルの泡銭を使って贅沢して楽しんだというなら分かるが、そうではなくて、その買い物熱には、［　イ　］というような攻撃性が感じられた。その結果、ヨーロッパ中心主義を外から見て無力化するチャンスを逃してしまっただけでなく、ヨーロッパ文明を消費者の文明としてのみ捉え自分たちをその一部であるという考え方が一般化し、歴史が消しゴムのカスになって机の下に払い捨てられてしまったような気がする。たとえば、最近の日本人は「アジアに行く。」などと言う。わたしなどは「え、どういう意味？」と驚くが、彼らにとって

「アジア」には日本が入っていないから、この言い方はおかしくないのだそうだ。アジアを地理的、歴史的に捉えず、経済的な単位として捉えているらしい。

B日本の劣等感を取り上げるのは時代錯誤で、今の人はそのようなことは問題にしていない、と言う人がよくいる。フランス語を学ぶのは単に楽しいから、パリに行くのは買いたいものがあるから、フランス料理を食べるのは単に美味しいから。それだけのことで、もう劣等感も怨みもどこにもない、何も難しいことなど考える必要はないのだ、と。でも、ヨーロッパ中心主義と日本のねじれた国粋主義の問題は、乗り越えられたかのように見えるだけで、実際には手つかずのまま一万円札の下に埋まっていたような気がする。経済危機の時代が、それらの問題について考え直すいい機会になれば、バブルもはじけがいがあったというものだと思うが、なかなかそうもいかないようだ。バブルがはじければ今度は、フランス語などの「外国語」は単なる飾りであり贅沢品だからやめて、本当のビジネスに役立つ英語だけやっていればいい、という方針に無反省に移行してしまう傾向が出てくる。それで、日本の大学は英語以外の外国語教育の予算をどんどん削っているらしい。

C外国語をやることの意味について本気で考えなければ、外国語を勉強することによって逆に国の御都合主義にふりまわされ続けることになってしまう。セネガルからの帰りの飛行機の中で、エール・フランスの出してくれた美味しいお菓子を食べながら、わたしはそんなことを考えていた。

（多和田葉子『エクソフォニー　母語の外へ出る旅』）

（注）アテネ・フランセ…東京にある外国語学校。同校付設の文化センターに映画上映施設がある。

1　波線部Ⅰと同じ漢字を含むものを、①～⑤の中から一つ選びなさい。
ケッコウ
①　出版前の原稿をコウセイをする。
②　震災後のフッコウが遅々として進まない。
③　入場券をコウニュウする。
④　映画は所詮キョコウにすぎない。
⑤　セイコウな工芸品を手に入れる。

2　波線部Ⅱ～Ⅵの「ない」には、一つだけ他と品詞の異なるものがある。その単語の品詞として適切なものを、①～⑤の中から一つ選びなさい。
①　副詞　②　連体詞　③　形容詞　④　助詞　⑤　助動詞

3　空欄［　ア　］に入る言葉として最も適切なものを、①～⑤の中から一つ選びなさい。
①　国民　②　多様　③　普遍　④　権威　⑤　一貫

4　空欄［　イ　］に入る語句として最も適切なものを、①～⑤の中から一つ選びなさい。
①　損をして利を得る　②　毒を食うのならば皿までも　③　一石三鳥
④　泣き顔に虻がさす　⑤　怨みを金ではらす

5　傍線部A「とても変なのだが、まじめな顔をしてそういうことを言う」とあるが、「そういうこと」の内容を説明したものとして最も適切なものを、①～⑤の中から一つ選びなさい。
①　芸術表現それ自体を問題とすべき場面であるのに、その手段となった日本語の方を問題とした見当違いな発言。

② 日本語での芸術表現はさぞかし苦労が多いことだろうと創作者に同情を寄せ、相手の立場に立つ心優しい発言。
③ 芸術表現は「上手」「下手」という基準でとらえるべきではないのに、創作者が外国人だと基準を甘くする発言。
④ 外国語での芸術表現として日本語で創作する人に対して、ためらうことなく尊敬の念を表した無意識の発言。
⑤ 外国語で芸術表現をするということの意義を考えたこともない鑑賞者が、お世辞として創作者をほめる発言。

6 傍線部B「日本の劣等感を取り上げる」とあるが、筆者は、「日本の劣等感」をどのようなものとしてとらえ、日本の現代の問題点をどのようにとらえていると考えられるか。その説明として最も適切なものを、①～⑤の中から一つ選びなさい。
① ヨーロッパの野蛮観をそのまま受け入れ、抽象化された「西洋人」を権威機関として崇める姿勢から生まれた劣等感であり、日本の経済発展により今はすっかり乗り越えられたものとして受け止めている。それなのに、まだかつての劣等感にさいなまれる現代の日本人の心性から一刻も早く目を覚ますべきだ。
② ヨーロッパの野蛮観をそのまま受け入れ、日本人が先進諸国の人々には様々な面でかなわないと根拠なく思いこんでいる劣等感であり、日本は植民地支配を免れたものの、今後、いつそのような憂き目に会うかわからないのでその時に備え、今からビジネスに役立つ英語だけでなく、様々な外国語を身につけるべきだ。
③ 立派に経済発展を遂げた今、日本人なら誰しも、もう抱いていないと勝手に思いこんでいる潜在的な

劣等感であり、ヨーロッパ中心主義をいまだに克服できていないにも関わらず、そこから目を背け、今も無反省に経済発展のみを追い続けており、外国語教育についても誤った方向に進もうとしている。

④　ヨーロッパが日本の文明を遅れたものと見なす見方を日本人が無批判に受け入れた根拠のない劣等感であり、ヨーロッパの文明を消費者の文明としてのみとらえ、自分たちをその一部として一般化してしまった。それゆえ、歴史的経緯を踏まえたうえでヨーロッパ中心主義を相対化することを困難にしている。

⑤　ヨーロッパが日本の文明を遅れたものと見なす見方にいつまでもとらわれて抜け出せない劣等感であり、ヨーロッパ文明にどっぷりと漬かってしまったがために、日本人がアジアの一員であることも忘れ、自国の優秀性を極端に信奉することで劣等感を乗り越えようとする経済最優先の考え方が横行している。

7　傍線部C「外国語をやることの意味について本気で考えなければ」とあるが、筆者が考える「日本人の外国語学習の問題点」はどのようなものか、その説明として最も適切なものを、①～⑤の中から一つ選びなさい。

①　外国語を学ぶことは、母語の外部に出ることであり、それによって母語の可能性を引き出すことであるが、多くの人は上手か下手かだけを価値の基準として外国語を学んでいる。その上、文化的な劣等感を抱き続ける日本人は、経済発展により自国の優位性を築くことに奔走するあまり、外国語学習の楽しさを見失っている。

②　外国語を学ぶことにより母語の外部に出るとともに、外国語と母語を比較検討することで、多くの人はどの外国語を学べば有利であるかといった効率重視の発想にとらわれている。具体的な外国人という個人を無視して、抽象化した偶像にすぎない「西洋人」にあこがれ、外国語学習がファッション化して

いる。

③　なぜ自分が外国語を学ぶのかということを本気で考えなければ、外国語学習が他人に対して自分の階級的・文化的な優位性を誇る手段となってしまう。また、経済最優先の考え方で英語以外の言語を軽く見るような態度は、他言語によって自分や自国の文化を見直すという外国語学習の大切な契機を見失ってしまう。

④　自分が外国語を学ぶ真の理由を明確にしなければ、外国語学習が他者の理解ではなく、単に自己の優位性を誇るための手段に終わってしまう。また、文化は相対的なものであるという新しい発想を受け入れなければ、どの外国語を学習するかによってその人の位置づけが決まるという矛盾をはらんだ社会が形成される。

⑤　外国語学習が学校教育で必修の日本では、外国語学習の意味について一人ひとりが真剣に考える機会が奪われている。本来外国語学習とは強制されるものではなく、自発的な意欲に促されてすべきものである。相対的な価値基準や日本人全体のあり方に左右されることなく、個々の外国語学習の意義を大切にすべきである。

（☆☆☆◎◎◎）

【二】次の文章を読んで、後の問いに答えなさい。

ねえさんも、やっぱり先生とおんなじようなことを言う、と義夫は思った。「隠さずに本当のことを言え。」なんて。先生やねえさんが言う、本当のことっていうのは、僕に盗んだって言わせようとしているんじゃないか。初めっからそう考えて、僕をそこへ引っぱってこうとしているんじゃないか。バカにしてやがる。いつ、僕が悪いことをした。先生やねえさんがそんなふうに考えているんなら、おれはもう口なんかきかない。返事なんかするもんか。畜生、だれが本当のことなんか言うもんかい。

義夫はえこじになって、なんにも言わないものだから、姉は一層、心配してしまった。返事ができないくらいなら、やっぱり、あれは本当なのかもしれない。……弟にこんなことが起こるなんて、と思うと、いま縁談のある矢さきだけに、彼女は二重に悲しかった。

場あいによったら、父には話さないで、……とさえ、しず子は思っていたのだが、これではとてもそんなわけにはいかなかった。彼女は夕はんのあとで、父にきょうの事件をおどおど報告した。

守川義平は黙って娘の話を聞いていた。彼の目の前には、街頭で寄付を請うている小学生の姿が、いくどか往来した。

やがて、彼は義夫を自分の前に呼んだ。そして、ことば少なに、きのうのことを尋ねた。義夫はあい変わらず黙っていた。しかし、父の前に出ると、姉と話しているようなわけにはいかなかった。彼が黙っていると、おとうさんも黙って、じいっと彼の顔を見つめているので、彼は何かしら重たい圧力を感じだした。やっぱり、おとうさんにはかなわない、という気もちだった。やがて――そうだ、おとうさんなら、話してやれ、という気になった。

彼はきのう学校へ行く途中のことから、清作に十銭やったことまで、順々に話していった。事件をぶった切って、突然あのことはどうだ、このことはどうだ、と聞かれると、そうひと口に言えることではないから、おどおどしてしまうが、順々に話すのならふそんなに話しにくいことはなかった。

父はいちいちうなずいて聞いていたが、

「それにまちがいはないのだろうね。」

と、念を押した。

「僕、うそなんか言やぁしないよ。」

「それなら、なぜ先生の前で、それをはっきり言わなかったのだ。」

「だって、僕、取らないのに取ったようなことを言われたから、しゃくにさわったんだ。」

「そんならなお、言うのがあたりまえじゃないか。」

義夫はA下を向いてしまったが、目だけは父のほうをにらんでいた。

「それで、福見君にやった、小づかいの残りはいくらある。」

「きょう、みんな使っちゃった。」

「バカなやつだな。なんだって、そんなもったいないまねをするんだ。第一、そんなことをしてしまっては、おまえが盗んだんでないって証拠が、わからなくなってしまうじゃないか。」

そう言われると、義夫もそうかなあ、という気がした。しかし、先生に疑われたりすると、持ってる小づかいなんか、みんな使ってしまいたくなる。――

父は続けた。

「そんなふうにむだづかいするんなら、もう小づかいはやらないぞ。――寄付金にしたって、うちから渡した通りのものを出しさえすれば、先生に疑われるようなことはありはしないのに、つまらないまねをするから、こんなことになるのだ。――」

本当のことを言え、って言うから、本当のことを言っていると、こんなふうにぶりぶりしかられるので、義夫は内心ひどく不平だった。

自分が十銭たしたって何が悪いんだ。おとうさんは学校の寄付金は自分で出せ、って言ったじゃないか。だから、うちから十銭、自分から十銭、都合二十銭にして出したんじゃないか。僕は人の金なんか取らないし、むだづかいもしない。科学グラフを買うのをやめて、寄付をしたのにおこられるなんて、つまんないや、と彼は思った。しかし、父の前では、とてもそんなことは言えなかった。

「よし、それじゃ、とにかく、先生の所へ行ってくる。」

父は立ちあがった。

「だって、夜分あがってもいいんですか。」

しず子も引きずられるように立ちあがった。

「こんなこと、一時間だって、疑われたままでいるのは不愉快だ。」

「だって、また、おからだがひえたりすると……」

このごろでは、漢方の薬がきいたとみえて、ほとんど発作は起こらないけれども、父は以前からゼンソク持ちなので、しず子はそれが心配だった。

「なあに、このくらい大丈夫だよ。」

義平は用心のため冬のオーバーを着て出ていった。

「……自分の子どもだから、そうとるわけではありませんが、どうも子どものやることは、おとなの理屈で解釈したんでは、解釈がつかないと思うんですな。――これこれの考えがあって金を出す、というんじゃなくって、ただかわいそうだったから、出した。それだけなんですな。そいつに意味をつけて……」

「いいえ、それはおっしゃられるまでもなく、わかっております。ですから、先刻もお嬢さんによく申しあげた通り、けっして学校としては……」

「それはそうかもしれませんが、小さい子どもは教員室に呼ばれたりすると、つい反抗的になって、ひねくれたがるものですから、わたしの申しあげてるのは……」

「ごもっともです。われわれ、その点は十分注意しておるんですが、また同じことのくり返しになりますけれども、あれは学校の手がみを渡さなかったり、それから……」

「いや、申しわけありません。そのことについては、確かにあの子の落度です。落度にはちがいありませんが、しかし、それも一概に子どもばかりを責めるわけにはいかないので、……なんでございます、きのうはすこし取りこんだことがありまして、――じつは昼まあがりましたあの娘のことにつきまして、……縁談がございまして、あれも私も昨夜はおそくまで外出しておりましたので、義夫がわざと手がみを隠しておいたわけではないのでございますから、けっしてあの子ひとりの罪ではないのです。その他の点については、ただ今お話した通りの次第で、お疑いを受けるあれは……」

「いや、わかりました。よくわかりました。あなたのおっしゃってることも、また私の申していることも、じつは全く同一なので、子どもを善導しようという気もちに変わりはないのです。しばしば申しあげる通り、学校としては[ア]けっして子どもを疑ってるというような考えはないのでございますから、そこのところはよくご了解を得ておきたいと思います。偶然のことがすこしかさなりあったものですから、[イ]つい、こういうことになったのですが、いったい、今回の問題は、――これは[ウ]全く私一個の考えですけれども、――ご子息の行為が悪いのでもなく、学校の処置が悪いのでもなく、根本は、小学生に寄付金を出させるという点に、最大の[エ]ケッカンがあるのだと思います。」

「ほう、先生もそうお考えですか。」

「私は当事者ですから、一番それを考えます。早い話が、けさは金をなくしたという子どものおかあさんにねじこまれて、かなり弱りましたが、今度はあなたから抗議を受けるというようなわけで……」

「はははは、わたしのは抗議じゃありませんよ。……」

「いや、親ごさんとしてはエもっともな次第で、子どもの問題は自分のことよりも、はるかにオぴんときますから。――こういうことが起こるというのも、つまりは子どもに金を扱わすからで、それさえなければ、こういう事件も起こりゃしないのだと思います。それが私の組ばかりかというと、けっしてそうではありません。ほかの組にもいくらもあります。また、ほかの小学校にもだいぶあるようです。全国にしたら、たいした数でしょう。」

「それなら、どこの学校でもやめてしまったら、よさそうなものですがな。」

「私も、じつはそう思うんですが、不思議にやめません。やめるどころか、かえって多くなっています。そうして、どこそこの学校はいくらいくらだから、こっちはそれよりも負けないように、なんて気分がいっぱいなんですから、とてもだめでしょう。つまり、Bさかな屋の達ちゃんが二十銭だから……って考えが、どこの学校にも、はびこってるわけなんです。」

「困ったもんですな。私は小学校の寄付金には前から不賛成なんで……子どもが自発的にやるのは別ですが、学校から勧誘するようなことは、是非ともやめてもらいたいと思いますね。どうも金ってものはなかなか厄介なもので、金何銭とか、何円とかいう値うちのほかに、いろいろ微妙なものを含んでいるものですからな。私なぞは毎日、金をいじくっているのが商売のくせに、いや、それだから、なお、臆病になっているのかもしれませんが、……なにしろ、たった十銭の白銅一つで、子どもの親たちがどれほど苦しむかわからないんですから……」

「全くです。私は教員会議の時、一度それを言ったのですが、どうも一般の大勢に押されまして……」

「なんですな、そういう事情なら、むしろ文部省あたりから、取り締まってもらいたいくらいですな。五銭十銭の金を集めて東北へ送ったところが、どれだけのことができますか。そんな金を集めるために、子どもの心をそこなったら、学校ってものの意味はなくなってしまやぁしないでしょうか。凶作地を救うのも悪いことじゃありませんが、小学校は何よりも子どもの魂を救ってくれなくっちゃ困ります。――ことにひどいと思うのは、寄付金募集の白いきれを肩から引っかけて、街頭でお辞儀をしている小学生ですな。私には、あんなまねをさせる小学校長の気がしれません、それとも、政府が救済策を早く立てないものだからか、そのつらあてにやらしておくんですかな。」

「実際こういう根本のことは、政府でやってくれなくっては困りますな。寄付金ぐらいで、かたのつくものじゃないんですから……」

「そうですとも、ところが、あい変わらず政府はスローモーションですし、政党は一億八千万円の救済金を要求しながら、自党が分裂しそうになると、たちまち引っこめてしまうのですから、お話になりません。あの手あいときては、不幸な人たちを救済しようとしているのか、自分の政党を救済しようとしているのか、とんとわかりませんよ。――いや、これは飛んだほうへ脱線いたしまして、では、義夫の件は、なにぶん一つ……」

「それは承知いたしましたが、ちょっとお待ちください。ご子息が福見さんの子どもにあげた十銭ですな。先方の母おやは、いただくわけにはいかない、と言って、私の所へ返しに来たのです。明日、ご子息にお返ししてもようございますが、それよりもあなたに、お持ち帰りを願ったほうがいいと思うのですが……」

「――そうですな。持ち帰ると言っても……それはどうでしょう、こうしていただくわけにはいかないでしょうか。子どもは結末がつかないと、承知しないと言うか、不安を感ずると言うか、そういう傾向があるようですから、――それは宅の義夫だけに限りません。クラスのもの全体もそうだと思います。そこで、この十銭ですが、これがどこからか、うまく出てきたことにして、つまり、取られた者もなく、取った者もなく、どこかに落ちていたということに、していただくわけにはいかないでしょうか。」

「――なるほど。――」

「そうして、落ちていたものだから、これはもとの落とし主である福見さんの子どもに、返していただく、というようなことにお計らい願えれば、四方八方いいと思うのですが……なあに、義夫のほうは、それは私がよいようにします。――どうもなくなった金というものは、容易に出るものではありませんから、こんなふうに『けり』をつけるのが最上ではないでしょうか。」

「――なるほど。――なるほど。――」

（山本有三『真実一路』）

1　二重傍線部ア～オの中で品詞が他と異なるものを、①～⑤の中から一つ選びなさい。

①　ア　けっして
②　イ　つい
③　ウ　全く
④　エ　もっともな
⑤　オ　ぴんと

2　波線部Ⅰと同じ漢字を含むものを、①～⑤の中から一つ選びなさい。

ケッカン

①　諸般の事情をカンアンする。

② ドルを円にカンサンする。
③ 悪天候でもカンコウする。
④ 注意をカンキする。
⑤ 城がカンラクする。

3 傍線部A「下を向いてしまったが、目だけは父のほうをにらんでいた」とあるが、義夫がこのような態度をとった理由として、最も適切なものを、①～⑤の中から一つ選びなさい。
① せっかく父にうまく説明できたので、金を盗んだことがばれないように精一杯自分の意見を通そうと思っているから。
② 意固地になって先生に説明しなかったことは父に指摘されて悪いと分かったが、疑われた腹立たしさを理解されなかったから。
③ 科学グラフを買ってもまだ十銭あったから自発的に寄付をしたのに、父が担任の味方をして腹立たしかったから。
④ 金を盗んだと思われているので自分は口をきかないと決めたのに、父の顔を見ていると本当のことを言いそうになってしまうから。
⑥ 父なら自分の気持ちを分かってくれると思って正直に本当のことを話したのに、ますます誤解が深まったと感じたから。

4 傍線部Bの「さかな屋の達ちゃんが二十銭だから……って考えが、どこの学校にも、はびこってる」とはどのようなことを言っているか、最も適切なものを、①～⑤の中から一つ選びなさい。
① 子どもが自発的に寄付を集めるのはいいが、学校が勧誘するというようなことはよくないという考え

が広がっている。

② どこの学校でも寄付活動が行われているが、金を扱うとなくなるという事件が後を絶たないので、担任がしっかりと管理すべきである。

③ 集団心理として、一人が高い寄付をすると、他の人はそれに負けないように多くの寄付をする、という悪循環が起こってくる。

④ 寄付金がなくなるというのは子どもの行為が悪いのでも学校の処置が悪いのでもなくて、他校と張り合おうとする校長の考え方に課題がある。

⑤ どこの学校でも子どもの他人を助けたいという純朴な心をあおって、少しでも多くの寄付金を集めようとする考え方が広がっている。

5 傍線部C「『けり』をつける」とは、具体的にどのようにすることか、最も適切なものを、①～⑤の中から一つ選びなさい。

① 義夫が学校に謝罪すること。

② 学校が義夫に謝罪すること。

③ 学校が義夫に金を返すこと。

④ 学校が福見に金を返すこと。

⑤ 義平が義夫に金を返すこと。

6 教師と父親の会話から読み取れる父親の心情として最も適切なものを、①～⑤の中から一つ選びなさい。

① 学校で寄付を集めるようなことをして事件が起きるべくして起こったので、現金を適切に管理するように要望したい。

② お金を取った自分の子どもがなかなか本当のことを言わないので、どうやって本当のことを話させるか担任と相談したい。

③ 学校の言い分も分かるが自分の子どもにも言い分があるので、今回の事件に対しては学校でうまく収めて欲しい。

④ 自分の子どもがしたことは良いことではないが、子どもを信頼してくれない教員に対して抗議したい。

⑤ 学校で寄付を集めるようなことは良くないので、今回の事件を教訓にしてすべての学校での募金活動をやめて欲しい。

7 次の近代文学作品の中からジャンルの異なるものを、①～⑤の中から一つ選びなさい。

① 『赤光』 ② 『路傍の石』 ③ 『腕くらべ』 ④ 『細雪』 ⑤ 『暗夜行路』

（☆☆☆◎◎◎）

【三】 次の文章は『宇治拾遺物語』の一部である。文章を読んで後の問いに答えなさい。

昔、博打（ばくち）の子の年若きが、目鼻一所（ひとところ）にとり寄せたるやうにて、世の人にも似ぬありけり。二人の親、これいかにして世にあらせんずると思ひてありける所に、長者の家にかしづく女（むすめ）のありけるに、顔よからん聟（むこ）取らんと、母の求めけるを伝へ聞きて、「天（あめ）の下（した）の顔よしといふ、『聟にならん。』とのたまふ。」といひければ、長者悦びて、「聟に取らん。」とて、Ⅰ日をとりて契りてけり。その夜になりて、装束（さうぞく）など人に借りて、月は明かりけれど、ア顔見えぬやうにもてなして、博打ども集（あつま）りてありければ、Ⅱ人々しく覚えて、心にくく思ふ。

さて、夜々（よるよる）行くに、昼ゐるべき程になりぬ。いかがせんと思ひめぐらして、博打一人、長者の家の天井に上りて、二人 a寝たる上の天井を、ひしひしと踏み鳴らして、イいかめしく恐ろしげなる声にて、「天の下の顔よし。」と呼ぶ。家の内の者ども、「いかなる事ぞ。」と聞き惑ふ。聟いみじく怖ぢて、「おのれをこそ、世の人、『天の下の顔よし。』といふと聞け。いかなる事ならん。」といふに、三度まで呼べば、いらへつ。「これはいかにいらへつるぞ。」といへば、「心にもあらで、いらへつるなり。」といふ。鬼のいふやう、「この家の女は、我が領(りやう)じて三年になりぬるを、汝いかに思ひて、かくは通ふぞ。」といふ。「さる御事とも知らで、通ひ候ひつるなり。ただ御助け候へ。」といへば、鬼、「いといと憎き事なり。一言して帰らん。汝、命とかたちといづれか惜しき。」といふ。聟、「いかがいらふべき。」といふに、舅、姑、「何ぞの御かたちぞ。命だにおはせば。『ただかたちを。』とのたまへ。」といへば、教へのごとくいふに、鬼、「さらば吸ふ吸ふ。」といふ時に、聟顔を抱へて、「あらあら。」といひて臥し転ぶ。鬼は(注1)あよび帰りぬ。

さて、「顔はいかがなりたるらん。」とて、紙燭をさして、人々見れば、目鼻一つ所にとり据ゑたるやうなり。聟は泣きて、「ただ命とこそ申すべかりけれ。かかるかたちにて、世中(よのなか)にありては何かせん。かからざりつる先に、顔を一度見え奉らで、大方は、かく恐ろしきものに領ぜられたりける所に参りける、過なり。」とかこちければ、舅いとほしと思ひて、「このかはりには、我が持ちたる宝を奉らん。」といひて、めでたくかしづきければ、嬉しくてぞありける。「所の悪しきか。」とて、別によき家を造りて住ませければ、いみじくてぞありける。

(注1)あよび…「歩む」に同じ。歩いて。

1　傍線部a～eの動詞のうち、活用の種類が異なるものを①～⑤の中から一つ選びなさい。

①　a　寝　②　b　怖ぢ　③　c　いらへ　④　d　助け　⑤　e　見え

2　二重傍線部Ⅰ～Ⅴのうち、動作の主体が異なるものを、①～⑤の中から一つ選びなさい。

① Ⅰ　日をとりて契りてけり　② Ⅱ　人々しく覚えて、心にくく思ふ
③ Ⅲ　いとほしと思ひて　④ Ⅳ　めでたくかしづきければ
⑤ Ⅴ　いみじくてぞありける

3　波線部ア～オのうち、博打の子とその仲間が画策したことではないものを、①～⑤の中から一つ選びなさい。

① ア　顔見えぬやうにもてなして
② イ　いかめしく恐ろしげなる声にて、「天の下の顔よし。」と呼ぶ
③ ウ　「心にもあらで、いらへつるなり。」といふ
④ エ　顔を抱へて、「あらあら。」といひて臥し転ぶ
⑤ オ　目鼻一つ所にとり据ゑたるやうなり

4　傍線部A「命だにおはせば。」の解釈として最も適切なものを、①～⑤の中から一つ選びなさい。

① 命があってこそのかたちのよさである。
② 命だけがおありになっても、仕方がない。
③ 命だけはおありになるのだから、かたちを選ぶべきだ。
④ 命さえ助かれば、それでよいと思いなさい。
⑤ 命だけでもおありならば、それでよい。

5　この話の面白さの説明として最も適切なものを、①～⑤の中から一つ選びなさい。

① 親の悩みの種であった醜悪な顔の男が、こともあろうに「天下一の美男子」として、自らの力で堂々と婿入りしてしまうという大胆不敵で豪快なところ。

② 命と顔かたちを天秤にかけ、安易に命をとったせいで、醜い顔かたちになってしまった博打うちの子のあさはかさをたしなめる教訓が含まれているところ。

③ 博打うちの子であり、醜悪な顔の持ち主が、「天下一の美男子」というふれこみで長者の聟になるという大ばくちを打ち、徹底的に相手の同情を買い、予想以上の成功を収めたところ。

④ 当時人々に信じられていた鬼の存在を利用することで、博打うちをばかにしていた長者をはじめとする人々をすっかり怯えさせることに成功したところ。

⑤ 社会のはみ出し者でも、知恵と勇気で幸せを勝ち取ることができ、成功者である長者といえども、うっかりしているとだまされて、財産を奪い取られるという風刺のきいたところ。

6 『宇治拾遺物語』は中世の説話文学に分類されるが、同じ中世の説話文学に分類されない作品を、①～⑤の中から一つ選びなさい。

① 『沙石集』　② 『発心集』　③ 『十訓抄』　④ 『愚管抄』　⑤ 『古今著聞集』

（☆☆☆◎◎◎）

【四】次の漢文を読んで、後の問いに答えなさい。（ただし、設問の都合で訓点を省略した部分がある。）

太宗（注1）初即位、中書令（注2）房玄齢奏言。「秦府（注3）旧左右、未得官者、並怨前宮（注4）及斉府（注5）左右、処分之先己。太宗曰古称至公者、蓋謂平恕無私。丹朱（注6）・商均、子也。而堯舜廃之。管叔（注7）

蔡叔、兄弟也。而周公(注8)誅之。故知君人者、以天下為心、無私於物。昔諸葛孔明、小国之相。猶曰、吾心如秤、不能為人作軽重。況我今理大国乎。

朕与卿等、衣食出於百姓。此則人力已奉於上、而上恩未被於下。今所以択賢才者、蓋為求安百姓。用人但問堪否。豈以新故異情。凡一面尚且相親、況旧人而頓忘也。才若不堪、亦豈以旧人而先用。今不論其能否、而直言其怨嗟、豈是 A 之道耶。」

(呉兢『貞観政要』より)

(注1) 太宗…唐の二代皇帝。在位六二六～六四九。本名李世民。
(注2) 中書令房玄齢…唐の宰相で太宗の腹心。中書令は機務・詔勅を司る省の長官。
(注3) 秦府…秦王府のこと。太宗は天子になる前は秦王であった。
(注4) 前宮…太宗の兄、先の皇太子、李建成の宮殿。
(注5) 斉府…太宗の弟、先の斉王、元吉の王府。

(注6)　丹朱・商均…丹朱は尭、商均は舜の子。
(注7)　管叔・蔡叔…ともに周の文正の子で、周公の弟。
(注8)　周公…文王の子で名は旦(たん)。摂政となり、周室王業の基礎を定めた。

1　傍線部A「蓋謂平恕無私」の書き下し文として最も適切なものを、①～⑤の中から一つ選びなさい。
①　蓋し平恕と謂ふに私無し。
②　蓋し平恕にして私無きを謂ふ。
③　蓋ぞ平恕と謂はざるに私無きか。
④　蓋ぞ平恕と謂はざらんに私無し。
⑤　蓋ぞ平恕にして私無きを謂はざる。

2　傍線部B「況我今理大国乎」に用いられる句形として最も適切なものを、①～⑤の中から一つ選びなさい。
①　命令形　②　仮定形　③　使役形　④　詠嘆形　⑤　抑揚形

3　傍線部C「豈以新故異情」の意味として最も適切なものを、①～⑤の中から一つ選びなさい。
①　新しい人を採用すれば、昔からいる人は不平を言うに決まっている。
②　採用の仕方によっては、気持ちに差が生じるのは仕方がない。
③　親類や旧友に対しては、特別な心情が生じるものである。
④　面識のない人か古くからの知り合いかによって、気持ちを変えたりはしない。
⑤　どのような人物を採用しても、職務に対して我慢ができるかどうかが大切である。

4　空欄[A]に入る語として最も適切なものを、①～⑤の中から一つ選びなさい。

① 左右　② 得官　③ 至公　④ 私於物　⑤ 如秤

5　波線部a「太宗曰」とあるが、太宗の発言の主旨として最も適切なものを、①～⑤の中から一つ選びなさい。

① 私情に流されずに、職務に対する才能の有無を要諦として人材登用を行っていくべきである。
② 古代の王らが親族の処罰を積極的に行ったことが国家の土台を損なわせ、後々の災いを招いた。
③ 臣下の諫言には耳を傾け、指摘された誤りを認めて謙虚に改めなければならない。
④ 民衆は政治による施しを欲しており、君主はそれに応えられるかどうかで真価が決まる。
⑤ 農民から取り立てるばかりでは国家は安定せず、適正な人材の登用こそが大切である。

（☆☆☆◎◎◎）

解答・解説

【中高共通】

【一】 1 ④　2 ③　3 ②　4 ⑤　5 ①　6 ④　7 ③

〈解説〉1　波線部Ⅰを含む「ケッコウ」は「結構」と書く。①は「校正」、②は「復興」、③は「購入」、④は「虚構」、⑤は「精巧」。　2　波線部Ⅳの「ない」は自立語で形容詞。それ以外の波線部の「ない」は打消の助動詞で、動詞の未然形に接続している。　3　空欄アの直前の「そういう」は「実際に生きている生身の西洋人は、トルコ系ドイツ人、韓国系ドイツ人、インド系イギリス人や、ベトナム系フランス人、アフリカ系アメリカ人、日系アメリカ人などいろいろな人たちから成り立っている」ことを指す。「具体的な西洋出身の個人」にはさまざまな人がいる、と述べているのである。 4 「潜在的劣等感の巻き起こすストレス」を解消するための「買い物熱」だったと筆者は述べている。だから「攻撃性が感じられた」のである。 5 傍線部Aの「そういうこと」は「日本語で芸術表現している人間に対して「日本語がとてもお上手ですね。」などと言う」ことである。それを筆者は「とても変」だと批判している。よって、肯定的に捉えて説明した②④は間違い。⑤も「お世辞」だとは書いていない。③は「創作者が外国人だと基準を甘くする」といったことは本文に書かれておらず、さらに「上手」「下手」は芸術表現を評価する上での基準ではなく外国語の基準としてあげているものなので不適当。 6 「日本人の劣等感」とは、「自分たちはアフリカと同じくヨーロッパ人が勝手に野蛮人と見なしていたアジアの人間である」というものであり、「日本人はヨーロッパの野蛮観をなぜかそのまま受け入れてしまった」と筆者は述べる。「日本人はお金を持っているから野蛮人ではない、という変な形で傷を癒そうとしていた」のも、その劣等感の表れである。さらに「その結果、ヨーロッパ中心主義を外から見て無力化するチャンスを逃してしまっただけでなく、ヨーロッパ文明を消費者の文明としてのみ捉え自分たちをその一部であるという考え方が一般化し、歴史が消しゴムのカスになって机の下に払い捨てられてしまった」と述べている。これらの内容に合うのは④である。 7 ①「日本人は〜外国語学習の楽しさを見失っている」は本文になく、誤り。②「外国語と母語を比較検討することで、多くの人はどの外国語を学べば有利であるかといった効率重視の発想にとらわれている」といったことは本文に書かれていない。④「他者の理解」のために外国語学習をすべきだとは述べていないし、「文化は相対的なものである」とも書かれていない。⑤「学校教育」については問題にされていない。

【二】1 ④　2 ⑤　3 ②　4 ③　5 ④　6 ③　7 ①

〈解説〉1 二重傍線部エは形容動詞で、それ以外は副詞である。　2 波線部Iを含む「ケッカン」は「欠陥」と書く。①は「勘案」、②は「換算」、③は「敢行」、④は「喚起」、⑤は「陥落」。　3 「下を向いてしまった」という行動からはしょげている義夫の様子がわかる。傍線部Aの直前の「言うのがあたりまえじゃないか。」という父の言葉に自分が先生に言わなかったことを反省したのである。一方で「にらんでいた」には義夫の不満が表れている。「取らないのに取ったようなことを言われたから、しゃくにさわったんだ」という、気持ちに収まりがつかないのである。　4 「どこそこの学校はいくらいくらだから、こっちはそれよりも負けないようにと」ということを言い換えたのが、傍線部Bの「さかな屋の達ちゃんが二十銭だから……」という部分である。「……」の部分には「自分はもっと多く寄付をしよう」といった内容が省略されていると考える。　5 『けり』をつける」とは「決着をつける」ということである。傍線部Cの直前に「こんなふうに」とあるが、義夫の父の提案はどういうものであるかを前の会話から探し、その要約となる選択肢を選べばよい。　6 父のせりふを見ていくと、「確かにあの子の落度です」「しかしそれも一概に子どもばかりを責めるわけにはいかない」「私のは抗議ではありませんよ。」「義夫の件は、なにぶん一つ……」「四方八方いいと思うのですが」というように、わが子の落度を認めたうえでわが子の言い分も受け入れている。そのうえで学校側に抗議という形ではない事態の収拾の仕方を提案し、丸く収めようとしている。　7 ①は斎藤茂吉の歌集、②は山本有三の小説、③は永井荷風の小説、④は谷崎潤一郎の小説、⑤は志賀直哉の小説。

【三】 1 ② 2 ⑤ 3 ⑤ 4 ⑤ 5 ③ 6 ④

〈解説〉1 傍線部bは上二段活用、これ以外はいずれも下二段活用である。 2 話の流れは以下の通り。醜男であった「博打の子」が嘘をついて「天下一の美男が「婿になろう」とおっしゃっている」と言ったのに対して、だまされた長者は「吉日を選んで(婚礼の)約束をした」(二重傍線部Ⅰ)。そして婚礼の夜は「人並みに思われて心惹かれた」(二重傍線部Ⅱ)のである。結婚後、だまし続けることができなくなった「博打の子」はさまざまな画策を試み、鬼にひどい顔にされたと一芝居を打つ。まただまされた長者は「気の毒に思って」(二重傍線部Ⅲ)、「心を込めて大事に世話をした」(二重傍線部Ⅳ)ので、「博打の子」は「並々でなく幸せに暮らした」(二重傍線部Ⅴ)。 3 オ 「目鼻一つ所にとり据ゑたるやうなり(目と鼻を一か所に集めたようである)」は冒頭の「目鼻一所にとり寄せたるやうにて」と同じである。「博打の子」の生まれつきの顔で、この顔をごまかそうとあれこれと画策したのである。 4 「だに」は最小限の希望を表す副助詞で「せめて〜だけでも」と訳す。「おはす」は「あり」の尊敬語、「おありになる」。未然形＋「ば」で仮定となり「おありならば」となる。 5 この話の面白さは醜男がよりによって「天下一の美男」と嘘をつき、仲間と様々に画策して見事に成功を収めたところにある。 6 ④ 『愚管抄』は鎌倉時代初期に慈円が著した文学作品であるが、歴史書に分類される。

【四】 1 ② 2 ⑤ 3 ④ 4 ③ 5 ①

〈解説〉1 「蓋」は「けだシ」と読んで「思うに。そもそも」という意味となる場合と、再読文字として読んで「なんゾ〜ざル」(どうして〜しないのか(〜したらどうだ))となる場合とが考えられる。ここでは太宗が「至公」(非常に公平である)と称する者がどういう者かについて語っているところなので「けだシ」と読む。「平恕」

は「公平で思いやりがあること」、「無私」は「私心がないこと」で「平恕」と「無私」は並列の関係である。
2 「況～乎」は「いはンヤ～ヲや」と読み、「まして～はなおさらだ」という抑揚形である。「小国の丞相にすぎなかった諸葛孔明でさえ「自分の心は秤のように公平だ。人のために勝手に軽重を決めることはできない」と言った。まして私は今大国を治めているのだからなおさらだ」と語っている。 3 「豈～」は「あニ～(セ)ンヤ」と読み、「どうして～か(いや～ない)」という反語形となる。「どうして新人であるとか昔なじみであるからということで、気持ちを左右することがあろうか(いや左右することはない)」といった訳になる。
4 太宗が秦王であったときに側近だった者たちの中で、まだ官職を得られず不満を持っている者たちがいる、と房玄齢が申し上げた。それに対する太宗の答えが波線部aの直後の「古称至公者」から「[A]之道耶」までの言葉である。すべて公平であることの大切さを説いている。 5 太宗が言いたかったことは「至公の道」である。よって①が正解となる。なお⑤について、「百姓」は「農民」ではなく「人民」のこと。太宗は国家の安定ではなく人民の生活の安定を求めている、ということは、第二段落二文目後半で述べられている。

二〇一五年度　実施問題

【中高共通】

【一】次の文章を読んで、後の問いに答えなさい。（ただし、一部原文を削除した箇所がある。）

　戦場場面のリアリズムという点に関して、スティーヴン・スピルバーグ監督の映画『プライベート・ライアン』（一九九八年、原題はSaving Private Rian,『ライアン二等兵を救うこと』）の冒頭の三〇分、連合軍のノルマンディー上陸を描いた場面は、おそらく戦闘シーンとして映画史上に残る出色の映像である。炸裂する砲弾、まきあがる砂塵、響きわたる爆音、四肢をもぎ飛ばされる兵士、揺れる映像、飛び散る血飛沫に曇るカメラのレンズ……。従軍カメラマンの［　ア　］で撮った、たたみかける映像が、戦場というものはたしかにこのようなものであろうという思いを観る者に確信させずにはおかない。観客は、Iあたかも従軍カメラマンのカメラで撮られたかのような映像に向き合わされることによって、砲弾にさらされながら地面に突っ伏してレンズを向けるカメラマンのポジションから戦場を眺める。観客は戦場を比類ない「リアルさ」でもって体験する。砲弾が炸裂する戦場に身を置いているかのような［　イ　］にとらわれさえするだろう。

　観終わってわたしのなかに残るのは、スピルバーグのIIこの、リアリズムに対する途方もない欲望の強さである。出来事を徹底的にリアルに描きたい、現実を［　ウ　］したいという欲望とは、いったい何なのだろう。ひとつだけ言えることは、スピルバーグが、現実を、出来事を再現することは可能だと素朴に信じているのではないか、ということだ。彼にとって問題となるのは、おそらく、それをリアルに再現する際の、技術の［　エ　］の問題でしかないのではないか。〈出来事〉を再現するリアリズムとは、彼にとって、ひたすら技術的次元の問題なのではないだろうか。

スピルバーグの映像を観て、多くの者が迫真の、つまり真実に迫る戦闘シーンだと感じたに違いない。これこそが戦場、Ⅲこれこそが戦争である、と。だが、観る者に、これこそが本物の、〈リアルな〉戦場なのだと思わせる、Aリアリズムとはいったい何なのだろう。スピルバーグが描く戦闘シーンに限りないリアルさを覚えるわたしは、実際の戦場を経験しているわけではない。自分が経験してもいないことを――それについては、知らないことを――「リアル」だと、本物だと感じるのはなぜなのだろう。古代の恐竜が遺伝子操作で現代に甦り、人間のコントロールを外れて暴れる『ジュラシック・パーク』(一九九三年)という、やはりスピルバーグが監督した作品でも、コンピュータ・グラフィクスで再現された恐竜の動きのリアルさが高く評価されたが、私たちの誰も、恐竜の動きなど本当は観たことはない。だとすればそこでいう「リアルさ」とはいったい何なのか。

「リアルである」とか「ない」とか、「リアリティがある」とか「ない」とかいったことは、一般に、本物、現実と、再現されたもの、表象されたもののあいだの距離、表象が本物をどれだけ忠実、正確に再現しているか、ということで測られるのであろうけれど、参照すべき本物、現実が存在しなくても、表象を「リアルな」再現と感じるのはなぜなのだろう。古生代の恐竜は当然のことながら、現代の戦場も、スピルバーグ自身おそらく経験してはいないのだ。そして、スピルバーグが、恐竜にせよ、戦場にせよ、自身の出来事として体験していたとしたら、彼はそれをあのような形で――「リアルさ」というものに対する揺るぎない確信をもって――再現、表象することが果たしてできただろうか、とわたしは考える。

スピルバーグが描く恐竜はよくできたフェイクであること、つまり、恐竜に対して私たちが感じる〈リアリティ〉というものが、想像されたもの、つくり出されたもの――もちろん、それは多くの科学的根拠にもとづいて生み出されたものではあるのだろうが――に過ぎないということは、誰の目にも明らかであると思われる。私たちは、それがどんなに〈リアル〉だと思っても、かつて〈現実〉に存在した恐竜とは混同しない。Ⅳむしろ、恐竜の描写を「リアルだ」と語るということそれ自体が、参照されるべき〈本物の〉恐竜の存在をⅤソウキさせることで、それが本物、「リアル」ではないことを［　オ　］に語ってしまう。

他方、『プライベート・ライアン』の戦闘シーンは、戦場を撮った報道映画を観ているような感覚に襲われるため、それは〈再現されたもの〉であったとしても、そのリアルさが、出来事それ自体のリアリティを、〈現実〉を再現していると、受け取られてしまうのではないか。だが、『ジュラシック・パーク』の恐竜がフェイクなら、『プライベート・ライアン』の戦場もまた、フェイクである。そして、私たちが感じる戦場のリアリズムとは、このフェイク、虚構に支えられているのではないか。

戦闘場面を観ながら、わたしがずっと感じていたのは、いったいこれは、誰の視線、誰の目に映った戦場なのか、という疑問だった。さきほど、従軍カメラマンの［　ア　］で、と書いたけれど、より正確には、従軍カメラマンのカメラの視線、レンズに映った世界である。そして、カメラマンでさえ、カメラの目線で戦争を体験するのではない。カメラに映った世界と、カメラマンが体験する戦場は決して同じではないはずだ。

戦場の体験とは、もっと断片的なものなのではないか。もっと、切れ切れな、整合性のない、全体像のなかに位置づけることができないいびつな体験なのではないか。これが戦場だ、これが戦争だと、戦争の全体像を眺望する視点とは、いったい、誰の、どのような視点なのだろう。それは迫真の戦場の光景だが、しかし、それを観る者は、そのリアルさを堪能しても、それを観たということが、B決してトラウマ的出来事になりはしない。砲弾で腕を吹き飛ばされ、粉塵のなかで、奇妙な動きを見せる兵士がいる。その説明のつかない動きさえもが、「戦場」という極限の場面の〈リアリティ〉のなかにすっきりと位置づけられる。言いかえれば、スピルバーグの描く戦場シーンは、言葉で説明できるもの、炸裂する砲弾、四肢をもぎとられる兵士、舞い上がる粉塵……等々、再現できるものしか再現されてはいない。説明できない出来事、抑圧された記憶は、登場しない。あたかも、そのようなものは存在しないかのように。出来事の現実〈リアリティ〉とは、まさにリアルに再現される〈現実〉からこぼれおちるところにあるのではないか、という問いはスピルバーグには存在しない。彼が、迫真のリアリズムでもって戦場を再現できるのは、彼において、そのような問いが存在しないから、ではないだろうか。

だから、[注]岩崎稔さんがスピルバーグの『シンドラーのリスト』(一九九三年)を批判して、『インディ・ジョーンズ』の冒険とどこが違うのかと言うとき——わたしはそれが、ホロコーストという〈出来事〉を描いた『シンドラーのリスト』という作品に対する、致命的な批判であると思ったが——スピルバーグにとっては、批判としての意味をなさないのかもしれない。「どこが違うのか」という修辞疑問は、「同じであること」を批判している。そこには、ホロコーストという〈出来事〉には、インディ・ジョーンズの冒険という「絵空事」を撮るのとは違う次元が要求されるのではないか、〈出来事〉の表象というものに対する根源的な問いが必要ではないのかという認識を前提にしているが、C スピルバーグにとって、おそらくその二つは、そもそも「同じ」ものなのかもしれない。

ホロコーストという〈出来事〉の体験が、リアルに再現できるような出来事として再現されてしまっているという事実、まさにリアルに再現するという当の行為によって、あたかも再現されたもののリアルさの距離を測定することができる、参照することができるような出来事としてホロコーストがありうるかのように語ってしまっていることが、『シンドラーのリスト』という作品をめぐって、これまですでに批判されてきたが、スピルバーグにおいては、ホロコーストとはまさにそのような出来事、そのような経験として存在しているのであり、そうした批判は、彼にとっておそらく何の意味も持たなかったに違いない。『インディ・ジョーンズ』シリーズ、『ジュラシック・パーク』、『シンドラーのリスト』、そして『プライベート・ライアン』。出来事の位相、次元を異にするはずのこれらの作品を、スピルバーグの、リアリズムに対する欲望が貫いている。そして、リアリズムの欲望とは、言葉では説明できない〈出来事〉、それゆえ再現不能な〈現実〉、〈出来事〉の余剰、「他者」の存在の否認と結びついている。

（岡真理『記憶／物語』）

(注) 岩崎稔…愛知県生まれ。哲学・政治学者。

1　傍線部Ⅰ～Ⅳの品詞の説明の組み合わせとして最も適切なものを、①～⑤の中から一つ選びなさい。

①　Ⅰ　連体詞　Ⅱ　副詞　Ⅲ　副詞　Ⅳ　連体詞
②　Ⅰ　副詞　Ⅱ　連体詞　Ⅲ　代名詞　Ⅳ　副詞
③　Ⅰ　副詞　Ⅱ　名詞　Ⅲ　代名詞　Ⅳ　接続詞
④　Ⅰ　形容詞　Ⅱ　名詞　Ⅲ　感動詞　Ⅳ　副詞
⑤　Ⅰ　形容詞　Ⅱ　連体詞　Ⅲ　感動詞　Ⅳ　接続詞

2　傍線部Ⅴと同じ漢字を含むものを、①～⑤の中から一つ選びなさい。
「ソウキ」
①　冬山の景色はソウカンだ。
②　身分にソウオウした暮らしをするべきだ。
③　小説のコウソウを練る。

④ 彼は生け花のソウショウだ。
⑤ ソウバン誤りに気づくだろう。

3 空欄［ア］～［エ］に入る語の組み合わせとして最も適切なものを、①～⑤の中から一つ選びなさい。

① ア 視線 イ 感覚 ウ 夢想 エ 有無
② ア 目線 イ 現実 ウ 再現 エ 有無
③ ア 経験 イ 感覚 ウ 無視 エ 巧拙
④ ア 目線 イ 錯覚 ウ 再現 エ 巧拙
⑤ ア 視線 イ 錯覚 ウ 夢想 エ 是非

4 空欄［オ］に入る語として最も適切なものを、①～⑤の中から一つ選びなさい。

① 逆説的 ② 補足的 ③ 間接的 ④ 一般的 ⑤ 積極的

5 傍線部A「リアリズムとはいったい何なのだろう。」とあるが、それに対する筆者の考えを説明したものとして最も適切なものを、①～⑤の中から一つ選びなさい。

① 『プライベート・ライアン』におけるリアリズムとは、戦場においてカメラマンが自らの視線と周囲の視線とを共有し再現したものである。
② スピルバーグの映像におけるリアリズムとは、スピルバーグ自身が確信を持って事実を衆目の眼前に現すものである。
③ スピルバーグの映像におけるリアリズムとは、観る者が自らの体験に基づいて一つ一つを忠実に再現するものである。
④ 『プライベート・ライアン』におけるリアリズムとは、職場におけるカメラマンの視線の中で、観たま

まの状況を再現したものである。
⑤　スピルバーグの映像におけるリアリズムとは、自らの体験には基づかず、再現できるものを虚構の中で再現したものである。

6　傍線部B「決してトラウマ的出来事になりはしない。」とあるが、その説明として最も適切なものを、①〜⑤の中から一つ選びなさい。
①　戦闘場面を観る者は、事実でない場面の連続を観ることを知っているので、ストーリーの展開を見通すことが出来るということ。
②　迫真の戦場の光景であっても観る者は、それが現実そのものではないことを知っているので、苦痛を感じることはないということ。
③　「戦場」という極限の場面を観て、そのリアルさに満足してしまうので、心理的な苦痛は感じることはないということ。
④　戦場の光景にリアリティが感じられても、それはカメラのレンズに映ったものであるので、距離感があるということ。
⑤　カメラマンが体験した戦場は、リアリティがあっても、それは観る者にとっては他者の体験であり、痛みは感じないということ。

7　傍線部C「スピルバーグにとって、おそらくその二つは、そもそも「同じ」ものなのかも知れない。」とあるが、その理由の説明として最も適切なものを、①〜⑤の中から一つ選びなさい。
①　ホロコーストという現実の〈出来事〉と、絵空事の『インディ・ジョーンズ』の冒険とは出来事の位相を異にするはずなのに、実際に表象できるという技術によって、スピルバーグは両者を再現している

から。

② ホロコーストという〈出来事〉を描いた『シンドラーのリスト』と、『インディ・ジョーンズ』の冒険とは、ともにスピルバーグのリアリズムに対する強い欲望が貫いていて、論理的な説明は不要であるから。

③ 『インディ・ジョーンズ』『ジュラシック・パーク』と、『シンドラーのリスト』『プライベート・ライアン』とは、想像上の〈出来事〉と現実の〈出来事〉という次元の相違はあるがそこには迫真のリアリズムが存在しているから。

④ ホロコーストという現実の〈出来事〉と、想像を加え描かれた『ジュラシック・パーク』『インディ・ジョーンズ』の冒険とは本来は次元が異なるものであるが、スピルバーグは出来事の再現不可能な側面を認めてはいないから。

⑤ 『インディ・ジョーンズ』『ジュラシック・パーク』に対して、『シンドラーのリスト』『プライベート・ライアン』は、事実の表象方法に相違はあるが、共に真実を描こうとするスピルバーグの欲望が観られるから。

(☆☆☆◎◎◎)

【二】次の文章を読んで、後の問いに答えなさい。（ただし、表記は原文のままとなっている。）

ひろ子の家は二筋三筋距(へだた)った町通りに小さい葉茶屋の店を出していた。上り框(がまち)と店の左横にささやかな陳列硝子戸棚を並べ、その中に進物用の大小の円罐(まるかん)や、包装した箱が申訳だけに並べてあった。楽焼の煎茶(せんちゃ)道具一揃いに、茶の湯用の漆塗りの棗(なつめ)や、竹の茶筅(ちゃせん)が埃(ほこり)を冠っていた。右側と衝き当りに三段の棚があって、上の方には紫の紐(ひも)附の玉露の小壺(つぼ)が並べてあるが、それと中段の煎茶の上等が入れてある中壺は滅多に客の為(た)め蓋が開けられることはなく、売れるのは下段の大壺の番茶が主だった。徳用の浜茶や粉茶も割合に売れた。

玉露の壺はア単に看板で、中には何も入ってなく、上茶も飛切りは壺へ移す手数を省いて一々、静岡の仕入れ元から到着した錫(すず)張りの小箱の積んであるのをあれやこれやと探し廻って漸く見付け出し、それから量(はか)って売ってくれる。だから時間を待たして仕様がないと老婢のまきは言った。

「おや、おまえ、まだ、あすこの店へお茶を買いに行くの」と私は訊(き)いてみた。「あすこの店はおまえの敵役(かたきやく)の子供がいる家じゃない」

すると、まきは照れ臭そうに眼を伏せて

「はあ、でも、量りがようございますから」

と、せいぜい頭を使って言った。私は多少思い当る節が無いでもなかった。

蔦の芽が摘まれた事件のあった日から老婢まきは、Ｉ急に表門の方へ神経質になって表門の方に少しでも子供の声がするとＡ「また、ひろ子のやつが――」と言って飛出して行った。

事実、その後も二三回、子供たちの同じような所業があったが、しかし、一月も経たぬうちに老婢の警戒と、また私が予言したように子供の飽きっぱさから、その事は無くなって、門の蔦の芽は摘まれた線より新らしい色彩でイ盛んに生え下って来た。初蝉(はつぜみ)が鳴き金魚売りが通る。それでも子供の声がすると「また、ひろ子のやつが――」と呟(つぶや)きながらまきは駆け出して行った。

子供たちは遊び場を代えたらしい。門前に子供の声は聞えなくなった。Ｂ老婢は表へ飛出す目標を失って、しょんぼり見えた。用もなく、厨(くりや)の涼しい板の間にぺたんと坐っているときでも急に顔を皺(しわ)め

「ひろ子のやつめ、――ひろ子のやつめ――」

と独り言のように言っていた。私は老婢がさんざん小言を云ったようなきっかけで却って老婢の心にあの少女が絡み、せめて少女の名でも口に出さねば寂しいのではあるまいかとも推察した。

だから、この老婢がわざわざ幾つも道を越える不便を忍んで少女の店へ茶を求めに行く気持ちも汲めなくはなく、老婢の拙ない言訳も強いて追及せず

「そう、それは好い。ひろ子も蔦をむしらなくなったし、ウひいきにしておやり」

私の取り做してやった言葉に調子づいたものか老婢は、大びらでひろ子の店に通い、ひろ子の店の事情をいろいろ私に話すのであった。

私の家はエ割合に茶を使う家である。酒を飲まない家族の多くは、心気の転換や刺戟の料に新らしくしばしば茶を入れかえた。老婢は月に二度以上もひろ子の店を訪ねることが出来た。

まきの言うところによるとひろ子の店は、ひろ子の親の店には違いないが、父母は早く歿し、みなし児のひろ子のために、伯母夫婦が入って来て、家の面倒をみているのだった。伯父は勤人で、昼は外に出て、夕方帰った。生活力の弱そうな好人物で、夜は近所の将棊所へ将棊をさしに行くのを唯一の楽しみにしている。伯母は多少気丈な女で家の中を切り廻すが、病身で、ときどき寝ついた。二人とも中年近いので、もう二三年もして子供が出来ないなら、何とか法律上の手続をとって、ひろ子を養女にするか、自分たちが養父母に直るかしたい気組みである。オそれに茶店の収入も二人の生活に取っては重要なものになっていた。

「可哀そうに。あれで店にいると、がらり変った娘になって、からいじけ切ってるのでございますよ。やっぱり本親のない子ですね」とまきは言った。

私は、やっぱり孤独は孤独を牽くのか。そして一度、老婢とその少女とが店で対談する様子が見たくなった。

その目的の為めでもなかったが、私は偶然少女の茶店の隣の表具店にⅡ写経の巻軸の表装を誂(あつら)えに行って店先に腰かけていた。私が家を出るより先に花屋へ使いに出したまきが町向うから廻って来て、少女の店に入った。大きな「大経師」と書いた看板が距てになっているので、まきには私のいるのが見えなかった。表具店の主人は表装の裂地(きれじ)の見本を奥へ探しに行って手間取っていた。都合よく、隣の茶店での話声が私によく聞えて来る。

「何故(なぜ)、今日はあたしにお茶を汲(く)んで出さないんだよ」

Cまきの声は相変らず突っかかるようである。

「うちの店じゃ、二十銭以上のお買物のお客でなくちゃ、お茶を出さないのよ」

ひろ子の声も相変らず、ませている。

「いつもあんなに沢山の買物をしてやるじゃないか。常顧客(おとくい)さまだよ。一度ぐらい少ない買物だって、お茶を出すもんですよ」

「わからないのね、おばさんは。いつもは二十銭以上のお買物だから出すけど、今日は茶滓漉(ちゃかすこ)しの土瓶(どびん)の口金一つ七銭のお買物だからお茶は出せないじゃないの」

「お茶は四五日前に買いに来たの知ってるだろ。まだ、うちに沢山あるから買わないんだよ。今度、無くなったらまた沢山買いに来ます。お茶を出しなさい」

「そんなこと、おばさんいくら云っても、うちのお店の規則ですから、七銭のお買物のお客さまにはお茶出せないわ」

「なんて因業な娘っ子だろう」

老婢は苦笑しながら立ち上りかけた。ここでちょっと私の心をひく場面があった。

老婢の店を出て行くのに、ひろ子は声をかけた。

「おばさん、浴衣の脊筋の縫目が横に曲っていてよ。直したげるわ」

老婢は一度「まあいいよ」と無愛想に言ったが、やっぱり少し後へ戻ったらしい。それを直してやりながら少女は老婢に何か囁いたようだが私には聞えなかった。それから老婢の感慨深そうな顔をして私の前を通って行くのが見える。私がいるのに気がつかなかったほどD老婢は何か思い入っていた。

ひろ子が何を囁いて何をまきが思い入ったのか家へ帰ってから私が訊くと、まきは言った。「おばさん御免なさいね。きょう家の人たち奥で見ているもんだから、お店の規則破れないのよ。破るとてもうるさいのよ。判って」ひろ子はまきの浴衣の脊筋を直す振りして小声で言ったのだそうである。まきはそれを私に告げてから言い足した。

「なあにね。あの悪戯っ子がお茶汲んで出す恰好が早熟てて面白いんで、お茶出せ、出せと、いつも私は言うんで御座いますがね、今日のように伯母夫婦に気兼ねするんじゃ、まったく、あれじゃ、外へ出て悪戯でもしなきゃ、ひろ子も身がたまりませんです」


少し大きくなったひろ子から、家を出て女給にでもと相談をかけられたのを留めたのも老婢のまきであったし、それかと言って、家にいて伯母夫婦の養女になり、みすみす一生を夫婦の自由になってしまうのを止めさしたのもまきであった。私の家の蔦の門が何遍か四季交換の姿を見せつつある間に、二人はそれほど深く立入って身の上を頼り合う二人になっていた。孤独は孤独と牽き合うと同時に、孤独と孤独は、もはや孤独と孤独とでなくなって来た。まきには落着いた母性的の分別が備わって、姿形さえ優しく整うし、ひろ子にはまた、しおらしく健気な娘の性根が現われて来た。私の家は勝手口へ廻るのも、この蔦の門の潜戸から入って構内を建物の外側に沿って行くことになっていたので、私は、何遍か、少し年の距った母子のように老女と娘とが睦び合いつつ蔦の門から送り出し、迎えられする姿を見て、かすかな涙を催したことさえある。

（岡本かの子『蔦の門』より）

8　傍線部ア～オのうち、傍線部Ⅰ「急に」と同じ品詞のものを、次の①～⑤の中から一つ選びなさい。

①　単に　②　盛んに　③　ひいきに　④　割合に　⑤　それに

9　傍線部Ⅱ「写経」と同じ構成の熟語を、次の①～⑤の中から一つ選びなさい。

①　未踏　②　禍福　③　殉職　④　添削　⑤　酷似

10　傍線部Ａ「『また、ひろ子のやつが――』と言って飛出して行った。」とあるが、このときのまきの心情として最も適切なものを、①～⑤の中から一つ選びなさい。

①　日頃から気にかかっているひろ子の安否を確認しようとする思い。
②　蔦の芽を摘んだひろ子に説教をしてお灸を据えてやろうという思い。
③　伯母夫婦のもとで気詰まりな生活をしているひろ子を哀れむ思い。
④　女主人のために何としてでもひろ子から蔦の芽を守ろうという思い。
⑤　時々しか顔を合わさないひろ子に会える機会を心待ちにする思い。

11　傍線部Ｂ「老婢は表へ飛出す目標を失って、しょんぼり見えた。」とあるが、まきの様子を見て「私」はどういう気持ちであると考えられるか、最も適切なものを、①～⑤の中から一つ選びなさい。

①　老婢がくだらないことに心を砕いているものだと呆れている。
②　老婢には他のことに気を取られず、仕事に専念してほしいと願っている。

③ 老婢の毎朝の日課である楽しみがなくなったことを気の毒に思っている。
④ 蔦の芽を守るという老婢の仕事が減ってしまい残念に思っている。
⑤ 老婢のひろ子への思いに気づき、何とかしてあげたいと思っている。

12 傍線部C「まきの声は相変らず突っかかるようである。」とあるが、隣の表具店から茶店を見ていた「私」の目にまきはどう映っていると考えられるか、最も適切なものを、①～⑤の中から一つ選びなさい。
① 茶を出さないひろ子に対して、文句を言い続けている老婢。
② 悪戯をしたひろ子を目の敵にして責めようとしている老婢。
③ 月に二度はひろ子に会える喜びを、不器用に表している老婢。
④ 店番をするひろ子を、子どもだと下に見て侮蔑している老婢。
⑤ ひろ子と話すことで、もう一度生きようと考え直している老婢。

13 傍線部D「老婢は何か思い入っていた。」とあるが、老婢が特に思い入っていたのはどのようなことについてか、最も適切なものを①～⑤の中から一つ選びなさい。
① 両親のいないひろ子の不幸な境遇を、どうすれば幸福なものに変えてやれるかという難しさ。
② 子供であるひろ子が荒れた社会で様々な顔を使って生きていかなければならない厳しさ。
③ 老婢の浴衣の脊筋を直すふりをして、ひそかに自分の本心を伝えようとするひろ子の機敏さ。
④ 心優しく利発な面を見せるひろ子が、伯母夫婦に遠慮しながら生きていく境遇の不憫さ。
⑤ ひろ子が悪戯ばかりする原因が伯母夫婦の冷たい仕打ちにあるということへの切なさ。

14 問題文の作者岡本かの子は、昭和初期に活躍した女流文学者の一人であるが、①～⑤の中から女性作家の作品でないものを一つ選びなさい。

①『砂の女』　②『不毛地帯』　③『蔵』　④『恍惚の人』　⑤『放浪記』

（☆☆◎◎◎）

【三】次の文章を読んで、後の問いに答えなさい。

隣家の方正先生、A余が文房に飲む。傍に英草子の藁あるを把つて、纔に其の目を見て、是を置いて云ふ、「ア足下倦れたれども、尚青雲の志あり。此の遊戯の書に目を厭ふべし」。余酒気を帯びて、笑うて答ふ、「先生の言是なり。余また此の書の為に説あり。彼の釈子(注1)の説ける所、荘子が言ふ処、皆怪誕にして終に教となる。紫の物語は言葉を設けて志を見し、人情の有る処を尽す。兼好が草紙は、惟仮初に書けるが如くなれども、世を遁るる事の高きに趣を帰す。今の世、大道(注2)を照すに人乏しく、光をつつむ人はなほ更なれば、明教につかんと欲する人も、其の懐璧(注3)の円ならぬを、玼瑕として、これを顧みず。或はをしへを受くる者も、琢磨の意浅ければ、眠を生じ易し。金玉の言耳悦ばしからぬ謂歟。近路・千里(注4)の二人の主は、余が物覚えてより、竹馬に鞭打ちし夕影、隣を遷(注5)されし朝も、行くに留るに、形影の離れざるがごとく、素姓も亦余に斉しき一畝(注6)の民にして、耕いとまなきに、雨日の閑の時々、此の草紙を記して、同社中(注7)の茶話に代ふるの本意とす。原より名山に蔵して、後世を待つの物にあらずといへども、此の書義気の重き所を述ぶれば、昔より牛喘(注8)を問うて時の政を知り、馬洗(注9)の音を聞きて阿字をさとり、風の音に秋の深きをしり、碪のひびきに冬の近きを思ふためしあれば、鄙言(注10)却つて俗の儆となり、これより義に本づき、義にすむ事ありて、半夜(注11)の鐘声深更を告ぐるの助とならんこと、イ近路行者・千里浪子のB素心なる哉。Cここに足らざれば、かしこに余あり。此の二人生まれて滑稽の道を弁へねば、聞を悦ばすべきなけれども、風雅の詞に疎きが故に、其の文俗に遠からず。草沢(注12)に人となれば、市街の通言をしらず。幸にして歌舞妓の草紙に似ず。賜覧のウ君子、詞のD花なきを以て、英の意を害する事なくして、エ両生の幸ならんのみ」。

(注13)寛延己巳の初夏、オ十千閣の主人、十千閣上に筆を操る

(都賀庭鐘『英草紙』序文)

(注1) 釈子…僧侶。ただしここは「釈氏」と同じで釈迦をさすか。
(注2) 大道を照す…人倫の大道。以下は先生側にも人材の乏しいことをいう。
(注3) 懐璧…長所。
(注4) 近路・千里…近路行者・千里浪子。本作品の著者と校者。
(注5) 隣を遷されし朝…孟母三遷の隣を選んだ故事から、学校へ通った朝の意か。
(注6) 一畝の民…小百姓。
(注7) 同社中の茶話…学友たちとの茶飲み話。
(注8) 牛喘を問うて時の政を知り…『蒙急』の「丙吉牛喘」の故事。前漢の宰相丙吉が、牛のあえぎで、陰陽の調和を察しようとした事。
(注9) 馬洗の音を聞きて阿字をさとり…「馬洗」は馬丁。『徒然草』百四十四段に見える、明恵上人が、馬を洗う男の「あしあし」という声を「阿字阿字」と聞いた話。密教では、一切諸法の理を「阿」の

字で示し、悟るを阿字観という。

（注10）鄙言…俗語。小説の文章をさす。

（注11）半夜の鐘声、深更を告ぐる…夜中の鐘。夜ふけるまで読書する習慣を作る意。

（注12）草沢…民間、田舎。

（注13）寛延己巳…一七四九年。

15　傍線部A「余」は「序文」の中で自分以外の人物が、『英草紙』を書いたと話しているが、実際にはそれらの人物は「余」と同一人物と考えられる。傍線部ア～オの中で「余」と異なる人物を、①～⑤の中から一つ選びなさい。

①　ア　足下

②　イ　近路行者

③　ウ　君子

④　エ　両生

⑤　オ　十千閣の主人

16　傍線部B「素心」の意味として適切なものを、①～⑤の中から一つ選びなさい。

①　安心

②　無心

③　苦心

④　用心

⑤　本心

17　傍線部C「ここに足らざれば、かしこに余あり」の意味と同じような四字熟語で、最も適切なものを、①～⑤の中から一つ選びなさい。

①　一長一短
②　一期一会
③　一朝一夕
④　一喜一憂
⑤　一進一退

18　傍線部D「花なき」とは「華がないこと」という意味になるが、なぜ「華がない」のか、その理由としてふさわしくないものを、①～⑤の中から一つ選びなさい。

①　田舎もので都会の流行を知らないから。
②　風雅の詞に疎く世俗的だから。
③　執筆時の時節にふさわしくないから。
④　歌舞伎の草紙に似ていないから。
⑤　滑稽の道をわきまえていないから。

19　本文の内容に合致するものとして最も適切なものを、①～⑤の中から一つ選びなさい。

①　隣家の方正先生と酒を飲んだ余が、「『荘子』や『源氏物語』、『徒然草』には教訓・人情やすばらしい趣があるが、『英草紙』は青雲の志を持った者には価値がない」と言っている。
②　方正先生と酒を酌み交わしている余が、「先生のおっしゃるとおり、『英草紙』は世間への教訓を含ん

だ価値ある書物である」と言っている。

③　隣家の方正先生が、余に、「青雲の志を持っているのなら、『英草紙』のような遊びの書物にも目を通すべきだ」と言っている。

④　隣家の方正先生と酒を酌み交わしながら、余が、「釈迦や荘子の話すことは教訓になるが、俗語も世間への教戒となる」と言っている。

⑤　隣家の方正先生が余に、「将来を考えているなら『英草紙』のような小説を読まず、『荘子』や『源氏物語』、『徒然草』など人生の役立つ本を読みなさい」と言っている。

20　『英草紙』以降にできた作品を、①～⑤の中から一つ選びなさい。

①　『枕草子』

②　『雨月物語』

③　『伊曾保物語』

④　『方丈記』

⑤　『奥の細道』

（☆☆☆◎◎◎）

【四】次の漢文を読んで、後の問いに答えなさい。（ただし、設問の都合で訓点を省略した部分がある。）

陳(注1)康粛公尭咨善射、当世無双。公亦以此A自矜。嘗射於家(注2)圃。有売油翁、釈(注3)担而立(注4)、睨之。久而不去。見其発矢十中B八九、但微頷之。

康粛問曰、「汝亦D知射乎。C吾射不精乎。」翁曰、「無他。但手熟爾。」康粛忿然曰、「E爾安敢軽吾射。」翁曰、「以我酌油知之。」乃取一葫蘆(注5)置於地、以銭覆其口、徐以杓酌油瀝之。自銭(注6)孔入、而F銭不湿。因曰、「我亦無他。惟手熟爾。」康粛笑而遣(注7)之。此与荘(注8)生所謂解(注9)牛斲(注10)輪者何異。

（欧陽脩『帰田録』より）

（注1）陳康粛公尭咨…陳尭咨。北宋前半の政治家。康粛は諡。
（注2）家圃…家の庭。
（注3）釈担…かついでいた荷をおろす。
（注4）睨…それとなくうかがい見る。
（注5）葫蘆…ひょうたん。
（注6）銭孔…銅銭の穴。
（注7）遣…ゆるして立ち去らせる。
（注8）荘生…荘子。
（注9）解牛…『荘子』養生主篇に見える牛の解体に熟練した料理人の話をさす。
（注10）斲輪…『荘子』天道篇に見える車輪作りに熟練した車輪大工の話をさす。

21　傍線部A「自」B「中」と同じ意味の「自」「中」を含む熟語の組み合わせとして最も適切なものを、①～⑤の中から一つ選びなさい。

①　A　出自　　B　中心
②　A　自明　　B　中核
③　A　自然　　B　最中
④　A　自覚　　B　命中
⑤　A　自負　　B　中庸

22　傍線部C「吾射不亦精乎」の意味として最も適切なものを、①～⑤の中から一つ選びなさい。

① わしの弓はうまいもんだろう。
② わしの弓はまだまだろう。
③ わしの弓よりおまえの方がうまいと思うか。
④ わしの弓はなんといい弓ではないか。
⑤ わしの弓が下手だというのか。

23 傍線部D「但手熟爾」の解釈として最も適切なものを、①~⑤の中から一つ選びなさい。
① 観る人がいたために気が引き締まり、うまくいったに過ぎない。
② 長年の繰り返しにより、手の感覚でコツを覚えているだけだ。
③ 長年の努力によって、優れた技術を身につけることができた。
④ あなたはどんな鍛錬を積んできたのか、是非知りたいものだ。
⑤ 熟練した技量は、その道を極めた者だけが理解できるものだ。

24 傍線部E「爾安敢軽吾射」の書き下し文として最も適切なものを、①~⑤の中から一つ選びなさい。
① 爾安くんぞ敢へて吾が射を軽んずるや(と)。
② 爾り安し。敢へて吾が射を軽んずる(と)。
③ 爾り安し。敢へて吾が射を軽んぜよ(と)。
④ 爾安くにか敢へて吾が射を軽んずるや(と)。
⑤ 爾安くにか敢へて吾が射を軽んぜよ(と)。

25 傍線部F「康粛笑而遣之」とあるが、「康粛」は、どうして笑って許したのか、その理由として最も適切なものを、①~⑤の中から一つ選びなさい。

① 商売上、手際よく油を注ぐことと、弓の極意とを比べて腹を立てたことがばかばかしくなり、思わず笑ってしまったから。
② 卑俗なことであっても、長年の経験によって身に付けた技には、深遠な物事の道理に通ずるものがあると気づいたから。
③ 油を上手に注ぐことも弓の道を極めることも人間として同等の尊い行為である、と政治家としての本分を取り戻したから。
④ 翁の完璧な技を見せつけられて、弓では一割もはずすことのある自分の未熟さを思い知らされ、思い上がりに気づいたから。
⑤ 高遠な弓の道で熟練の技を磨いてきた者として、油売りごときの戯言に耳を貸すことは自らの沽券にかかわると思い直したから。

（☆☆◎◎◎）

解答・解説

【中高共通】

【一】 1 ② 2 ③ 3 ④ 4 ① 5 ⑤ 6 ② 7 ④

〈解説〉1 傍線部Ⅰ「あたかも」は「あたかも～のような」と、一定の言い方を述部に要求する陳述副詞。傍線部Ⅱ「この」は体言を修飾する連体詞。傍線部Ⅲ「これ」は活用がなく、主語となりうるので代名詞。傍線部Ⅳ「むしろ」は用言を修飾し、修飾する語の性質や状態の程度を表す程度副詞。 2 傍線部Ⅴは「想起」。選択肢は、①壮観、②相応、③構想、④宗匠、⑤早晩。 3 ア 「経験」は本文の内容から論外。「目線」は「視線」の俗語、同意とされる。しかし「同じ目線に立って」というが「同じ視線に立って」とは言わない。また「熱い視線」とはいうが「熱い目線」とは言い難い。本文七行目「地面に突っ伏してレンズを向けるカメラマンのポジション」とあるように、筆者は「目線」をポジション、目の向く方向という意味合いを持って使っている。一方「視線」は七段落にあるように目に映ったもの、観ている対象と目を結ぶ線という意味でとらえている。 イ 直後にある「とらわれる」とは感情や考えが拘束されて自由に発想ができなくなることなので「感覚」では弱い。現実には戦場にいないのに、まるで実際にそこにいるかのように錯覚するのである。 ウ 一行後に「スピルバーグが、現実を、出来事を再現することは可能だと素朴に信じているのではないか」とある。 エ 一行後に「〈出来事〉を再現するリアリズムとは、彼にとって、ひたすら技術的次元の問題なのではないだろうか。」とある。「技術的次元の問題」とはつまり「技術的にうまく再現できるかできないか」ということであるので「巧拙(うまいこととへたなこと)」が当てはまる。 4 「逆説」とは「一見矛盾しているようにみえて、実は真理を言い表しているもの」という意味。恐竜の描写を「リアルだ」と語ることが本物の恐竜の存在を思い起こさせ、その結果「リアル」ではないことを語ることになってしまう、という矛盾した状態を述べているので「逆説的」が当てはまる。　5　他の選択肢は六段落の「『プライベート・ライアン』の戦場もまたフェイクである。そして、私たちが感じる戦場のリアリズムとは、このフェイク、虚構に支えられている」という本文の内容に合わない。　6　①、③、④の内容は本文中に述べられていない。⑤は「カメラに映った世界と、カメラマンが体験する戦場は決して同じではないはずだ」という本文の内容に反する。
7　筆者は、スピルバーグは「再現不能な〈現実〉」を否認し、「再現できるものしか再現」していない、と述べているので「技術によって両者を再現している」という①、「迫真のリアリズム」という③、「共に真実を描こうとするスピルバーグの欲望」という⑤は不適切。②については、本文に「論理的な説明は不要である」とは述べられていないので不適切。「言葉では説明できない〈出来事〉」の否認がスピルバーグのリアリズムの欲望と結びついている、と述べているのである。

【二】8　②　9　③　10　②　11　⑤　12　③　13　④　14　①

〈解説〉8　傍線部Ⅰ「急に」は自立語で活用し、言い切りの形が「急だ」となるので形容動詞。これと同じになるのは言い切りの形が「盛んだ」となるイである。アは「単だ」とはならないので形容動詞ではなく副詞。ウは「ひいき」という名詞に助詞「に」がついたもの。エ「割合だ」とはならないので形容動詞ではなく副詞。オは「使う」という用言を修飾している副詞。　9　傍線部Ⅱ「写経」の述語(写す)＋目的語・補語(経を)と同じ構成となるのは、述語(殉ずる)＋目的語・補語(職に)の構成の③である。①は上の「未」が下の語の意味を打ち消している。②と④は上の語と下の語が対義。⑤は上の語が下の語を修飾する。　10　傍線部Aの時点でのまきの心情という点に注意する。八行後に「私は老婢がさんざん小言を云ったようなきっかけで却って老婢の心にあの少女が絡み、せめて少女の名でも口に出さねば寂しいのではあるまいかとも推察した」とある。「私」の推察ではあるが、さんざん云った小言がもとで、まきにはひろ子が特別な存在となってきたのである。よって傍線部Aの時点では単なる「小言」としての言葉ととらえる。　11　「私」はまきが「少女の名でも口に出さねば寂しいのではあるまいか」と推察し、その気持ちを汲んで「老婢の拙ない言訳も強いて追及せず」、「取り做してやった」のである。　12　「私」は「不便を忍んで少女の店へ茶を求めに行く」まきの、ひろ子に会いたいという気持ちを汲みとっている。そして二人の関係を「孤独が孤独を牽くのか」と考え、「老婢とその少女とが店で対談する様子」を見てみたくなっていたのである。　13　まきが何を思い入ったのかは傍線部Dの後にまきの言葉で直接に述べられている。「今日のように伯母夫婦に気兼ねするんじゃ、まったく、あれじゃ、外へ出て悪戯でもしなきゃ、ひろ子も身がたまりませんです」この部分を読めば、まきが「伯母夫婦に気兼ねする」ひろ子の置かれた境遇に対して思い入っていることがわかる。①は言い過ぎ。「どうすれば幸福なものに変えてやれるか」とまでは言っていない。②について、「荒れた社会」ではない。③について、ひろ子の機敏さではなく境遇を思っている。⑤について、ひろ子の悪戯の原因のみに思い入っているのではない。　14　それぞれの作家と活動時期は、①安部公房(昭和中・後期)、②山崎豊子(昭和中期~平成25年)、③宮尾登美子(昭和後期以降)、④有吉佐和子(昭和中・後期)、⑤林芙美子(昭和初期)。

【三】15　③　16　⑤　17　①　18　③　19　④　20　②

〈解説〉15　ア　「足下」は人に対する敬称で「あなた、きみ」という意。ここでは「方正先生」が「余」に対して言っている。　イ　「近路行者」は(注4)からも本作品の著者とわかる。　ウ　「君子」は「賜覧の君子」とあり、ご覧いただく君子、つまり読者をさす。　エ　「両生」は両人、つまり近路行者と千里浪子のことである。オ「十千閣の主人」は「筆を操る」という述語を見ても筆者であることがわかる。16「素心」とは「飾り気のない心」のことである。17「ここに足らざれば、かしこに余あり」とは「短所があれば長所もある」ということである。その後に「聞を悦ばすべきなければど(聞いておもしろいことはないが)」、「其の文俗に遠からず(その文は俗文とあまり違わず一般向きだ)」、「市街の通言をしらず(都会の通言を知らない)」、「幸にして歌舞妓の草紙に似ず(幸い歌舞妓の読み物に似ていない)」と長所と短所をそれぞれ述べている。18①、②、④、⑤の内容はすべて傍線部Dの前にあるが、③の内容については述べられていない。19①は「『英草紙』は青雲の志を持った者には価値がない」という部分が誤り。「余」は方正先生に英草紙が価値あるものであることを述べている。②と③について、方正先生は「此の遊戯の書に目を厭ふべし(こんな遊びの書物は見るべきではない)」と言い、『英草紙』の価値を否定している。⑤で『荘子』『源氏物語』『徒然草』といった書物を話題にあげているのは「余」である。20　本文中の「歌舞妓」「滑稽」などの言葉で『英草紙』が江戸時代に書かれたものとわかる。『英草紙』の作者都賀庭鐘は江戸時代中期に活躍し、読本の祖と呼ばれ、上田秋成著『雨月物語』に大きな影響を与えた。①は平安時代中期、③と⑤は江戸時代前期、④は鎌倉時代末期の成立。

【四】21　④　22　①　23　②　24　①　25　②

〈解説〉21「自」の主な意味は「より(〜から)」「みづから(自分で)」「おのづから(自然と)」の三つ。傍線部Aは「みづから」。①「出自」は「〜より出ず」で生まれた家柄・血統・土地などのこと。②「自明」はおのずから明らかなこと。③「自然」はおのずからそうであるということ。④「自覚」はみずから自分の動作や状態を悟ること。⑤「自負」はみずから自分の能力などをたのみとすること。傍線部Bの読みは「あへツルヲ」。「中」

には命中させるという意味がある。①「中心」、②「中核」、③「最中」は物事の範囲の内側を意味する「中」、⑤「中庸」は程度が中くらいの意の「中」の用例である。 22 「射」は弓を射ること。「不亦～乎」は「なんと～ではないか」となる詠嘆形。よって傍線部Cは「私の弓を射る腕前はなんと正確ではないか」と訳す。23 「但～爾」は「ただ～だけだ」と訳す限定形。「熟」は「慣れる」という意味なので「ただ手慣れているだけだ」と訳す。 24 傍線部Eは康粛が自負していた弓の腕前を売油翁に「手慣れているだけだ」と言われ、かっと怒って言った言葉である。「爾」は「なんぢ(あなた)」「安～」は「いづくんぞ～する(どうして～するか)」「敢」は「あへて(進んで～しようとする)」。訳すと「おまえはどうして私の弓の腕前を軽んずるのか」となる。 25 康粛は売油翁の道理にかなった説明に反論の言葉もなかった。さらには「手が熟す」ということが超越した技術につながることを認め、売油翁を尊重したのである。直後に『荘子』に見える二つのエピソードを引き合いに出していることにも注目する。

二〇一四年度　実施問題

【中高共通】

【一】次の文章を読んで、後の問いに答えなさい。(ただし、ふりがなについては削除した箇所がある。)

此頃になって、ここ信州の山も、やっと夏らしい表情を取り戻したようにみえる。普段なら、避暑地とはいえ、日中はかなりの暑さだが、今年は、七月半ばに、まるで冬のような冷たい氷雨が降り、気温も十三、四度程にしか上がらないような日が、幾日か、あった。気象観測衛星が天候の様子を仔細に分析して、予報はかなり正確になったとはいいながら、だがそれも余り当てにはならなかった。

科学は物質やエネルギーを究め、新しい情報科学のエポック(注1)を迎えたにもかかわらず、人間にとっての未知は、まだ量りしれないほどに大きい。人間の手が及ばぬもの、人間が制御しえないものがまだ多く残されてあることに、だが、ほっとした思いもする。

風が起こり、霧がはれて、山がⅠ忽然と青黒い姿を顕すと、はたしてそれはこれまでもずっとそこに在ったのだろうかと、新たな驚きにとらえられる。そんな時に、私は、自分のなかで、音楽へ向かって、なにかが動きはじめるのを覚える。こうしたⅡカンキョウは、かならずしもなにかの対立が生みだす劇的情動といったものではないだろう。自然界には、目に立つ激しい変化もあれば、目には見えないが変化し続ける様態というものがある。私は、その中で、どちらかといえば、目に見えないものに目を開き、それを聴こうとする人間かもしれない。

人間の認識というものは、一様 Ⅲ ではなく、多次元に亘(わた)っている。したがって私が感じとったものが、それが直ちに、同様に、他人のものとはなりえないだろうと思っている。だが、私は、ひとりではない。私は生きているが、また同時に、生かされてもいるのだ。何に、また誰によって？

　私の音楽は、たぶん、その未知へ向けて発する信号（シグナル）のようなものだ。そして、さらに、私は想像もし、信じるのだが、私の信号が他の信号と出合いそれによって起きる物理的変調が、二つのものをそれ本来とは異なる新しい響き(調和（ハーモニー）)に変えるであろうことを。そしてそれはまた休むことなく動き続け、変化し続けるものであることを。したがって私の音楽は楽譜の上に完結するものではない。むしろ【　ア　】だ。

　だがこれは西洋の芸術志向とはかなり違ったものであるように思う。西洋音楽に深い憧憬をもって接し、それを究めようと作曲を生業としてきた者としては、随分大きな矛盾を抱えてしまったことになる。だがいまやそれは、安直に溶解できるようなものではない。果てしなく大きく膨れ続けている。

　もしかしたら日本の(東洋の)作曲家は、誰しも、そうした矛盾を内面に抱えているのではないだろうかと考えるのだが、それしも断定はできない。私は日本を代表する作曲家でもなければ「日本」の作曲家でもない。日本に生まれ、育ち、この土地の文化の影響を多く蒙っていることを充分に自覚しながら、そして、それが不可能であることを知りつつも、そうした枠から自由でありたいと思っている。

　「日本」の(西洋音楽)作曲家という特殊性で見られることが最近は随分少なくなってきたが、それでも国外では、未だに、そうしたA居心地悪い思いをすることがある。人間の理解の幅は、こんな時代になっても一向に拡がらず、深まっていないように感じられるが、変化の兆しが無いわけではない。情報科学の進化は、量的なものから質的なものへ向かって変化しているのは疑いようもない事実だし、異なる文化はグローバルな文化へ早急に統合されそうな気配すらみせはじめている。だがそれは、これもまた矛盾するようだが、かならずしもそう簡単に実現されるべきものではないだろう。安易な統合（ユニファイ）が生みだすものは一体どんなものだろう？　起こりえないだろうことと解りながらも、単純にならされた均質の文化など、考えるだに恐ろしい。

　私たち日本の(西洋音楽)作曲家が、自分のものとは異なる伝統文化に育った西洋近代音楽を学び実践していることの(西洋人とは異なる)有利は、B他者の眼で私たちが生まれ育った地域の文化を、その内から、見ることが出来るということではないだろうか。その文化は、国家というような制度や観念とは無縁で、自由な(地球上の)一地域の、確固として生き、また変化し続けるものとして把握されなければならないはずのものだが――。そして、ほんとうの(国際間での)相互理解は、そこからしか始まらないのではないだろうか。

　それにしても「人間」がそれぞれに自立した自由な人間になるためには、殆ど無限の時間(とき)が必要だろう。矛盾を抱え、打ちひしがれそうになりながら、なお私が音楽を止めないでいるのは、その無限の時間(とき)を拓く園丁(注2)のひとりでありたいという希望を捨てきれずにいるからだ。

　山に動じ、とりとめない感慨に耽っていると、たちまちに時間は過ぎ、山は再び雲に蔽われて、視界から消えた。

(武満徹「未知へ向けての信号」)

(注1)　エポック・・・画期的な時代。新時代。

(注2)　園丁・・・・・庭園を造り、その手入れをする人。

1　傍線部Ⅰ「忽然と」の意味として最も適切なものを、①～⑤の中から一つ選びなさい。

①　はっきりと

②　ゆったりと

③　にわかに

④　おのずと

⑤　ぼんやりと

2　傍線部Ⅱと同じ漢字を含むものを、①～⑤の中から一つ選びなさい。

カンキョウ

①　苦しいキョウチに立たされる。
②　平和をキョウジュする。
③　バッハのピアノキョウソウ曲を聞く。
④　彼の意見にキョウメイする。
⑤　同窓会にキョウシュを添える。

3　空欄【　ア　】に入る語句として最も適切なものを、①～⑤の中から一つ選びなさい。

①　それを危惧する意志
②　それを拒む意志
③　それを喜ぶ意志
④　それを帰す意志
⑤　それを認める意志

4　傍線部Ⅲ「で」と同じ品詞のものを、①～⑤の中から一つ選びなさい。

①　彼女は聡明で明朗な方だ。
②　おそらく明日は雨であろう。
③　筆ではなく、ペンで書かれたものだね。
④　彼は、必ずしも賢人ではない。
⑤　勇作は、喜んで走り去った。

5　傍線部A「居心地悪い」について、筆者がこのように考える理由として最も適切なものを、①～⑤の中から一つ選びなさい。

① 日本に生まれ、この土地の文化の影響を受けながら、日本の作曲家としての自覚を持って活動しているのに、外国では認めてくれないことがあるから。
② 自分の音楽活動には、日本の文化よりも西洋の文化を多く取り入れているのに、外国の人々はそれを理解せず、日本人という固定観念で見ることが多いから。
③ 日本と西洋の音楽的な統合を目指して作曲活動を続けているのに、その姿勢が国外でも国内でも理解されないことがあるから。
④ 文化についても西洋と東洋の枠を越えてグローバルな統合がされつつあるのに、音楽活動については早急な対応が実現されないでいるから。
⑤ 作曲家として日本という地域に束縛されたくないと思っているのに、国外では日本の西洋音楽作曲家という狭いとらえ方をされることがあるから。

6　傍線部B「他者の眼」の説明として最も適切なものを、①～⑤の中から一つ選びなさい。

① 西洋音楽の作曲家として、日本の音楽の立場よりも西洋の音楽を絶対化してみていこうとする視点。
② 西洋の音楽を作曲はしているものの、やはり日本の音楽の立場を根本にしていこうとする意欲的な視点。
③ 日本人として日本文化の影響を受けながらも、西洋音楽の作曲家として学び、実践していこうとする相対的な視点。
④ 西洋の音楽と日本の音楽の融合したものをもとにして、これからの世界を捉えようとする広い視点。

⑤　西洋音楽の具体化によって、日本の音楽を普遍的に捉えようとする作曲家としての使命に基づいた視点。

7　本文の内容説明として最も適切なものを、①～⑤の中から一つ選びなさい。

①　情報科学の進化は異なる文化を均質な文化にするという評価できる点もある。
②　筆者が考える音楽は未知への信号であり、その固有性をなくしてはならない。
③　国際間での相互理解のためには、地域の文化を深く理解しなくてはならない。
④　作られた楽曲は、他者との出会いを通して、絶えず変化し続けるものである。
⑤　日本人として西洋音楽の作曲に取り組むには、外国人としての視点が求められる。

（☆☆☆◎◎◎）

【二】次の文章は、幸田文「雛」の一部である。文章を読んで後の問題に答えなさい。

（初めての子どもをもった「私」は、その子の初の節句にできるだけ調えてやりたいという一心で雛遊びの準備を進めていた。）

人形が調えば欲はなお拡（ひろ）がって、子ども用の小さい座蒲団（ざぶとん）もほしくなる、膳椀重箱（ぜんわんじゅうばこ）の類（たぐい）も特別かわいいのが揃えたい、それもみな手に入れればあとは雛壇（ひなだん）と鴨居（かもい）の空間を工夫したくなる。そこが明（あ）いていては、せっかくのお雛さまの﨟（ろう）たけた顔も綺羅（きら）びやかな衣裳（いしょう）もむきだしな浅い感じがして気に入らない。ここへ蔭（かげ）をつくるものがほしい、幕がほしい、幕もできあいの定紋幕（じょうもんまく）などは芸がない、もし萌黄（もえぎ）に牡丹桜（ぼたんざくら）を影（かげ）ひなたに浮（う）かせて染めたらと考えつくと、それがないのはまぬけの骨頂をさらしているようにおもわれて来る。染物屋が呼ばれ、時間的な無理を承知のうえで強引に縮緬（ちりめん）の幕が註文（ちゅうもん）された。

　私にはよくし尽したい心が、あらい弾みをつけて脈うっていた。天井には桃の造花を、障子ぎわにはずっと菜の花を生けて、毛氈はきぱっと新しく紅い。料理も手筈がついている。献立がきは紅縁をとった紙へわざと自分で書いた。招いた客は夫の母、私の父母の三人だけ、子どもにとってはおじいちゃまおばあちゃまたちである。あすになるのを待つばかりに用意ができあがっていて、染物屋がまだだった。催促の電話をしたのがもう夕がただというのに、主人も細君もひるすぎに出たまま戻っていないという。話のわかる人を出してくれと押して云えば、それもみな出ていてうちには一人もいないと不得要領である。Ⅰバンタンかわいらしく調った雛の部屋は、幕のあるべき空間だけが嘲笑的に大口を明けて、その口のなかに女雛の(注1)瓔珞の南京玉がかすかに紅く揺れ青く光っていた。そして、それがまたAいらついた神経にはやけにたまらなかった。九時を過ぎると私はもう待たなかった。間にあわないかもしれない無理な註文である、あしたの朝もこのままだった場合の応急処置を考え、使を出して芸もないできあいのを買うか、うちにあるあり布でなんとかするか、とにかく今となっては間にあわせしかない、心ゆくようなことができないのは明らかだった。うちのなかは不愉快に沈んで、ひるまはあんなにはしゃいでいた子守の娘までが、しゅんとして控えめに閂をかけに起って行った。火鉢を埋めて、着がえの足袋を脱いでいると、どどどと門を叩かれた。ひとすじの予期を残していたことだのに、私と小女とはぎょっと眼を見あわせた。

「ご註文を持って参じました」と云う、この染物屋特有の古くさいことばぐせが、Ⅱうさんでない証明をしていたが、玄関の燈へ自転車ごとはいって来た顔は、まるでいつものものではなかった。口のまわりは無精髭で黒く、小鼻がぐっと落ちて、憔悴が眼だっていた。うっかり、どうしたのとも訊かせないくらいいかつい眼いろのくせに、からだじゅうに疲労が溢れて、しかも茶の間へ通ると遅延の詫をしち面倒に述べている。

「急ぎのおしごとでしたが染めのあがりはよろしゅうございます。念のためお改めいただきますよう。」畳へぱっと桜が散って眼に鮮かだったが、なんだか空々しいその云いぶりがかえってひるまから待った私のじれったさを堪え性なくした。

「どうしたの。こんなに遅く、どうかしたんでしょ。」

染物屋はぎりっとこちらを見たが、「へえ」と云って黙った。

1染物屋は共稼ぎで女房がしたて屋である。腕がよくて気象が強くて、だからしろうとの弟子はとらないが将来くろうとで身を立てようという娘だけは預かって、それがいい加減大勢だという。東男に京女の逆で関東娘に京男の夫婦であるが、中がよく、ただしごとのことになると両方が負けていない。きのうも子どもが朝からぐずついているのに、女房は稽古をしながら急ぎのしたてを抱えているので見てやらない、それがもとで口いさかいが始まる。云い負かされれば【　ア　】になりながら、亭主は子どもにおしっこをさせてやった。いくら機嫌をとっても子はべそべそと泣きやまない。「不断甘いからこんなときにもこいつが甘ったれて」と、つい女房へのむしゃくしゃが子へ行って、ちょうど裸になっているお尻をぴしゃっと一ッやっておいて外へ出てしまった。子どもは一ト晩じゅうぐずついてけさは発熱していた。抱いてもおぶっても泣きしきるし、やっとつかまり立ちの小ささではことばもはっきりしない。医者をひる近くに呼んでみると、夫婦ともはっとしたことに、主人の平手打ちは五本の指の区別もくっきりと小さいお尻のうえに赤痣をつくっていた。医者は、針だと、ぞっとした診断をした。針のある上を運わるくぶったのである。それから大騒ぎになって、お針子はいっせいに入院のしたくをばたばた手伝う、気の強い女房はがっくりとものの役にたたないショックである。口も八丁手も八丁の女房に追いまくられがちの亭主が、いつも口いさかいの最後に云うことは、「子どもが大きくなるまで、針さえ気をつけていれば、まあどんな口っぱじけも我慢して聞いておいてやる」というのだったからである。入院と同時に手術がおこなわれ、太短い木綿針は腰の骨へ食いついて頭が折れていた。2骨が削られた。

「……手術室の扉に何度も耳を押しつけてみたのですが、声も聞えませんでして、……でもまあ無事に済みまして、そんなわけで……」と云う。つぎ足した炭がかっかとおこって一酸化炭素の臭いが浮動した。肩がすっかりつまって私は聴いていた。

三月とは云え、はいったばかりの二日である。自転車のライトは暗く横町を曲って染物屋は消えて行った。霜が降りるとか凍がしばるとかいうのはこんな大気をいうのだろうか。見送るこのちょっとのひまに余寒のきびしさが凝った肩へびっしりと乗っていた。B寒さは、重いと感じ、あすの雛遊びに父母を招ぶ楽しさは一角がぽろんと崩れてしまったおもいだった。

翌日、三人のとしよりは半日を楽しんでくれた。私の苦心したところをそつなく捜しだして、三人三様のことばで褒めてくれた。お清書を出して三重まるをつけて返してもらったようなものだった。ことに三人が一様にみごとだと云ったのは幕だった。そうでなくてもそこにいる自分の子を見ると染物屋の手術を受けた子のことがおもわれるのに、幕うんぬんと褒められるのはちくちくと痛いことだった。私はその話をしないでおいた。

またその翌日、里から電話があった。むろん招待の礼も云われたのだが、手がすいていたら一人で来るようにと、これはⅢ大旦那さまからのおことづてですと云う。なんの用だか見当はつかなかったが、叱られるのだという直感があった。

（幸田文「雛」）

（注1）瓔珞・・・珠玉や貴金属を編んだ装身具。

8 傍線部Ⅰと同じ漢字を含むものを、①～⑤の中から一つ選びなさい。
バンタン
① 彼のコンタンは見抜かれていた。
② 真理をタンキュウする。
③ タンゴの節句を祝う。
④ タンジュンに考える。
⑤ タンセイをこめて作る。

9 傍線部Ⅱ「うさんでない証明」の意味として最も適切なものを、①～⑤の中から一つ選びなさい。
① 夜遅くに訪ねてきた者が、怪しいものではないという証明。
② 夜遅くに訪ねてきた者が、落ち着いていないという証明。
③ 夜遅くに訪ねてきた者が、高慢ではないという証明。
④ 夜遅くに訪ねてきた者が、時代の流れに敏感ではないという証明。
⑤ 夜遅くに訪ねてきた者が、腹を立てていないという証明。

10 空欄【 ア 】の中に入る言葉として最も適切なものを、①～⑤の中から一つ選びなさい。
① 側目
② したり顔
③ 閉口
④ 中っ腹
⑤ 空耳

11　傍線部A「いらついた神経にはやけにたまらなかった。」とあるが、この時の「私」の心情の説明として最も適切なものを、①～⑤の中から一つ選びなさい。

① 染物屋に幕の催促をしようにも主人や細君、話がわかる者への連絡がとれずにいるうえに、雛遊びの準備にぬかりがあると感じられ、馬鹿にされたような気がして我慢がならない気持ち。
② 嘲り笑うかのような雛壇と鴨居の空間にいらいらしているうえに、美しい瓔珞の南京玉が、何とかしてほしいと訴えているように感じ、連絡をしてこない染物屋を責める気持ち。
③ 一人でいろいろな準備を取り仕切り忙しくしているうえに、幕の準備が整わない可能性が濃厚になり、せっかくのお雛さまの美しい飾りが引き立たないことにどうにもやるせない気持ち。
④ 急ぎで幕を註文したにもかかわらず、出来ないなら出来ないで染物屋が何も連絡してこないことに腹を立てながらも、もともと時間的に無理な註文をした自分の傲慢さを後悔する気持ち。
⑤ 急ぎのことだと伝えてあるにもかかわらず、染物屋の主人も細君ものんきに外出していると思い立腹しているうえに、雛人形の飾りまでもがよそよそしく感じられ、努力が報われないつらい気持ち。

12　傍線部1「染物屋は共稼ぎ(ともかせ)で女房(にょうぼう)がしたて屋である。」から傍線部2「骨が削(けず)られた。」までにみられる表現上の特徴の説明として、最も適切なものを①～⑤の中から一つ選びなさい。

① 擬人的な表現を含む文や必要最小限の言葉を使った短い文を用いることで、染物屋の子どもに起こった事態の重大さが表現されている。
② 慣用句の言い方を逆にすることで、話の中に登場する人物の人間関係の弱さが端的に表現されている。
③ 全体的に「私」が染物屋から聞いた内容については過去形、「私」の既知の内容については現在形で表すことによって、一連の経過が緊迫感をもって表現されている。

④　染物屋の子どもの様子を表す文においては、必ず擬音語、擬態語が用いられており、子どもの苦しい様子や痛々しさが強調されている。
⑤　写生的な表現を通して、医者の診断が下された時の染物屋夫婦の様子が具体的に描かれている。

13　傍線部B「寒さは、重いと感じ、あすの雛遊びに父母を招ぶ楽しさは一角がぽろんと崩れてしまったおもいだった。」とあるが、この時の「私」の心情として、最も適切なものを①～⑤の中から一つ選びなさい。
①　翌日の雛遊びのすべての用意が整いはしたが、我が子のことしか考えていなかった自分の浅はかさについて悔い、染物屋の子どもが苦しい思いをしていたことについて責任を感じている。
②　翌日の雛遊びのすべての用意が整いはしたが、染物屋の子どものことや染物屋に遅くまでかかって幕を仕上げてもらった事情などを知らずに喜ぶであろう父母の姿を想像すると後ろめたさを感じている。
③　翌日の雛遊びのすべての用意が整いはしたが、子どものことを案ずる染物屋の思いは、いかばかりのものであったろうと思いやられ、同じ親の立場として反省し、染物屋の手前、明日の行事がふさわしくないと感じている。
④　翌日の雛遊びのすべての用意が整いはしたが、染物屋の話しぶりから、染物屋の子どもの詳しい事情も知らないでいた自分のことを責められているように感じて、せっかくの雛遊びが楽しくなくなったと感じている。
⑤　翌日の雛遊びのすべての用意が整いはしたが、自分のし尽くしたいという欲から無理な註文をし、子どものことで大変であったにも関わらず染物屋が幕を仕上げ届けてくれたことに申し訳なく思っている。

14　この作品は、幸田文の自伝的作品で、傍線部Ⅲ「大旦那(おおだんな)さま」は、明治時代を代表する作家をさすが、その作家が著した作品を①～⑤の中から一つ選びなさい。

①『金色夜叉』
②『五重塔』
③『硝子戸の中』
④『天地有情』
⑤『高野聖』

【三】次の文章は『俊頼髄脳』の一部である。次の文章を読んで、後の問い答えなさい。（☆☆☆◎◎◎）

［ Ⅰ ］
雪ふればあし(注1)げに見ゆるいこま山
［ Ⅱ ］
いつなつ(注2)かげにならむとすらむ

これは、ため(注3)まさが、河内の守にて侍りける時、雪の降りたりける朝に、つれづれ a なりければ、かみのさうしをたてこめて、郎党どもを呼びあつめて、酒などのみけるに、源(注4)の重之が、ものへまかるついでに、まうで来たりければ、よろこび騒ぎて、饗じける。おのおの酔ひて、さうしを押しあけて、眺めやるに、雪に埋れたる山の見えければ、「あれは、いづれの山ぞ」と、ア問ひければ、「あれこそは、高名のいこ(注5)まの山よ」と、ためまさがいひけるを聞きて、かくイ申したりけるを、たびたび詠じて、付けむとしけるに、いかにも、え付けざりけるけしきを見て、かくしあるきける、あやしのさぶらひの付けたり。げに、けしきの見えで、そらしはぶき高やかにして、人よりけに、ゐいでて、けしきしければ、重之見て、「かう(注6)ぶんたこそ、付けげに侍れ」

といひければ、ためまさ、「かたはらいたく、みぐるしき事なり[b]」と押しこめて、いはせざりければ、引き入りてやみにけり。なほ、ためまさ、え付けで、程すぎにければ、わびて、「さば申せ。いかに付けたるぞ」と問ひければ[ウ]、しばし、きそくしていはざりければ、重之、しきりにせめければ、いひいでたりけるに、ためまさ、[A]したなきしてあさみけり。重之、聞きけるままに、立ちて舞ひければ、えたへで[エ]、きぬぬぎて、かづけてける[オ]。まことに、さむげなりける[c]に、[B]きぬくれて、のけはりて出できたりけるけしき、いみじかりけりとぞ。

(注1) あしげ・・・葦毛。馬の毛色で白い毛に黒・濃褐色のさし毛のあるもの。
(注2) なつかげ・・・「夏陰」と「夏鹿毛」をかける。鹿毛は茶褐色で部分的に黒の交じるもの。
(注3) ためまさ・・・未詳。・河内の守、大江景理(かげまさ)と誤認したものか。
(注4) 源の重之・・・源重之。平安中期の歌人。
(注5) いこまの山(生駒山)・・・奈良県と大阪府の境にある山。
(注6) かうぶんた(幸文太)・・・国司の庁の下侍。

15 傍線部ア～オのうち、主語の異なるものを、①～⑤の中から一つ選びなさい。

① ア
② イ
③ ウ
④ エ
⑤ オ

16　空欄［　Ⅰ　］と［　Ⅱ　］にあてはまる人物として最も適切な組み合わせを、①〜⑤の中から一つ選びなさい。

①　Ⅰ　重之　　Ⅱ　ためまさ
②　Ⅰ　重之　　Ⅱ　かうぶんた
③　Ⅰ　かうぶんた　　Ⅱ　重之
④　Ⅰ　ためまさ　　Ⅱ　かうぶんた
⑤　Ⅰ　俊頼　　Ⅱ　ためまさ

17　傍線部a〜cの「なり」の文法的説明として正しい組み合わせを、①〜⑤の中から一つ選びなさい。

①　a　断定の助動詞　　b　伝聞・推定の助動詞　　c　断定の助動詞
②　a　断定の助動詞　　b　伝聞・推定の助動詞　　c　形容動詞の活用語尾
③　a　断定の助動詞　　b　断定の助動詞　　c　形容動詞の活用語尾
④　a　形容動詞の活用語尾　　b　断定の助動詞　　c　形容動詞の活用語尾
⑤　a　形容動詞の活用語尾　　b　断定の助動詞　　c　断定の助動詞

18　傍線部Aの口語訳として最も適切なものを、①〜⑤の中から一つ選びなさい。

①　舌打ちをして、その出来栄えに驚いた。
②　舌打ちをして、彼のことを軽蔑したそうだ。
③　後悔の涙を流し、自分の態度を謝った。
④　後悔の涙を流し、自分を恥ずかしく思った。
⑤　涙をこらえ、その出来栄えに感動した。

19　傍線部Bについて、誰に対するどういう気持ちを表わしているか、最も適切なものを、①～⑤の中から一つ選びなさい。

①　虚勢を張って空威張りしていた、ためまさの様子を非難している。
②　寒空に無理をして衣を脱いだ、重之のやさしい態度に感謝している。
③　寒空に衣を与え、胸を張って堂々とした態度の重之を褒めている。
④　褒賞をもらい、胸を張って嬉しそうに帰るかうぶんたの姿を喜んでいる。
⑤　慰めてもらい、落ち込んで屋敷から退出するかうぶんたに同情している。

20　この『俊頼髄脳』と同じ時代の作品とその作者の組み合わせとして正しくないものを、①～⑤の中から一つ選びなさい。

①　『無名抄』　鴨長明
②　『十六夜日記』　阿仏尼
③　『愚管抄』　慈円
④　『近代秀歌』　藤原定家
⑤　『毎月抄』　後鳥羽院

(☆☆☆◎◎◎)

【四】次の漢文を読んで後の問いに答えなさい。（ただし、設問の都合で訓点を省略した部分がある。）

晋(注1)安帝時、侯(注2)官人謝端、少喪父母、無有親属。為隣人所養。至年十七八、恭謹自守、不履非法。始出居(注3)、未有妻。隣人共愍(注4)念之。規為娶婦、未得。端夜臥早起、躬(注5)耕力作、不舎昼夜。

後於邑下、得一大螺(注6)。如三升壺。以為異物、取以帰、貯甕中。畜之十数日、端毎早至野、還見其戸中、有飯飲湯火、如有人為者。端謂隣人為之恵也。

数日如此。便往謝隣人。隣人曰、「吾初不為是。何見謝也。」端又以隣人不喩其意。然数爾不止。後更実問。隣人笑曰、「卿已自取婦、密著室中炊爨、而言吾為之炊［A］。」端黙然心疑、不知其故。

後以鶏鳴出去、平早潜帰、於籬外窃窺其家中。見一少女、従甕中出、至竈下燃火。端便入門、径至甕所視螺、但見殻。

（『捜神後記』）

（注1）晋安帝・・・・・東晋の皇帝。三九六～四一八在位。
（注2）侯官・・・・・・県名。今の福建省福州市。
（注3）出居・・・・・・隣人の家を出て独立する。
（注4）愍念・・・・・・ふびんに思う。
（注5）躬耕力作・・・・一生懸命、農作業に励む。
（注6）螺・・・・・・・たにし。
（注7）籬・・・・・・・垣根。

21　傍線部a「異物」と傍線部d「平早」の意味の組み合わせとして最も適切なものを、①～⑤の中から一つ選びなさい。

①　a　異なったもの　　d　夜中
②　a　異なったもの　　d　昼前
③　a　珍しいもの　　d　昼前
④　a　珍しいもの　　d　夜明け
⑤　a　すばらしいもの　　d　夜明け

22　傍線部b「謝隣人」とあるが、なぜ隣人に礼を言ったのか、その理由として最も適切なものを、①～⑤の中から一つ選びなさい。

①　隣人がいつも自分にあいさつをしてくれるから。
②　隣人が自分のために螺を授けてくれたと思ったから。
③　隣人が自分のために食事の用意をしてくれたと思ったから。

④ 隣人が自分のために甕を用意してくれたと思ったから。

⑤ 隣人が自分の野良仕事を手伝ってくれたから。

23 傍線部c「何見謝也」の意味として最も適切なものを、①～⑤の中から一つ選びなさい。

① どういう言葉で謝ってくれたの。

② いいえ、私が感謝をされてもねえ。

③ 私が何で感謝しなければならないの。

④ どうして私が謝られなくてはいけないの。

⑤ 何を見てお礼を言っているのですか。

24 空欄 A にあてはまる文字として最も適切なものを、①～⑤の中から一つ選びなさい。

① 矣　② 焉　③ 寡　④ 耳　⑤ 耶

25 傍線部e「見一少女、従甕中出、至竈下燃火。」の返り点の付け方と書き下し文の組み合わせとして最も適切なものを、①～⑤の中から一つ選びなさい。

① 返り点　**見二一少女一、従二甕中一出、至二竈下一燃レ火。**

書き下し文　一少女を見て、甕の中より出だし、竈の下に至りて火を燃やす。

② 返り点　**見二一少女一、従二甕中一出、至二竈下一燃レ火。**

書き下し文　一少女を見て、甕の中より出だし、火を燃やして竈の下に至る。

③ 返り点　**見下一少女、従二甕中一出上、至二竈下一燃レ火。**

書き下し文　一少女の、甕の中より出づるを見て、竈の下に至り火を燃やす。

④　返り点　**見㆘一少女、従㆓甕中㆒出、至㆓竈下㆒燃㆖火。**

書き下し文　一少女の、甕の中より出で、火を燃やして竈の下に至るを見る。

⑤　返り点　**見㆘一少女、従㆓甕中㆒出、至㆓竈下㆒燃㆖火。**

書き下し文　一少女の、甕の中より出で、竈の下に至り火を燃やすを見る。

（☆☆☆◎◎◎）

解答・解説

【中高共通】

【一】1 ③　2 ⑤　3 ②　4 ①　5 ⑤　6 ③　7 ④

〈解説〉1 Ⅰ「忽然」とは、「たちまち、にわかに、突然」という意味。　2 Ⅱ「カンキョウ」は感興であり、①は「境地」、②は「享受」、③は「協奏」、④は「共鳴」、⑤「興趣」である。　3 全選択肢中にある「それ」は前文にある「私の音楽は楽譜の上に完結する」であり、前文で「それ」を否定していることから、「拒む意志」が適当な表現である。　4 Ⅲ「で」は形容動詞「一様だ」の連用形の活用語尾である。②④は断定の助動詞「だ」の連用形の活用語尾、③は格助詞、⑤は過去の助動詞「た」がバ行五段活用の「喜ぶ」の連用形「喜び」に接続して撥音化して「喜んだ」と濁音化した形である。　5　筆者は前段落で「(私は)日本に生まれ、育ち、この土地の文化の影響を多く蒙っていることを充分に自覚しながら、そして、それが不可能であることを知りつつも、そうした枠から自由でありたいと思っている」が、国際社会では依然として、音楽家を地域性との関わりでとらえていると述べている。　6　筆者が日本人として生まれ身につけた自国(日本)文化の影響を受けつつも、他国の文化(西洋音楽)を学びかつ実践していこうとする姿勢を読み取る。　7　筆者の主張に関する設問との関わりをふまえて、適切な説明を選ぶ。

【二】8　③　9　①　10　④　11　①　12　①　13　⑤　14　②

〈解説〉8　「バンタン」は万端、①は「魂胆」、②は「探究」、③は「端午」、④は「単純」、⑤は「丹精」である。　9　傍線部Ⅱの「うさん」は胡散と書き、「様子や態度があやしいこと」をいう。　10　空欄前後の語句や文に整合するように適切な言葉を選ぶこと。夫婦げんかで言い負かされた亭主が、心の怒りを発散させられず、中途半端な気分でいることを踏まえる。　12　擬態語や擬音語が用いられ、擬人法も加わって文章内容を効果的なものにしている。短い文であるために、染物屋の夫婦生活や子どもに起きた事態もリアルに描かれている。　13　染物屋への無理な註文が翌日の雛遊びのためとはいえ、染物屋が自分の子どもに起こった事態の重大さの中で幕を仕上げてくれたことに対する筆者の申し訳ない思いである。　14　幸田文の父親は、幸田露伴(一八六七～一九四七年)で『五重塔』(一八九一年)は、彼の代表作である。①『金色夜叉』は尾崎紅葉、③『硝子戸の中』は夏目漱石、④『天地有情』は土井晩翠、⑤『高野聖』は泉鏡花である。

【三】15 ③　16 ②　17 ④　18 ①　19 ③　20 ⑤

〈解説〉15 アは重之が「ためまさ」に、雪に埋れた「いこまの山」を「いづれの山ぞ」と問うているところ。イは「いこまの山よ」と「ためまさ」が言ったのを聞いて、重之が「雪ふればあしげに見ゆるいこま山」と詠じたとあるから主語は重之。ウは、重之の前句に対し付句ができず困り果て、重之の幸文太がつけたようだと言うので、ためまさが「さば申せ。いかに付けたるぞ」と尋ねている。したがって、主語は「ためまさ」。エの「えたへで」は深く心打たれることで、重之は幸文太の付け句に感極まったのである。オ「かづけてける」は「(幸文太に)賞として重之の着ていた衣を与えた」という意味で主語は重之。17 名詞＋「なり」の「なり」は、断定の助動詞。語幹＋「なり」は形容動詞の活用語尾である。18 A「したなきしてあさみけり」の「したなきして」は舌打ちして、「あさみ」は驚く、驚きあきれるという意味で、「けり」は過去の助動詞の終止形である。19 「のけはりて出できたるけしきいみじかりけりとぞ。」の「のけはりて」は胸を張って、「いみじかりけりとぞ」の「いみじかる」は、立派であるという意味。20 ⑤『毎月抄』(一二一九年)は、藤原定家の作品である。

【四】21 ④　22 ③　23 ②　24 ⑤　25 ⑤

〈解説〉21 a「異物」は普通と異なって見なれない物、d「平早」の「平」は、正しくその時にあたるときという意味で「平午」は「正午」、「平早」は太陽が出た直後、早暁である。22 b「謝隣人」とあるのは、謝端が農作業から自宅に帰ると「見其戸中、有飯飲湯火、如有人為者。」をふまえ、端は「隣人が自分のために食事の用意をしてくれている」と信じたから。23 「何見謝也」(何ぞ謝まらるるや)の疑問文。24 Aには、疑問形の助辞「耶」が入る。端の隣人の恵みの行為(食事の用意)と信じて、再三そのことを聞き質すのに対し、隣人は「端がすでに妻をめとり、その妻に炊事をさせているのに、それでも私が炊事をしてさしあげているとでも言うの」と一笑に付されてしまったのである。25　「一少女」はこの文では主語で、「出」「至」「燃」が述語。一・二点やレ点のあとに上・下点をつけることに注意。

二〇二三年度 実施問題

【中高共通】

【一】次の文章を読んで、後の問いに答えなさい。(ただし、表記は原文のままとなっている。)

一九八〇年代以降、遊びの分野でわが国の子どもや若者たちの日常意識に大きな影響を与えてきたものに、東京ディズニーランドをはじめとするテーマパークがある。実際、八三年の開園以来、東京ディズニーランドは驚異的ともいえる興行的な成功を収めてきた。年間入園者数の推移を見ても、八三年度は約一〇三六万人、八四年度は約一〇〇一万人、八五年度は約一〇六八万人、八六年度は約一〇六七万人と年間一〇〇〇万人を確実に保ち、八七年度は約一一九八万人、八八年度は約一三三八万人、八九年度は約一四七五万人、九〇年度は約一五八七万人と、開園当初の約一・五倍に達する。そしてついに九一年五月、累計の入園者数が一億人を超えるのである。こうして東京ディズニーランドは、八〇年代日本の子どもたちの遊びの世界の変容を象徴するものになっていったわけだが、同時にここには、テレビゲームなどとも同様の変化の傾向が見られた。[A]、ディズニーランドが園内に巧みな仕方でとり込んでいる(注1)インターラクティヴ性は、そのディズニー映画との関係において、aテレビゲームが持つインターラクティヴ性と共通の側面を持っているのである。

たとえば、東京ディズニーランドに入ってIまず気づくのは、その空間的な閉鎖性・自己完結性である。ディズニーランドでは、さまざまな障害物によって園内からは外の風景が見えず、全体が周囲から切り離された世界を構成している。人びとは、自分が浦安という町の片隅にいることや東京の郊外にいることを忘れている。観客の視界に外部の異化的な現実が入り込む可能性は最大限に排除され、演出されるリアリティのIIセイゴウ性が保証されているのだ。これは景観だけでなく、園内と外を分離しようとする諸操作によっても支えられている。(注2)ルイ・マランは、ディズニーランドでは駐車場と入場券売場が、「車と貨幣との二重の中性化、そしてそれらの〈ユートピア的な〉他者への転化」という役割を果たしていると言う。人びとは駐車場で車を、入場券売場で貨幣を放棄することで園内にはじめて入ることができる。さらに彼らは、弁当・酒の持ち込みを禁止され、落としたゴミも掃除係がただちに拾っていくから、園内ではいつでも完全無欠な無菌状態が保たれる。

〔　B　〕、ディズニーランドにおける諸々の障害物は、園内から外を見渡せないようにしているだけではない。それらはまた、園内において入園者が個々のランドを越えて端から端までを見渡すことをできないようにもしているのだ。ワールドバザール、ファンタジーランド、アドベンチャーランド、ウェスタンランド、トゥモローランドの各領域は、それぞれ独立した世界として閉じられており、相互に浸透して曖昧な領域を形成することもないし、すべてを見渡すような視界の獲得も、少なくとも入園者には認められていないのである。同様のことは、個々のアトラクションについても指摘できる。ディズニーランド園内を回遊する人びとの眼差しは、個々の領域や場面が提供する物語に封じ込められ、そこから外部に出ることはない。〔　C　〕彼らは、(注3)キャストたちとともに場面ごとに「人物」になりきり、与えられた役柄を楽しげに演じていくよう要請されているのである。

このような内閉的な構成原理の徹底は、一九世紀以来の遊園地の歴史のなかに置いてみるとき、ある変質を示している。というのも、もともと博覧会の強い影響下に成立した遊園地にとって、俯瞰する装置は娯楽の中心的な要素であった。塔や(注4)パノラマ、気球、観覧車や水族館といった十九世紀の娯楽装置は、ある共通の意志、すなわち特権的な中心から周囲の世界を俯瞰して、おのれの眼差しのもとに組織していこうとする意志が、同時代の大衆文化とさまざまな仕方で融合することによって生み出されてきたものだった。それは、ディズニーとの対比でいうならば、むしろ(注5)ジュール・ベルヌの世界の物質化であった。世界はこの俯瞰する視界の下で、さまざまなめまいをともなってミニチュア化されていた。ところが、ディズニーランドでは、こうしたパノラミックな眺望への欲望のすべてが姿を消す。ディズニーランドにみいだされるのは、超越することよりも回遊することへの、眺め回すよりも演じ分けることへの欲望なのである。

この変化の意味を読み解くには、われわれは、ディズニーランドが従来の遊園地とは決定的に異なる空間であることを理解しておかねばならない。ディズニーランドは、ウォルト・ディズニー自身の想像力の必然的な帰結として、bそれまでの遊園地とはまったく異質な発想のもとに生まれたのである。たとえば、(注6)ボブ・トーマスはつぎのように述べている。

「ディズニーは、彼の制作する漫画が説得力をもち、観客に楽しさをたっぷり提供するよう、常に努力を怠らなかった。【ア】→【イ】→【ウ】それは、観客をただの見物人から参加者に変えていくという、いわば自然な移行過程であった。ディズニーは、映画制作者としての三〇年間に学びとった技術とショーマンシップのすべてをディズニーランドに注ぎ込んだのである。」

動かない漫画から動くアニメーションへ、音のないアニメから音の入ったアニメ、そしてカラフルな長編アニメへ、さらに二次元の映画から三次元のディズニーランドへ。この変化は、ディズニーの想像力においてまったく連続的であった。たとえ彼がディズニーランドを構想した直接のきっかけがなんであったにせよ、重要なのはこの連続性である。ディズニーランドはその本質において、遊園地よりもディズニーのさまざまな映像の世界にはるかに近いのである。

こうしたディズニーランドの映像性は、園内のあらゆる場面を貫いている。ディズニーランドにおけるさまざまなランドの風景は、それを手がけたのが映画の美術監督たちであったことが示すように、基本的には映画のセットと同質の考え方にもとづいている。この点について、ディズニー自身、「映画と同じく、ディズニーランドもシーンからシーンへと移っていくのでなければならない。その移り変わりは、建築様式や色を互いに調和させながらそっと行なう。そうすれば、一つのアトラクションから次のアトラクションへ移るのに客が断絶を感じないし、また、見たものをすべて覚えておける」と考えていたという。人びとは、ディズニーの映画を観るのと同じように、あるいはスピルバーグやルーカスの映画を観るのと同じように、ディズニーランドのアトラクションを味わうのである。アトラクションからアトラクションへの移動は、スクリーンからスクリーンへの移動、あるいはテレビの前でチャンネルを選択していく行為になぞらえることができる。人びとは、(注7)書割り的な舞台装置が並び、自動人形たちが話しかけるなかを気儘に動き回ることで、いつしかディズニーランドという巨大なスクリーンのなかに吸い込まれているのである。

　前述した俯瞰するまなざしの消失は、このようなディズニーランドの映像的な成り立ちから捉え返されていく必要がある。すなわち、ディズニーランドに俯瞰的な視界が存在しないのは、この空間が、そもそも俯瞰を可能にするような場所的な空間としての奥行きや広がりとは c 別の次元に成立しているからである。ディズニーランドは入園者たちを、ディズニーの世界が映し出されるスクリーンのなかに、自らおのれを吸い込ませていく巧妙な仕掛けになっている。人びとはこの空間で、場所的な広がりをもった世界の住人からスクリーンのなかの人物へと変身する。彼らが、ディズニーランドを楽しんでいくためには、自らをスクリーンのなかに溶かし込んでいく必要があるのである。このように自らを映像に疎外していった人びとは、自分が映し出されているスクリーンを外から俯瞰することができない。ディズニーランドという空間は、構造的に奥行きを失った空間であって、そこでは実に多様なイメージが、いつもインターラクティヴな状況をつくりながら演じられていくのだが、一度イメージのなかの人物になってしまうと、外に出ることは容易でないのである。

（吉見俊哉『共生する社会』）

（注1）インターラクティヴ…双方向の。相互作用の。
（注2）ルイ・マラン…フランスの美術批評家。
（注3）キャスト…出演者。配役。ディズニーランドでは、従業員の呼称でもある。
（注4）パノラマ…一連の風景画や風景写真が、観客の前に広い視野で、大きく展開している半円形の装置。
（注5）ジュール・ベルヌ…フランスの小説家で空想科学小説の始祖。
（注6）ボブ・トーマス…アメリカの作家。
（注7）書割り…芝居の大道具で、木製の枠に紙や布をはり建物や風景を描いたもの。

1　空欄［ A ］、［ B ］、［ C ］に入る語として最も適切な組み合わせを、①～⑤の中から一つ選びなさい。

①　A　すなわち　　B　しかも　　C　むしろ
②　A　つまり　　B　その上　　C　また
③　A　しかも　　B　むしろ　　C　つまり
④　A　だから　　B　かえって　　C　しかし
⑤　A　すなわち　　B　さらに　　C　あるいは

2　傍線部Ⅰ「まず」と異なる品詞のものを、①～⑤の中から一つ選びなさい。

①　ついに、累計の入園者数が一億人を超えるのである。
②　ディズニーランドが園内に巧みな仕方でとり込んでいる。
③　少なくとも入園者には認められていないのである。

④　いわば自然な移行過程であった。
⑤　ディズニーの想像力においてまったく連続的であった。

3　傍線部Ⅱと同じ漢字を含むものを、①～⑤の中から一つ選びなさい。
セイゴウ
①　高層建築工事をウける。
②　商売がサカんに行われる。
③　物事の要点をタダしく押さえる。
④　部屋をきちんとトトノえる。
⑤　神仏にチカいをたてる。

4　傍線部ａ「テレビゲームが持つインターラクティヴ性」の説明として最も適切なものを、①～⑤の中から一つ選びなさい。
①　内の世界が外の世界に解放されることで、人びとの連帯が確保されるということ。
②　外の世界が内の世界に封じ込められることで、その中の人びとが一体化するということ。
③　人びとが外の世界から隔離され、内部の現実に同化するということ。
④　映像は、それを見る人びとを結びつける開かれたものであるということ。
⑤　外の世界から排除されることで、人びとが自己を見失うということ。

5　傍線部ｂ「それまでの遊園地」の説明として適切でないものを、①～⑤の中から一つ選びなさい。
①　塔やパノラマ、気球、観覧車、水族館などの十九世紀の娯楽装置
②　ある共通の意志と大衆文化が融合することで生まれてきたもの
③　ジュール・ベルヌにより表現された世界を物質化したもの

④　ミニチュア化された世界を回遊することへの欲望を含んだもの
⑤　パノラミックな眺望への欲望を含んだもの

6　文中の【ア】→【イ】→【ウ】にあてはまるように、A～Cの文を正しく並び替えたものを、①～⑤の中から一つ選びなさい。

A　そしてアニメーションを長編にまで引き上げていくと、彼はまた新たな目標に挑んだ―俳優を使った劇映画、自然記録映画、テレビ番組、そしてディズニーランド。
B　またアニメーターにうるさく注文をつけ、長編漫画を作るに足る腕を磨かせた。
C　漫画映画に音と色を加えたのも、ウォルト・ディズニーである。

①　B→C→A
②　A→B→C
③　C→A→B
④　C→B→A
⑤　B→A→C

7　傍線部c「別の次元」の説明として最も適切なものを、①～⑤の中から一つ選びなさい。

①　平面的に奥行きを失うとともに、高い場所からの眼差しをもって領域や場面を見ることが可能な次元。
②　俯瞰的な視界を存在させず、人びとの眼差しを一つのアトラクションにだけ限定する次元。
③　シーンからシーンへの移動を感じさせずに、人びとがスクリーンのなかの人物と一体化する次元。
④　場所的な広がりをもった世界の住人から物語の中の人物へ変身することで、俯瞰する眼差しを消失する次元。

⑤　閉鎖的な空間ではあるが、映像の中と現実との行き来が自由にできる場所的な広がりをもった次元。

（☆☆☆◎◎◎）

【二】次の文章を読んで、後の問いに答えなさい。（ただし、表記は原文のままとなっている。）

からすは岩の上で、きょろきょろ目を動かしていた。辰平は石を拾ってぽーんと投げつけると、ぱっと舞い上った。あたりのからすも一せいに舞い立った。

「逃げるところを見ると、生きてる人間は突つきゃァしないだろう」

そうわかると一寸（ちょっと）安心も出来た。道はまだ上りぎみであった。進んで行くと死骸のない岩かげがあった。そこへ来るとおりんは辰平の肩をたたいて足をバタバタさせたのである。背板から降ろせとⅠサイソクをしているのだ。辰平は背板を降ろした。おりんは背板から降りて腰にあてていた筵（むしろ）を岩かげに敷いた。それから自分の腰に結びつけてあった包を辰平の背板に結びつけようとした。辰平は目を剥（む）いてa怒るような顔をしながらその包を筵の上に置いた。おりんは包の中から白萩（しらはぎ）様のむすびを一つとり出して筵の上に覆いた。それからまた包を背板に結びつけようとするのである。辰平は背板を奪い取るようにして引き寄せて包を筵の上に置いた。

おりんは筵の上にすっくと立った。両手を握って胸にあてて、両手の肘（ひじ）を左右に開いて、じっと下を見つめていた。口を結んで不動の形である。帯の代わりに縄をしめていた。辰平は身動きもしないでいるおりんの顔を眺めた。おりんの顔は家にいる時とは違った顔つきになっているのに気がついた。その顔には死人の相が現れていたのである。

おりんは手を延して辰平の手を握った。そして辰平の身体（からだ）を今来た方に向かせた。辰平は身体中が熱くなって湯の中に入っているようにあぶら汗でびっしょりだった。頭の上からは湯気が立っていた。

おりんの手は辰平の手を堅く握りしめた。それから辰平の背をどーんと押した。

辰平は歩み出したのである。うしろを振り向いてはならない山の誓いに従って歩き出したのである。

十歩ばかり行って辰平はおりんの乗っていないうしろの背板を天に突き出して大粒の涙をぽろぽろと落した。酔っぱらいのようによろよろと下って行った。少し下って行って辰平は死骸につまずいて転んだ。その横の死人の、もう肉も落ちて灰色の骨がのぞいている顔のところに手をついてしまった。起きようとしてその死人の顔を見ると細い首に縄が巻きつけてあるのを見たのだった。それを見ると辰平は首をうなだれた。「俺にはbそんな勇気はない」とつぶやいた。そして又、山を下って行った。楢山の中程まで降りて来た時だった。辰平の目の前に白いものが映ったのである。立止まって目の前を見つめた。楢の木の間に白い粉が舞っているのだ。

雪だった。辰平は、

「あっ！」

と声を上げた。そして雪を見つめた。雪は乱れて濃くなって降ってきた。ふだんおりんが、「わしが山へ行く時ァきっと雪が降るぞ」と力んでいたその通りになったのである。辰平はⅡモウゼンと足を返して山を登り出した。山の掟（おきて）を守らなければならない誓いも吹きとんでしまったのである。雪が降ってきたことをおりんに知らせようとしたのである。知らせようというより雪が降って来た！と話し合いたかったのである。本当に雪が降ったなあ！　と、せめて一言だけ云いたかったのである。辰平はましらのように禁断の山道を登って行った。

おりんのいる岩のところまで行った時には雪は地面をすっかり白くかくしていた。岩のかげにかくれておりんの様子を窺った。お山まいりの誓いを破って後をふり向いたばかりでなく、こんなところまで引き返してしまい、物を云ってはならない誓いまで破ろうとするのである。罪悪を犯しているのと同じことである。だが「きっと雪が降るぞ」と云った通りに雪が降ってきたのだ。これだけは一言でいいから云いたかった。

辰平はそっと岩かげから顔を出した。そこには目の前におりんが坐っていた。背から頭に筵を負うようにして雪を防いでいるが、前髪にも、胸にも、膝にも雪が積っていて、白狐のように一点を見つめながら念仏を称えていた。辰平は大きな声で、

「おっかあ、雪が降ってきたよう」

おりんは静かに手を出して辰平の方に振った。それは［　ア　］と云っているようである。

「おっかあ、寒いだろうなあ」

おりんは頭を何回も横に振った。その時、辰平はあたりにからすが一ぴきもいなくなっているのに気がついた。雪が降ってきたから里の方へでも飛んで行ったか、巣の中にでも入ってしまったのだろうと思った。雪が降ってきてよかった。それに寒い山の風に吹かれているより雪の中に閉ざされている方が寒くないかも知れない、そしてこのまま、おっかあは眠ってしまうだろうと思った。

「おっかあ、雪が降って運がいいなあ」

そのあとから、

「山へ行く日に」

と歌の文句をつけ加えた。

おりんは頭を上下に動かして頷きながら、辰平の声のする方に手を出して［　ア　］と振った。辰平は、

「おっかあ、ふんとに雪が降ったなァ」

と叫び終ると脱兎のように駆けて山を降った。

（深沢七郎『楢山節考』）

8　傍線部Ⅰと同じ漢字を含むものを、①～⑤の中から一つ選びなさい。

サイソク

①　テイサイを取り繕う。
②　利害がソウサイされる。
③　微に入りサイを穿つ。
④　五階のサイジジョウで行う。
⑤　論文のケイサイが決まる。

9　傍線部Ⅱと同じ漢字を含むものを、①～⑤の中から一つ選びなさい。

モウゼン

①　モウソウにとらわれる。
②　モウテンを突く。
③　関係者をモウラする。
④　モウトウ偽りはない。
⑤　人々にモウセイを促す。

10　傍線部ａ「怒るような顔」について、辰平がこのような顔をした理由として最も適切なものを、①～⑤の中から一つ選びなさい。

① 厄介な荷物になるものを母親が自分に押し付けようとしたことに腹が立ったから。
② 死を前にしてもなお、訳のわからない行動を取る母親に哀れみを覚えたから。
③ 自分の好意を無にするような行動をとる母親に言い知れぬ怒りが沸いたから。
④ この期に及んで母親が自分の気を引こうとしているようで情けなく思ったから。
⑤ 母親の愛情を感じながらも何があっても受け取ってはならないと思ったから。

11　傍線部ｂ「そんな勇気」とは、どのような勇気か、最も適切なものを、①～⑤の中から一つ選びなさい。
① 自らの手でおりんを死なせる勇気
② 物を言ってはならないという山の掟を破る勇気
③ 最後まで堂々と山を下っていく勇気
④ おりんを山から連れ帰る勇気
⑤ 身元も分からないような死体を弔ってあげる勇気

12　空欄［　ア　］にあてはまる最も適切な言葉を、①～⑤の中から一つ選びなさい。なお、二箇所とも同じ言葉があてはまる。
① さよなら　② はよこい　③ 帰れ帰れ　④ もういい　⑤ 十分だあ

13　本文の表現上の特徴として最も適切なものを、①～⑤の中から一つ選びなさい。
① おりんの静の動きと辰平の動の動きが対照的に描かれ、一層の臨場感を引き出している。
② 描写は自然体であるものの、距離感を全く感じさせない主観的な描き方をしている。
③ 場面場面に応じて、擬態語や擬音語を効果的に駆使し、情景豊かに描写されている。
④ 姥捨伝説を題材に、姥捨という風習に反対の立場を激しい語りで表現している。

⑤　動植物を使った比喩表現を用いて、人物の動作を読み手によりわかりやすく描かれている。

14　近現代文学を代表する作家と作品の組み合わせとして適切でないものを、①～⑤の中から一つ選びなさい。

	作家	作品
①	井伏鱒二	『山椒魚』
②	与謝野晶子	『大つごもり』
③	安部公房	『砂の女』
④	川端康成	『山の音』
⑤	志賀直哉	『網走まで』

（☆☆☆◎◎◎）

【三】次の文章は、『堤中納言物語』の一部である。中将の君が夜遅く女性の所を立ち去った後、荒れた邸で姫君を垣間見て、その晩は自宅に帰った。その後に続く次の文章を読んで、後の問いに答えなさい。

日さしあがるほどに起きたまひて、昨夜のところに文書きたまふ。「いみじう深うはべりつるも、(a)ことわりなるべき御気色に出ではべりぬるは、つらさもいかばかり」など、青き薄様に、柳につけて、

さらざりしいにしへよりも青柳(あをやぎ)のいとどぞ今朝は思ひみだるる

とて、やりたまへり。返事めやすく見ゆ。

かけざりしかたにぞはひし【　】なれば解くと見しまにまたみだれつつ

とあるを見たまふほどに、(注1)源中将、兵衛佐、小弓持たせておはしたり。「昨夜は、いづくに隠れたまへりしぞ。内裏に御遊びありて召ししかども、見つけたてまつらでこそ」とのたまへば、「ここにこそ侍りしか。あやしかりけることかな」などのたまふ。

花の木どもの咲きみだれたる、いと多く散るを見て、

あかで散る花見る折はひたみちに

とあれば、佐、

わが身にかつはよわりにしかな

とのたまふ。中将の君、「さらばかひなくや」とて、

散る花を惜(をし)みとめても君なくは誰にか見せむ宿の桜を

とのたまふ。たはぶれつつ、もろともに出づ。「かの見つるところたづねばや」と(ア)思す。

夕方、(注2)殿にまうでたまひて、暮れゆくほどの空、いたう霞みこめて、花のいとおもしろく散りみだるる夕ばえを、御簾巻き上げてながめ出でたまひつる御かたち、いはむかたなく光りみちて、花のにほひも、むげ

にけおさるる心地ぞする。琵琶を黄鐘調(わうしきでう)にしらべて、いとのどやかに、をかしく弾きたまふ御手つきなど、「限りなき女も、かくはえあらじ」と見ゆ。このかたの人々召し出でて、さまざまうち合せつつ遊びたまふ。(注3)みつすゐ、「いかが女のめでたてまつらざらむ。近衛の御門わたりにこそ、めでたく弾く人あれ。何事にもいとゆゑづきてぞ見ゆる」と、おのがどち言ふを聞きたまひて、「いづれ、この、桜多くて荒れたるやどりをばいかでか見し。われに聞かせよ」とのたまへば、「なほ、たよりありてまかりたりしになむ」と申せば、「さるところは見しぞ。こまかに語れ」とのたまふ。かの、(注4)見し童に物言ふなりけり。「故源中納言のむすめになむ。まことにをかしげにぞ侍るなる。かの(注5)御をぢの大将なむ、迎へて内裏に奉らむと申すなる」と申せば、「さらざらむさきに、なほ。たばかれ」とのたまふ。「さ思ひはんべれど、いかでか」とて立ちぬ。

(注1) 源中将、兵衛佐…主人公の友人、遊び仲間。
(注2) 殿…主人公の父親の邸。
(注3) みつすゐ…主人公の家司。
(注4) 見し童…主人公が昨夜見た姫君邸にいた女童。
(注5) 御をぢの大将…叔父(伯父)の大将。大将は主人公の直接の上司。

15 傍線部a「ことわりなる」の意味を、①~⑤の中から一つ選びなさい。

① (立ち去ることが) 悲しい　② (立ち去ることが) 許せない　③ (立ち去ることが) 当然だ
④ (立ち去ることが) 申し訳ない　⑤ (立ち去ることを) 嫌がる

16　空欄［　］にあてはまる漢字一字として最も適切なものを、①～⑤の中から一つ選びなさい。
①　恋　②　帯　③　朝　④　糸　⑤　柳

17　傍線部ア～オのうち、主語の異なるものを、①～⑤の中から一つ選びなさい。
①　ア　②　イ　③　ウ　④　エ　⑤　オ

18　傍線部b「いかが女のめでたてまつらざらむ」の現代語訳として最も適切なものを、①～⑤の中から一つ選びなさい。
①　どうして女があなた様をすばらしいとお慕い申さないことがあろうか。
②　どうして女があなた様をすばらしいとお慕い申さないのか、わからない。
③　本当にすばらしい女だと感心申し上げないことはない。
④　どのような女が、すばらしいとあなた様をお褒めになるだろうか。
⑤　どんな女が大事になさっていらっしゃるのだろうか。

19　本文の内容の説明として適切でないものを、①～⑤の中から一つ選びなさい。
①　主人公は、恋の技巧に長けた後朝の文を送り、以前と変わらぬ愛情を女に示しながらも、垣間見た姫君が忘れられずにいる。
②　慣れ親しんだ女の返歌は、主人公の心変わりを激しく責めるものであり、主人公はその内容に少なからず心を動かされる。
③　源中将・兵衛佐は主人公を中心とする遊び仲間であり、彼らの登場が主人公の「好き者」としての性格を強く印象づける。
④　素晴らしい美貌の持ち主である主人公は、音楽の才能にも優れ、琵琶の名手として、その名を広く知

られている。

⑤ 主人公が垣間見た美しい姫君は亡くなった源中納言の娘であり、叔父の大将が入内させようと準備を進めている。

20 この『堤中納言物語』は『源氏物語』以後の平安末期に作られた物語であるが、『源氏物語』以前の作品を、①～⑤の中から一つ選びなさい。

（☆☆☆◎◎◎）

① 『狭衣物語』
② 『夜寝覚』
③ 『浜松中納言物語』
④ 『落窪物語』
⑤ 『とりかへばや物語』

【四】次の漢文を読んで、後の問いに答えなさい。（ただし、設問の都合で訓点を省略した部分がある。）

治（ムルコト）二天下（ヲ）一五十年。不レ知（ラ）二天下治（マル）歟、不（ざル）レ治（マラ）歟、億兆願（フ）レ戴（いただクヲ）レ己（ヲ）歟、不（ル）レ願（ハ）レ戴（クヲ）レ己（ヲ）歟（ヲ）一。問（フニ）a二左右（ニ）一不レ知（ラ）。問（フニ）二外朝（ニ）一不レ知（ラ）、問（フニ）二在野（ニ）一不レ知（ラ）。

Ⅰ　微(注1)服游於康(注2)衢。聞童謡。曰、

立我烝民　莫匪爾極（b）

不識不知　順帝(注3)之則

有老人、含(注4)哺鼓腹、撃(注5)壌而歌曰、

日出而作　日入而息（c）

鑿井而飲　耕田而食

帝力何有於我哉（d）

（『十八史略』）

（注1）微服…人目につかない服装で。

（注2）康衢…繁華な大通り。

（注3）帝之則…帝の統治の方針。

（注4）含哺…食物を口に含む。

（注5）撃壌…地面を足で踏みならして拍子をとる。

21　傍線部ａ「左右」の意味として最も適切なものを、①～⑤の中から一つ選びなさい。

①　庶民　②　隣人　③　神　④　側近　⑤　役人

22　空欄［　1　］にあてはまる漢字として最も適切なものを、①～⑤の中から一つ選びなさい。
①　即　②　乃　③　便　④　則　⑤　輒

23　傍線部b「莫匪爾極」の意味として最も適切なものを、①～⑤の中から一つ選びなさい。
①　あなたにはこの上ない徳があります。
②　私たちは必ずあなたの徳を受けるでしょう。
③　すべてあなたの徳のおかげです。
④　あなたはこの上ない徳を受けています。
⑤　私たちはこの上もない徳がないわけではない。

24　傍線部c「日出而作…耕田而食」はどのような様子を表しているか、①～⑤の中から一つ選びなさい。
①　帝が自由奔放な政治をやり過ぎている。
②　帝は自然に従って政治を進めなければならない。
③　太陽の動きに従って帝が政治を進めることができる。
④　老人が自然に従って安心して自由な営みができる。
⑤　老人が太陽の動きに従って行動することができる。

25　傍線部d「帝力何有於我哉」の書き下し文として最も適切なものを、①～⑤の中から選びなさい。
①　何の帝力我に有るか
②　何ぞ我に帝力有らんや
③　何ぞ帝の力我に有りや
④　帝力何ぞ我に有るかな

⑤　帝力何ぞ我に有らんや

（☆☆☆◎◎◎）

解答・解説

【中高共通】

【一】 1　①　2　②　3　④　4　③　5　④　6　④　7　③

〈解説〉1　空欄Aの前後の文を見ると、「テレビゲームと同様の変化の傾向が見られた」という前文を空欄後の文が補足しているので、空欄Aには説明(補足)の意味をもつ接続詞「すなわち」が入る。空欄Bには「見渡せないようにしているだけではない」とあることから、添加の意味をもつ「しかも」が入ることがわかる。空欄Cは、前文よりも空欄後の文のほうがより正確に詳しく述べていることから、「むしろ」が適当である。　2　傍線部Ⅰの「まず」は副詞であり、②「巧みな」は形容動詞である。　3　選択肢を漢字になおすと①「請」、②「盛」、③「正」、④「整」、⑤「誓」であり、「セイゴウ」を漢字に直すと「整合」である。　4　第二段落冒頭に「たとえば」という接続詞があることから、第二・三段落が「テレビゲームが持つインタラクティヴ性」とディズニーランドとの共通の側面について説明していることがわかる。そして、第二段落に「ディズニーランドでは(中略)全体が周囲から切り離された世界を構成している」、第三段落で「彼らは(中略)演じていくよう要請されている」とあることから、③が最も適切といえる。　5　第四段落の最後に「ディズニーランドにみいだされるのは、超越することよりも回避することへの、眺め回すよりも演じ分けることへの欲望なのである。」とあるので、「回避することへの欲望を含んだもの」とする④は「それまでの遊園地」の説明ではないことがわかる。　6　まず、第六段落に着目すると、ディズニーが手掛けたものが、「漫画」から「ディズニーランド」へ変化していることがわかる。よって、Aが最後に来ることがわかる。Aの最初に「アニメーションを長編にまで…」とあるので、長編漫画を題材にしているBがその前に来る。そして、残ったCが最初になる。　7　別の次元とは、「ディズニーランドの映像的な成り立ち」のことであるので、ディズニーランドがどのようにつくられているのかを考える。第七段落で、ディズニーはディズニーランドについて、「映画と同じく、ディズニーランドもシーンからシーンへと移っていくのでなければならない。(中略)そうすれば、一つのアトラクションから次のアトラクションへ移るのに断絶を感じない」と考えていたとある。

【二】8　④　9　⑤　10　⑤　11　①　12　③　13　①　14　②

〈解説〉8　選択肢を漢字に直すと①「体裁」、②「相殺」、③「細」、④「催事場」、⑤「掲載」であり、「サイソク」を漢字に直すと「催促」である。　9　選択肢を漢字に直すと、①「妄想」、②「盲点」、③「網羅」、④「毛頭」、⑤「猛省」であり、「モウゼン」は漢字に直すと「猛然」である。　10　①は「厄介な荷物になる」とは書いていないので不適切。②は「訳のわからない行動」とあるが、「おりん」は包みの「白萩様のむすび」などを息子に持たせたかったのだから不適切。③も包みを結び付けようとしたのは「おりん」なので、「自分の行為を無にする」は不適切。④は「背板から降ろせと催促」とあることから、「この期におよんで母親が自分の気を引こうとしている」というのは不適切である。　11　この話は、「辰平」が母である「おりん」を一人置いて山を下っていることなどから、姥捨という風習を題材にした話である。そして、傍線部の直前「死人の顔を見ると細い首に縄が巻きつけてある」という記述から、「辰平」は縄で「おりん」の首を絞めて殺す勇気はないことがわかる。　12　第三段落に「辰平の身体を今来た方に向かせた。」や「辰平の背をどーんと押した。」とあるように、「おりん」は「辰平」が帰るように促している。また、「辰平」が戻ってきて「おっかあ、寒いだろうなあ」という「おりん」を心配する言葉に対して「頭を何回も横に振った」とあることから、③が適切である。　13　②は「距離感を感じさせない主観的な描き方」はされていないので不適切。③は擬態語や擬音語はあまり使われていないので不適切。また「辰平」が「おりん」を一人残し、涙を流しながら山を下っていることから、姥捨という風習に対する悲しみは読み取れるが、「姥捨という風習に反対の立場を激しい語りで表現」していないので④も不適切。⑤は、人物の動作を「動植物を使った比喩表現」していないので不適切。　14　②の「大つごもり」の著者は樋口一葉である。

【三】15　③　16　④　17　⑤　18　①　19　②　20　④

〈解説〉15「ことわりなり」は「道理である、もっともだ」といった意味である。　16　空欄の後に「解く」とあることから、帯か糸が考えられるが、中将が柳につけて送った歌に「青柳のいとどぞ」とあるので、糸が適当である。　17　①〜④はどれも尊敬語が使われおり中将の君が主語であるが、⑤には尊敬語は使われていない。　18「いかが」は「どうして…だろうか(いや…でない)」という意味であり、また「めづ」には「心ひかれる」という意味がある。　19　主人公は垣間見た姫君を気にしてはいるが、女性にきちんと後朝の文を送っており「かけざりし…またみだれつつ」という女の返歌も、主人公の心変わりを激しく責めるものではないので②は不適切。

【四】21 ④　22 ②　23 ③　24 ④　25 ⑤

〈解説〉21　冒頭の「天下を治ること五十年」などの記述から、尋ねているのは帝であり、「左右」とは帝のすぐ側に控えている「側近」である。　22　選択肢の読みはどれも「すなはち」であるが、それぞれ意味が異なる。①「即」は「即座に」、②「乃」は「そこで」、③「便」は「さっそく」、④「則」は「その場合は」⑤「輒」は「そのたびに」である。帝は、己の治世について尋ねても臣下たちの誰も知らなかったので、変装して町に下りたのであるから、空欄には「そこで」という意の「乃」が入る。　23　書き下しに治すと「爾の極に匪ざる莫し」となる。「爾(なんじ)」とは帝のことであり、「極」には「強い人格」という意味がある。また、民が生活を無事におくれることに対しての言葉であるので、③が答えとなる。　24「日出而作…耕田而食」は、自然に従って行動しながら、水や食べ物に困ることのない老人の暮らしを歌っている。　25　まず、主語と述語がどれであるのか考える。「帝力」が主語となるので、最初に「帝力」がきている④か⑤が答えとなる。また、老人の言葉であるので「何…哉」は反語と解釈する。

●書籍内容の訂正等について

弊社では教員採用試験対策シリーズ（参考書，過去問，全国まるごと過去問題集），公務員試験対策シリーズ，公立幼稚園・保育士試験対策シリーズ，会社別就職試験対策シリーズについて，正誤表をホームページ（https://www.kyodo-s.jp）に掲載いたします。内容に訂正等，疑問点がございましたら，まずホームページをご確認ください。もし，正誤表に掲載されていない訂正等，疑問点がございましたら，下記項目をご記入の上，以下の送付先までお送りいただくようお願いいたします。

① **書籍名，都道府県（学校）名，年度**
（例：教員採用試験過去問シリーズ　小学校教諭 過去問　2025年度版）
② **ページ数**（書籍に記載されているページ数をご記入ください。）
③ **訂正等，疑問点**（内容は具体的にご記入ください。）
（例：問題文では“ア～オの中から選べ”とあるが，選択肢はエまでしかない）

〔ご注意〕
○ 電話での質問や相談等につきましては，受付けておりません。ご注意ください。
○ 正誤表の更新は適宜行います。
○ いただいた疑問点につきましては，当社編集制作部で検討の上，正誤表への反映を決定させていただきます（個別回答は，原則行いませんのであしからずご了承ください）。

●情報提供のお願い

協同教育研究会では，これから教員採用試験を受験される方々に，より正確な問題を，より多くご提供できるよう情報の収集を行っております。つきましては，教員採用試験に関する次の項目の情報を，以下の送付先までお送りいただけますと幸いでございます。お送りいただきました方には謝礼を差し上げます。
（情報量があまりに少ない場合は，謝礼をご用意できかねる場合があります）。

◆あなたの受験された面接試験，論作文試験の実施方法や質問内容
◆教員採用試験の受験体験記

送付先
○電子メール：edit@kyodo-s.jp
○FAX：03-3233-1233（協同出版株式会社　編集制作部 行）
○郵送：〒101-0054　東京都千代田区神田錦町2-5
協同出版株式会社　編集制作部 行
○HP：https://kyodo-s.jp/provision（右記のQRコードからもアクセスできます）

※謝礼をお送りする関係から，いずれの方法でお送りいただく際にも，「お名前」「ご住所」は，必ず明記いただきますよう，よろしくお願い申し上げます。

教員採用試験「過去問」シリーズ

三重県の
国語科 過去問

編　集　Ⓒ協同教育研究会
発　行　令和5年11月10日
発行者　小貫　輝雄
発行所　協同出版株式会社
〒101-0054　東京都千代田区神田錦町2－5
電話　03－3295－1341
振替　東京00190－4－94061
印刷所　協同出版・POD工場

落丁・乱丁はお取り替えいたします。

本書の全部または一部を無断で複写複製（コピー）することは，著作権法上での例外を除き，禁じられています。

2024年夏に向けて
—教員を目指すあなたを全力サポート！—

●通信講座

詳細はこちら

志望自治体別の教材とプロによる
丁寧な添削指導で合格をサポート

●公開講座（＊1）

詳細はこちら

48のオンデマンド講座のなかから、
不得意分野のみピンポイントで学習できる！
受講料は6000円〜　＊一部対面講義もあり

●全国模試（＊1）

詳細はこちら

業界最多の **年5回** 実施！
定期的に学習到達度を測って
レベルアップを目指そう！

●自治体別対策模試（＊1）

詳細はこちら

的中問題がよく出る！
本試験の出題傾向・形式に合わせた
試験で実力を試そう！

上記の講座及び試験は，すべて右記のQRコードからお申し込みできます。また，講座及び試験の情報は，随時，更新していきます。

＊1・・・2024年対策の公開講座、全国模試、自治体別対策模試の情報は、2023年9月頃に公開予定です。

協同出版・協同教育研究会
https://kyodo-s.jp

お問い合わせは
通話料無料の
フリーダイヤル
0120（13）7300（いいみ なさんおうえん）
受付時間：平日（月〜金）9時〜18時　まで